国土空间规划与城乡建设

张延涛　王樱桥　肖立宾　著

吉林科学技术出版社

图书在版编目（CIP）数据

国土空间规划与城乡建设 / 张延涛，王樱桥，肖立宾著 . -- 长春 : 吉林科学技术出版社，2024.3
ISBN 978-7-5744-1118-0

Ⅰ.①国… Ⅱ.①张… ②王… ③肖… Ⅲ.①国土规划—研究—中国②城乡建设—研究—中国 Ⅳ.
① F129.9 ② F299.21

中国国家版本馆 CIP 数据核字 (2024) 第 059505 号

国土空间规划与城乡建设

著　张延涛　王樱桥　肖立宾
出 版 人　宛　霞
责任编辑　郝沛龙
封面设计　周书意
制　　版　周书意
幅面尺寸　185mm×260mm
开　　本　16
字　　数　295 千字
印　　张　17.25
印　　数　1~1500 册
版　　次　2024年3月第1版
印　　次　2024年12月第1次印刷

出　　版　吉林科学技术出版社
发　　行　吉林科学技术出版社
地　　址　长春市福祉大路5788 号出版大厦A 座
邮　　编　130118
发行部电话/传真　　0431-81629529 81629530 81629531
　　　　　　　　　　81629532 81629533 81629534
储运部电话　0431-86059116
编辑部电话　0431-81629510
印　　刷　三河市嵩川印刷有限公司

书　　号　ISBN 978-7-5744-1118-0
定　　价　65.00元

前　言 | preface

在当前经济全球化和城市化快速发展的时代背景下，城市人口不断增加、资源环境压力不断加大，国土空间规划成为有效引导城市发展和促进乡村振兴的关键工具。

首先，国土空间规划有助于优化城市布局，提高城市功能的协同性和整体效益。通过科学规划城市用地、交通网络、产业布局等要素，可以降低资源浪费，提高城市运行效率。合理的城市布局还有助于缓解城市交通拥堵、提高环境质量，为居民提供更好的生活品质。

其次，国土空间规划对于实现乡村振兴具有重要意义。在全球化的潮流下，乡村经济面临转型升级的艰巨任务。通过科学规划乡村空间，合理布局农业、农村产业和人居环境，可以有效推动乡村振兴战略的实施。在规划中注重保护生态环境，保留农村传统文化，有助于实现农村的可持续发展。

最后，国土空间规划也有助于构建城乡融合发展的新格局。传统的城乡二元结构不仅限制了资源的优化配置，也导致了城市和乡村之间的差距。通过整合城市和乡村资源，实现城乡互补共赢，可以促进社会资源的均衡分配，推动城乡融合发展，构建更加和谐的社会。

本书涵盖国土空间规划的多个重要方面：从国土空间规划体系建设与城市发展的角度出发，深入探讨规划的内涵、层级分析、内容划分、运行体系以及规划引领城市发展的作用；聚焦分析了国土空间规划与地理信息系统的关系，探讨地理信息系统的特征、组成，以及其在国土空间规划中的应用；关注研究了城市与乡村的规划发展，涉及城市发展战略、城市空间布局，以及乡村发展与建设规划等议题，深入研究景区规划的体系构建，包括景区规划的类型与模式、景区空间布局、规划流程与技术等方面；呼应当前城乡融合发展和智慧化趋势，探讨城乡融合发展的内容与路径，以及"互联网+旅游"对景区空间规划的影响，进一步展开智慧景区规划的策略构建。

本书体系设计完整，逻辑结构清晰有序，各章节之间明确衔接，使读者能够逐步深入了解不同层次的内容，确保读者能够系统地学习国土空间规划与城乡建设的相关知识，更好地参与城市与乡村的建设。

目 录 | contents

第一章　国土空间规划基础知识

第一节　国土空间规划的内涵与属性

一、国土空间具备多元价值

古今中外的国家治理发展经验都表明，不论是政府、市场还是社会都不是万能的，良好的国家治理体制离不开各主体的共同合作、协调平衡。国土空间作为一切自然资源存在、经济社会活动开展的物质载体，承载了中央政府、地方政府、市场、社会、个人等众多主体的不同利益诉求，也同时具有自然资源属性、资产与资本属性、人文社会属性等多重价值属性。在国家治理现代化的目标要求下，空间规划体系的重构首先应基于对"国土空间"多元价值属性的全面理解和准确把握。

国土空间不是纯粹的物质形态空间，也不是纯粹的不受扰动的纯自然空间，而是现实经济社会活动与需求的鲜活投影，也是充满人性、文化和活力的"场所"——空间就是社会。建构国土空间规划体系的前提是对国土空间多元价值属性的准确认识，既要通过对国土空间"自然资源"价值属性的强调，改变过去很长一段时期的"增长主义"所导致的"重发展，轻保护"等问题与倾向，也要充分认识到国土空间所具备的更广泛、更实际的人文社会属性、资产资本经济属性等。

人类社会进步过程总体上经历了从"农业文明"到"工业文明"，再到"生态文明"的发展过程，随着我国逐步步入生态文明发展的新阶段，推动生态文明建设，实现人与人、人与自然、人与社会的和谐共生，已成为国家在各个领域进行深刻改革的重大命题。国土空间规划是对一定区域国土空间开发、保护的空间与时间上所作出的统筹安排，它是国家空间发展的指南、可持续发展的空间蓝图，是各类保护与开发建设活动的基本依据。国土空间规划既有别于传统以发展建设为主导的城乡规划，也不同于传统要素单一，纯管控思维的土地利用规划,必须在生态文明的理念下,对原有各类空间规划的理念与方法进行重大的调整与重构。

二、国土空间规划的综合目标

在面对政府、市场、社会等多元主体各自利益取向时,国土空间规划不能仅仅追求单一的目标,而是需要实现对多元化目标的统筹平衡。随着中国经济的发展,价值取向由过去的经济增长优先转向生态文明导向,国土空间规划必须将实现人与自然和谐相处的问题放在突出位置。但这里特别需要明确的是,生态文明并非就是简单、静态、绝对的生态保护,而是经济社会发展高级阶段的人类价值追求,生态文明建设旨在实现以人为本、人与自然和谐共生的高质量、可持续发展,是更高层面发展与保护的统筹协调。

对于国土空间规划而言,生态环境保护、自然资源管控固然是前提和基础,但并非规划内容的全部,更不能将国土空间规划狭隘化为"土地与生态资源保护规划"。也就是说,国土空间规划不仅需要高度重视对自然资源要素的有效保护与管控,同时,要努力促进生态产品的价值实现,更需要将如何实现人与自然和谐的高质量发展作为第一要务,也就是中国传统文化中一贯强调的人地和谐、天人合一。忽视人与自然的任何一方,或者片面强调任何一方,都是不对的,国土空间规划的最终目的是实现高质量、可持续的发展,其他的种种规制都是实现这一目标的手段和路径。

历史上,西方国家曾经一度争论空间规划到底是"发展的敌人",还是"发展的朋友"?最终还是认同空间规划是发展(而不是简单的GDP增长)的"朋友",规划是为了实现更好、更可持续的发展。无论从国际普遍规律看,还是从我国的现实基础和未来发展需求看,国土空间规划的核心目标都应当聚焦于解决"人民日益增长的美好生活需要和不平衡不充分的发展之间的矛盾"这一新时代根本任务。我们必须超越单纯的"空间管控技术工具"角色,真正从"公共政策"的角度来全面理解国土空间规划的功能定位,统筹考虑保护和发展之间的关系,统筹政府、市场、社会的关系,统筹效益、秩序、品质的关系,统筹长远目标与实施时序的关系。

三、国土空间规划的属性与作用

国土空间规划是经济、社会、文化、生态政策等在特定地理区域的表达,是政府管理空间资源、保护生态环境、合理利用土地、提高民生质量、平衡地区发展的重要手段。

(一)兼具管控工具与公共政策的属性

1.作为管控工具的空间规划

国土空间规划的对象是国土空间系统,对空间的管控和引导是国土空间规划的核心内容。国土空间规划通过限定各空间要素保护或发展的区位、建设方式与建设强度，对空间资源及其利用方式进行优化配置，从而建立一个可持续发展的空间框架，发挥规划的战略引领与刚性管控的作用。

2.作为公共政策的空间规划

为了适应不同阶段的国家治理需要，中国空间规划的角色功能不断发生转变，尤其是历史最为悠久、实践最为丰富的城乡规划，先后经历了计划经济的空间供给工具、迎合地方增长需求的工具等角色变化，直至在《中华人民共和国城乡规划法》中明确将城乡规划定位于政府的重要"公共政策"。公共政策属性的确立，意味着国土空间规划已经超越了空间布局管控技术工具的角色，成为对空间资源的使用和收益进行统筹配置，促进经济社会健康发展的复杂治理活动。

（二）国家治理体系的重要构成与有效手段

经过改革开放以来的快速工业化、城镇化，我国进入了生态文明建设、高质量发展的新时代，空间规划的本质属性将发生变化：从过去进行空间开发与保护规制的技术工具，转向统筹配置资源、高效利用资源、协调多元价值的公共政策，以及国家实现治理现代化的重要工具。简而言之，国土空间规划是空间化的公共政策，国土空间规划本质上就是通过空间公共政策来实现国家治理目标的手段与过程，也就是所谓的空间治理。

在生态文明建设、高质量发展的新时代，国土空间规划承担着引领发展转型、推进国家治理体系与治理能力现代化的责任，国土空间规划的角色和地位已经上升到了治国理政的新高度。国家通过空间规划实现了对地方发展的战略引领与刚性管控，空间规划是政府配置资源、协调管控的工具，其主动、积极有为地引导经济、社会、空间朝着国家所希望的方向转型。同时，国土空间规划在调节地方发展模式、应对市场的负外部性等方面也具有极其重要的作用。

（三）塑造高质量国土、满足美好生活需求的支撑

中国人多地少、资源短缺、环境约束紧张，国土空间规划通过制定空间资源的利用规则、协调保护与发展的关系，以及科学有序地统筹布局生态、农业、城镇等功能空间，不断优化国土空间结构和布局，以实现美丽中国的目标。国土空间规划并非仅仅是关注刚性的管制、上下传导的要求，而且更要关注如何通过规划来促进区域均衡发展、城乡协调发展、人与自然和谐发展。要通过国土空间规划的统筹协调，实现资源的合理配置、科学布局，高效利用、可持续利用，从而塑造高质量的国土环境，不断提高有限资源环境对无限发展需求的承载能力。要通过科学合理的国土空间规划，满足人民群众对美好生活向往的需求，以人为本、以人民为中心，延续历史文脉，突出地域特色，塑造美丽宜居的城乡人

居环境，不断增强广大群众的幸福感、获得感。

四、国土空间规划的特点

（一）综合性

综合性是国土空间规划工作的重要特点。国民经济社会发展、空间环境中的各项要素，既互为依据，又相互制约，国土空间规划需要对空间各项要素进行统筹安排，使之各得其所、协调发展。

（二）政策性

国土空间规划既是对国土空间保护与利用的战略部署，又是合理组织生产、保护生态环境的手段，几乎涉及国家经济社会的各个部门，必然成为政府公共政策的组成部分之一。当国土空间规划的成果通过一定的审批程序以后，它又成为具有一定行政约束力的地方法规，对城市与区域发展、城乡建设等具有鲜明而重要的引导或控制作用。

（三）地方性

国土空间规划是一个庞大的层级体系，越往下越具有地方性事务的特点。国土空间规划要根据地方特点、经济社会发展水平，因地制宜地进行编制。在工作中，既要遵循国土空间演化的科学规律，遵循国土空间规划的有关要求，又要尊重当地人民的意愿。国土空间规划要努力体现地方特色（尤其是一些具有生态价值、历史文化价值、景观风貌价值的地区），国土空间规划的成果要尽量切合地方操作的实际。

（四）长期性

国土空间规划是对国土空间发展演变过程的动态管控，它是一项长期性和经常性的工作。国土空间规划既要解决当前的矛盾和问题，又要充分估计未来长远的发展要求，它既要有现实性，又要有前瞻性。随着社会经济环境的不断变化，国土空间规划也不可能是一成不变的，应该根据实践的发展和外界因素的变化，持续加以调整和补充，不断适应发展的需要。

有必要指出的是，虽然国土空间规划需要不断地调整和补充，但每一时期的国土空间规划都是建立在当时的政策和经济社会发展计划的基础上，经过深入调查研究而制定的，是一定时期内统筹国土空间保护与利用的依据。所以，国土空间规划一经批准，必须保持其相对的稳定性和严肃性。

（五）实践性

首先，国土空间规划是为国家、地方的可持续发展与高质量发展服务，规划方案要充分反映国家、地方实践中的问题和要求，有很强的现实性；其次，编制国土空间规划是为了给实施管理提供依据，编制规划不是目的，实现对国土空间规划的有效实施管理才是目的；最后，国土空间规划实践的难度不仅在于要对各项保护，利用的内容在时空方面作出符合规划的安排，而且要积极地协调实践中不断出现的现实要求和矛盾。

第二节　国土空间规划的知识体系

一、空间规划知识体系的发展

（一）作为空间管控手段的空间规划知识体系

从研究与实践领域划分的角度来说，空间规划并非某一种单独的学科门类，而是一个由城乡规划学、地理学、生态学、环境学、社会学、经济学、政治学、行政管理学等多学科共同参与的研究领域。其中，城乡规划学一直是空间规划实践工作的引领学科，甚至可以说，空间规划的学科属性随着经济体制和社会思潮的改变而演进的过程，实质上就以城乡规划学为核心学科基础，并与地理学、生态学、社会学等其他学科不断交叉融合、学科属性不断拓展的过程。与此同时，传统城乡规划学与其他学科的交叉，还形成了城市生态学、城市社会学等多元学科领域，以及交通、市政等各类专项分支。不断扩大的空间规划核心理论体系与多元化的学科分支一起，共同组成综合性的空间规划学科群。"二战"以后，随着西方国家的空间规划角色由"空间管控手段"到"增长工具"，再到"公共政策"的陆续转变，空间规划知识体系呈现出多维度知识体系相叠加与综合的过程。

城市规划被普遍视为放大到城市尺度的物质环境设计，其成果主要是指导城市土地使用和空间形态建构的统领规划、详细蓝图，学科知识体系相应以设计和工程知识为核心，包含建筑和城市设计、交通和市政工程等方面的内容。"二战"以后，许多西方国家纷纷选择国家凯恩斯主义的治理模式，随着以国家自上而下的规制为特征的空间规划体系的建立，空间规划作为空间管控手段的属性逐渐凸显。规划通过区域综合分析，以分析为基础为城市或地区的发展设定计划目标，并制订各种备选方案，计量分析、系统分析等数理分析手段因此成为这一时期空间规划知识体系的重要组成部分。

受学科计量革命和功能理性主义思潮的影响，工具理性思想在这一时期主导着城市规划研究与实践领域，强调规划的科学性和系统性分析方法。在其理性主义的研究范式下，理性综合规划、系统规划和程序规划等理论先后出现，为区域层面空间规划的蓬勃展开奠定了基础。伴随国土规划和区域规划实践的广泛开展，理性主义的思考方式、数理研究方法开始被广泛应用于区域分析与规划编制研究中，成为空间规划知识体系的重要组成部分，使规划学科的科学性大大增强。

（二）作为地区增长工具的空间规划知识体系

在20世纪末期，为应对新自由主义治理模式对规划的多元需求，西方国家空间规划一方面扮演地区"增长工具"的角色，积极地响应市场的发展要求，另一方面力图在集权和分权，政府力和市场力、经济增长和社会发展之间取得平衡。经济学、市场营销以及人文学科等知识被相继引入空间规划领域，在原有学科知识的基础上，进一步形成更加综合化的地区增长工具角色下的空间规划知识体系。

作为市场经济下提升地区和城市竞争力的重要手段，城市设计、城市更新、老城复兴、城市再开发等规划在这一时期受到高度关注，广泛地融合土地经济学、产业经济学等领域的相关知识。以解决实际问题或某种特定目标为核心的导向型规划，也几乎在同一时间兴起，财政学、市场营销学、企业管理学等领域的知识被相继引入，体现出空间规划从"管控工具"到"增长工具"角色转变下知识体系的适应性转型升级。

（三）作为公共政策与治理平台的空间规划知识体系

伴随空间规划在国家治理体系中的角色向综合空间战略转变，空间规划业已成为西方国家政府进行社会治理的重要途径，逐步完成了从"管控手段""增长工具"向"空间政策"的转型。空间规划的知识内涵由此进一步向行政管理、公共管理领域延伸。空间规划的公共政策转向，也对规划师的协调与沟通能力提出了全新的要求。在公众参与思想的影响下，西方国家自20世纪末期开始的空间规划"沟通转向"，使规划权力逐步由精英群体让渡到普通民众，使沟通规划、协作规划成为这一时期具有代表性的空间规划类型。规划师的角色也相应逐渐转变为不同利益群体之间沟通、讨论规划议题的协调者，这就要求空间规划知识体系在已有的多学科基础上，进一步拓展包括谈判沟通、协调等从事社会工作所需的知识内容。

当今西方国家的空间规划普遍已成为政府进行社会治理的重要途径，空间规划的知识向行政管理、公共管理领域延伸，沟通规划、协作规划等成为规划师的必备技能。与此同时，随着可持续发展成为全球发展的主导思想，生态保护也成为空间规划知识体系的重要构成，生态学、环境学等知识成为重要的补充。此外，西方空间规划知识也有进一步向专业化、技术化发展的趋势，主要表现为在交通、环境、历史保护等交叉领域形成了更加专业化的分支学科，以及地理信息技术、人工智能、大数据等新兴技术的运用，带来了规划技术创新的热潮。以城乡规划学科为核心代表的中国空间规划知识体系，其发展演化的历程、总体发展的方向与上述趋势基本是一致的。

二、国土空间规划的知识体系

从西方国家空间规划学科知识体系的发展和演变过程中可以看出，城乡规划学一直是空间规划实践工作的引领学科，也必然是中国的国土空间规划知识体系与学科群支撑的核心，在此基础上与地理学、生态学、环境学、社会学、公共管理学等其他学科不断融合、拓展，最终由城乡规划学、土地管理学、资源环境学等多个学科共同支撑起国土空间规划工作。准确地说，国土空间规划不是某一个单独、封闭的学科，而是一个庞大的、多学科交叉联动的学科群。

在国家治理体系和治理能力迈向现代化之际，中国的城乡发展将基本告别大面积的增量空间扩张阶段，愈来愈将面对复杂利益博弈的存量空间更新。在此背景下，对于国土空间规划知识体系而言，一方面是要不断发展、提升所谓的专业知识与技能，另一方面也必须关注新的要求与挑战。首先，在治理现代化的视角下，在进行国土空间规划尤其是区域性规划还将发挥更加综合的作用。因此，国土空间规划知识体系需要着重补充政治学与行政学、城市与区域经济学、财政学、金融学等学科的内容。其次，随着我国现代化进程的推进，市民社会将不断发育崛起，市场在资源配置中的决定性作用也将不断得到深化与落实，因而空间规划愈加需要在协调政府与市场、政府与社会的关系中发挥协商平台的作用，明确政府的有限责任与行为边界。因此，空间规划知识体系也需要补强城市社会学、乡村社会学等方面的内容，并加强对沟通协调、组织协同、制度设计等方法与能力的培育。最后，对于区域发展、城市发展、乡村发展客观规律的探索，需要更加精确、及时的数据与方法支撑，对于这部分技能的学习与运用将极大地丰富与拓展国土空间规划的知识体系，并系统提升规划的科学性与合理性。

总体而言，国土空间规划的综合性实践要求其知识体系必须是一个不断吸收借鉴的开放体系，以服务区域、城市、乡村这些不同层次空间的综合保护与开发为主要宗旨，吸收有关学科的养分与最新的科技成果，持续完善、夯实国土空间规划既有的知识体系。

第三节 国土空间规划的核心理念

一、坚持全要素保护、全过程思维、全系统规划

国土空间规划整合了城乡规划、土地利用规划、主体功能区规划等重要的空间规划类型，因此，相关规划的思想与理论都在国土空间规划中得到了不同程度的继承和发展。同时，与原有的城乡规划、土地利用规划、主体功能区规划等空间规划类型相比，国土空间规划体系更加注重落实新发展理念，聚焦生态文明建设，促进高质量发展；更加注重坚持以人民为中心，满足人民对高质量美好生活向往的愿望；更加致力于提高空间治理体系和治理能力现代化。

与以往各类空间规划相对单一、片面的发展或保护目标不同，国土空间规划是全要素、全过程、全系统的规划。兼顾保护与发展，兼顾各类空间要素的统筹协同，目标是形成生产空间集约高效、生活空间宜居适度、生态空间山清水秀，以及安全和谐，富有竞争力和可持续发展的国土空间格局。国土空间规划的核心理念，首先体现在对"山、水、林、田、湖、草"等全域、全要素的保护，通过"陆海统筹、区域协调、城乡融合"以及各类保护与发展要素的综合统筹，实现全要素生产率的进一步提升，科学有序地统筹布局生态、农业、城镇等功能空间。国土空间规划更加强调全过程思维、全系统的规划，规划编制审批体系、规划实施监督体系、法规政策体系，技术标准体系构成"四梁八柱"，全方位支撑国土空间规划的运行。

二、强化战略引领，推进协调发展

国土空间规划是体现国家意志的约束性规划，目的是把国家重大决策部署以及国家安全战略、区域发展战略、主体功能区战略等重要战略，通过约束性指标和管控边界逐级落实到最终的详细规划等实施性规划上，保障国家重大战略的落实和落地，提升国土空间开发保护质量和效率。国土空间规划是自上而下编制的，下级规划要服从上级规划，专项规划和详细规划要落实总体规划，充分体现了国土空间规划在国土空间开发保护中的战略引领和刚性管控作用。

三、坚持底线思维，促进绿色发展

长期以来，我国扩张型、粗放式及唯增长论的发展方式造成了生态系统退化、环境污染严重、资源能源约束趋紧的严峻局面，直接影响到人民福祉和民族的未来生存和发展。国内、国外的双重压力，使得我国的发展方式必须从粗放型向集约型转变、从外延型向内涵型转变、从资源消耗型向创新驱动型转变。在生态资源环境紧约束的背景下，文化、社会、经济、政治的发展都离不开对生态的有效保护，生态文明建设的要求应当成为国土空间规划工作的核心价值观，要努力实现在有限空间上的无限高质量发展，并在此基础上建立一整套的评价标准和操作规则，发挥国土空间规划在国家生态文明建设中的基础性作用。

四、体现以人为本，推进高质量发展

国土空间规划是实现高质量发展和高品质生活的重要手段。国土空间规划"是坚持以人民为中心、实现高质量发展和高品质生活，建设美好家园的重要手段"。国土空间规划要"综合考虑人口分布、经济布局、国土利用、生态环境保护等因素，科学布局生产空间，生活空间、生态空间""坚持陆海统筹、区域协调、城乡融合，优化国土空间结构和布局，统筹地上地下空间综合利用，着力完善交通、水利等基础设施和公共服务设施，延续历史文脉，加强风貌管控，突出地域特色"。以人民为中心的高质量发展是国土空间规划的核心目标和最终落脚点，应当建立"人本主义"的生态文明，实现基于"人与自然和谐共生"的人类可持续发展。

简要而言，国土空间规划应该着重实现如下的核心目标：高质量发展，即通过创新、协调、绿色、开放、共享的新发展理念，实现国土空间利用效率的提高，实现社会经济发展与资源环境消耗脱钩，逐步形成"集约和高效"的国土；高品质生活，即通过宜居城乡环境、"魅力功能区"等的建设，实现国土空间供给质量的升级，逐步形成"美丽而富饶"的国土；高水平治理，即通过"纵向到底、横向到边、多方参与、协同推进"的体制建设，实现国土空间治理能力的提升，逐步形成"统筹与善治"的国土。

第二章 国土空间规划分类

第一节 国土资源规划

一、国土资源规划体系存在的主要问题

当前，国土资源规划工作总体进展情况良好，但仍然存在某些不容忽视的问题，最为主要和突出的问题是规划的法律地位问题、规划的指导预测问题、规划的协调机制问题、规划的实施管理的制度机制问题。规划的法律地位有待进一步提高。我国国土资源规划相关法律法规正在不断完善，但目前尚缺乏这方面的相对完整的法律依据作为"尚方宝剑"，这就给国土资源规划的编制和实施带来了一定的困难，其权威性、严肃性难以真正树立起来。目前，正在抓紧进行的土地管理法、矿产资源法的修改工作，将就规划进行专门立法，期望能够抓住这一契机，将国土资源规划的法律地位真正确立起来。

规划的预测性和指导性有待进一步加强。从多年的国土资源规划编制及其实施情况来看，国土资源规划对一些基础问题、重大问题、战略问题等，前期研究和基础研究广度、深度还不够，使得规划的科学性和可操作性不强，导致在后续的实施中出现指标不够用或者有些难以如期实现的问题。一些规划预测目标（包括指标）与后来经济社会发展实际之间存在较大的差距，其除经济社会发展本身以及形势变化等客观原因外，与当时的预测手段、规划方法、编制技术也不无关系，这种经验教训对今后编制规划也是有益的借鉴。必须做好规划的前期研究，改善预测手段，改进规划方法，提高编制技术，才能提高其预测的科学性，才能提高规划实施的可操作性。

规划之间的协调机制急需建立。国土资源规划具有很强的综合性，是一个复杂的系统工程，做好规划之间的协调是一个必不可少的环节。在规划编制和实施过程中，常不可避免地出现规划外部的某些交叉甚至矛盾与冲突的现象，需要做好与国民经济和社会发展

10

规划、主体功能区规划、城市规划、环境保护规划等的衔接和协调；而同一种资源类型的上下级规划之间、不同类型的资源规划之间内部也会发生类似情况。如何建立一种协调机制，很好地协调它们之间的关系，使规划能够顺利地实施，对各种规划进行有机的协调，从而保证规划各自发挥其效能，达到预期目的，是一个值得认真研究的课题。

规划的实施管理有待进一步加强和规范。长期以来，规划实施是规划工作未能很好解决的难题之一。在局部利益的驱动下，为了创造发展经济的政绩，有的地方回避甚至无视规划，对资源进行掠夺式开发、粗放式经营；不是没有规划，而是不切实贯彻规划，不严格执行规划。缺乏按规划办事的程序和办事制度，规划管理服务意识不强，有的审批行为没按法律法规和规划实行，审批责任制不到位，等等，这些工作缺乏"公开、公平、公正"的监督与查处。规划实施的制度和机制建设尚未形成合力，这些问题之所以发生，根本原因就是规划尚未形成制度化保障，即很大程度上缺乏一套完善的规划管理体制和健全的规划管理机制。

重编制过程，轻实施评估，泛调整修编的现象需要严格规正。这既是规划工作中形式主义的反映，也是规划的作用无法有效发挥的重要原因。与编制规划时的轰轰烈烈相比，编制完成后的工作相对薄弱，无视规划的权威性，有的地方任意调整或变相修改规划。没有建立健全规划实施、评估、调整修编的具体制度，而且由于规划实施缺乏必要的法律约束，造成一任领导一个样，影响规划发展目标、政策的连续性。目前，规划中存在的"重编制、轻实施、缺评估、泛调整"问题，使得规划的权威性和严肃性得不到根本保证，从而影响到规划目标的如期实现和任务的顺利完成。

二、国土资源规划体系的发展趋势

国土资源规划经过一段时期的实践后，不断完善了国土资源规划体系，改进了国土资源规划编制，规范了国土资源规划审批，严格了国土资源规划实施。但是，国土资源规划与新形势下国家对国土资源参与宏观调控的要求以及国土资源管理的要求还有一定的差距，完善国土资源规划体系，需要不断努力和实践。

（一）我国国土资源规划的发展趋势

根据我国国情和已有国土资源规划实践，借鉴国外规划的经验，总体而言，我国国土资源规划的发展趋势为：在体系类型上，一是综合性国土资源规划，主要是强化战略计划和工作统领；二是专项性国土资源规划，主要是强化重点领域和重要环节；三是其他相关性国土资源规划。在体系构成上，一是综合性国土资源规划以国土资源五年规划纲要等为主体；二是专项性国土资源规划以土地、矿产、海洋等资源规划为主体，又可根据实际情况，将每类资源性专项规划分为总体规划、专项规划和区域规划；三是其他相关性国土资源规划主要包括地质灾害防治规划等。在体系关系上，一是统筹考虑综合性国土资源规划与专项性国土资源规划；二是下级规划服从上级规划，专项规划、区域规划服从总体规划；三是规划体系内部各层级规划紧密衔接，规划体系外部应当与其他相关规划做好协调。

（二）国土资源规划发展的基本思路和方向

通过理顺上述类型、构成和关系，逐步建立和完善定位清晰、功能互补、统一协调的国土资源规划体系，并在实践中不断创新完善国土资源规划发展的基本思路和方向。

（1）编制市场与调控兼容、刚性与弹性并存型的国土资源规划

既要充分发挥市场配置资源的基础性作用，又要加强和改善政府宏观调控，增强规划目标指标的科学性、指导性和约束性。

（2）编制质量与效益兼顾、发展与保护双赢型的国土资源规划

既要有一定的发展速度和利用规模，又要有较好的效益；既要保护资源，又要保障发展。因此，需要加强资源开发利用规模和结构调整，建立优势互补、良性互动的区域资源优化配置格局，转变资源开发利用方式，加强资源保护和环境保护，不断提高资源的经济效益、社会效益和环境效益。

（3）编制政府与公众联动、上下与内外开放型的国土资源规划

既要坚持政府主导，体现国家战略意图，又要充分尊重地区"发展权"，规范市场主体行为，调动中央和地方的积极性，还要注重吸纳专家意见，扩大社会公众参与和监督，使之真正成为统一认识、集思广益的开放型、民主型规划。

（4）坚持编制与实施并重、评估与修编灵活型的国土资源规划

规划的生命力在于实施，规划工作的关键在于实施。科学编制、严格实施，是任何一个规划具有应用导向前景的核心所在。因此，在编制规划的同时，就要提前考虑规划的实施，并在实施过程中不断改进和完善。规划实施到中期或末期要进行评估，并根据实际情况所需，按照有关程序进行规划的调整或修编，让规划真正灵活起来，真正"滚动"起来。

三、国土资源规划体系框架

国土资源规划体系构建的基本原则如下：

（1）坚持与经济社会可持续发展紧密结合、要与社会主义市场经济体制相适应、要与国家对国土资源参与宏观调控的要求相适应的原则。

（2）坚持注重发挥国土资源规划整体功能的原则。充分发挥国土资源规划的目标导向、平衡协调、资源配置、政策选择、规范约束和激励维护的主要功能。

（3）坚持国土资源高效、集约、持续利用并保持良好的生态环境的原则。开发与保护并重，开源与节流并举，提高资源利用水平，改善生态环境。

（4）坚持因地制宜、切实可行、易于操作、便于协调的原则。

（5）坚持促进区域经济协调发展的原则。统筹安排国土资源调查评价、开发利用和保护，优化资源空间配置和区域布局。

（6）坚持综合考虑经济效益、资源效益、社会效益和环境效益的原则。

（7）坚持走法制化、制度化、程序化和规范化轨道的原则。

根据我国国情和已有实践，国土资源规划体系基本内容是综合性国土资源规划、专项性的国土资源规划、其他相关性国土资源规划。

综合性国土资源规划是把国土资源开发利用与保护作为出发点和归宿，具有系统性、整体性、战略性、综合性、地域性的特点，它始终将国土资源作为一个整体来对待，从全局着眼，照顾到整体利益。在某个局部，规划可能不是最优的，但对于整体、整个国家却是最优的。综合性国土资源规划从时间、空间的横纵面去研究国土资源。规划的内容大多具有宏观、长远以及带有战略性的特点，规划期较长。规划不仅要兼顾自然、经济、社会、科技各个领域，还要对国家、地区和社会利益以及制约国土资源的各种因素进行综合分析。各省地市县综合性国土资源规划是结合了当地的地理条件、区域特点，扬长避短、发挥资源优势的地域性规划。跨行政区国土资源规划是从促进区域经济协调发展、优化资源配置出发而进行的规划，是对行政区国土资源规划的综合与补充，是全国国土资源规划的战略体现。

专项性国土资源规划是综合性国土资源的细化和具体体现，是综合性国土资源规划战略在各类资源和重大专门、关键性问题上的体现。同时，专项性国土资源规划又是综合性国土资源规划的组成部分，专项性国土资源规划之间的关系需要通过综合性国土资源规划来统筹协调。专项性国土资源规划体系也有全国和区域之分，各省（市）、地（市）、县级专项性国土资源规划必须符合上级规划的战略与原则。

第二节 土地利用规划

一、土地利用规划的概念

土地利用规划是国家为实现土地资源优化配置和土地可持续利用，保障经济社会的可持续发展，在一定区域、一定时期内对土地利用所做的统筹安排和制定的调控措施。土地利用规划有时也称为土地规划。

土地利用规划是国民经济和社会发展规划的重要组成部分，其目标和任务服从和服务于经济社会发展的需要，但这种发展不能是眼前的、局部的，而应该是长远的、全面的，亦是可持续的。土地利用规划的根本目的是为经济社会可持续发展提供土地保障。要达到这一目的，前提是在国民经济各部门、各产业之间和各地区之间优化配置有限的土地资源，合理开发、利用土地，实现土地资源的可持续利用。

土地利用规划的范围在多数情况下是一个完整的行政区域，其优点是便于协调行动，在现有的政府架构下统一组织规划的编制和实施。但在某些情况下，土地利用规划的范围则是跨行政区的，是一个经济或自然区域（如流域）。其优点是：能够充分考虑区域内土地利用的经济或自然联系，系统组织土地利用。编制和实施规划一般需要新组建一个管理机构或跨行政区的协调机构。

土地利用规划既要解决当前和今后一个时期的土地利用问题，又要充分估计长远的发展影响。因此，规划期限必须是长期的，并要长短结合。现行法律、法规规定：土地利用总体规划的期限由国务院决定，一般为15年；在规划期限内，还要分阶段进行安排，重点做好近期（一般为5年）的土地利用安排。土地利用专项规划和规划设计的期限宜稍短或与总体规划一致。

土地利用规划的核心是对土地利用的安排。这种安排往往既要考虑土地需求，又要考虑土地供给；既要考虑某一部门、产业的用地需求，又要考虑其他部门、产业的用地需求；既要考虑如何利用土地，又要考虑如何开发、保护和整治土地；既要考虑本地的土地利用问题，又要考虑对相邻地区的影响。因此，统筹兼顾、综合平衡是土地利用规划工作需要遵循的基本原则和方法。土地利用规划不仅要确定未来土地利用的目标，制订合理可行的规划方案，而且要确定实施规划的行动步骤，有针对性地提出实施规划的保障措施，确保规划目标的实现。

二、土地利用规划的性质

正确把握土地利用规划的性质，对搞好土地利用规划工作来说是非常重要的。

（一）土地利用规划是调控土地利用的国家措施

土地利用规划是土地用途管制的依据。《中华人民共和国土地管理法》第4条规定"国家实行土地用途管制制度"，并规定"国家编制土地利用总体规划，规划土地用途，将土地分为农用地、建设用地和未利用地。严格限制农用地转为建设用地，控制建设用地总量，对耕地实行特殊保护"。可见，土地利用规划不是一项普通的技术工程措施，也不是地方性措施，而是由法律规定的调控土地利用的国家措施。将土地利用规划上升为国家措施，是由我国人多地少、各业用地矛盾十分尖锐的国情决定的，是强化土地管理的客观需要。

土地利用规划是各级人民政府的重要工作，是政府行为。《中华人民共和国土地管理法》第17条规定："各级人民政府应当依据国民经济和社会发展规划、国土整治和资源环境保护的要求、土地供给能力以及各项建设对土地的需求，组织编制土地利用总体规划。"在政府的行政机构中，土地行政主管部门是代表政府行使土地利用规划权力、主管土地利用规划工作的职能部门。

（二）土地利用规划是具有法定效力的管理手段

《中华人民共和国土地管理法》第21条明确规定："土地利用总体规划一经批准，必须严格执行。"这些规定明确了土地利用规划所具有的法定效力。赋予土地利用规划以法律的强制力，是由土地利用规划的性质和作用决定的。土地利用规划是对城乡建设、土地开发等各项土地利用活动的统一安排和部署，各项工程一旦实施，其后果很难扭转。为此，土地利用规划中的各项规定、标准和政策应当有长期的稳定性，这就要求以法律的形式将其固定下来，以克服单纯行政手段可能出现的土地利用短期行为。土地利用规划作为土地用途管制的依据，涉及调整土地利用中个人与社会、部门与社会、地方与中央的关系，借助法律手段强化规划的权威性和严肃性，才能有效维护土地利用的整体利益和长远利益，同时保证个人、企业和社会团体的利益。依法制订和实施规划，是土地利用规划和管理工作者的最基本的活动。

（三）土地利用规划是量大面广的社会实践活动

土地是各业生产和各项建设的基本物质条件。土地利用规划关系各行各业，影响千家万户，涉及政治、经济、社会等广泛领域，具有很强的综合性和实践性。土地利用规划的每一个决策、每一项行动，既要符合国家的法律法规和政策规定，又要符合当地的实际。制订规划时，要做大量的调查分析工作，摸清土地利用条件、利用现状、利用潜力和用地需求情况，实事求是地拟订规划方案，并广泛征求意见，协调各业、各部门的用地需求和矛盾；规划批准后，要做大量的实施管理工作，依据法律和规划维护和监督城乡建设、土地开发等各项土地利用活动，采取各种措施保障规划的实施。土地利用规划是各级土地行政主管部门的一项业务性很强的经常性工作，在土地管理各项工作中居于"龙头"和基础地位。

（四）土地利用规划是一门综合性的科学

土地利用规划既是一项具体的社会实践活动，也是一门包括自然科学、社会科学等多学科知识在内的综合性科学。显然，它不仅仅要研究土地利用的自然现象和过程，更要研究土地利用的社会、经济现象和调控机理。在过去的几十年里，土地利用规划已经从传统的技术工程学科拓展到人文科学领域，从地理学、社会学、经济学、生态学、管理学、信息学等许多学科中不断吸收相关知识，充实到规划的理论和实践中。从事土地利用规划工作，必须具备以上相关知识和综合协调能力。

三、土地利用规划体系

（一）土地利用规划的体系构成

国家实行五级、四类的土地利用规划体系。按行政层级，分为国家规划、省（自治区、直辖市）级规划、市（设区的市、自治州）级规划、县（县级市、自治县、市辖区）级规划、乡（镇）级规划。

按对象和功能，土地利用规划由总体规划、专项规划、区域规划和详细规划组成，专项规划、区域规划和详细规划以总体规划为依据。

土地利用总体规划是在某一特定行政区和规划期内，根据当地的自然和社会经济条件以及国民经济发展的需求，协调土地利用的总供给和总需求，制定土地利用目标、加强耕地和基本农田保护、促进节约和集约利用土地、优化用地结构和布局、统筹区域土地利用的一项宏观战略措施。

土地利用专项规划是为了解决某一特定的土地利用问题或以土地利用某一特定领域为对象进行的规划，是总体规划的延伸和细化，如基本农田保护区规划、土地开发整理规划等。

土地利用区域规划是指以跨行政区的特定经济区域或某一具有特定含义的区域内的土地资源为对象编制的规划。区域规划一般包括国家区域规划和省、市级区域规划（某一具有特定含义的区域的土地利用规划可以隐含在国家区域规划或省、市级区域规划中）。国家区域规划是指以跨省（自治区、直辖市）级行政区的特定经济区域为对象编制的规划；省、市级区域规划是指以省域内跨县级以上行政区的特定区域为对象编制的规划。

土地利用详细规划是指在一定的区域和规划期限范围内，联系其他土地利用规划和国民经济发展规划，对某一特定类型用地进行全面客观分析，确定其用地的性质、规模、发展方向及其布局等。各级规划修编要严格执行下级规划服从上级规划、专项规划服从总体规划的规定，建立健全逐级控制、分工明确、重点突出、衔接统一的规划体系，防止和纠正用地指标与空间安排不衔接、下级规划变相扩大上级规划确定的建设用地规模，以及基本农田保护、整理复垦耕地不落实等问题。

（二）各级、各类土地利用规划的关系和衔接

从层次上看，国家规划指导省级规划，省级规划指导市县乡级规划。也就是市县乡级规划要服从省级规划，体现省级规划的意图和要求；省级规划要服从国家规划，体现国家规划的意图和要求。市县乡级规划要和省级规划相衔接，省级规划要和国家规划相衔接。

从功能上看，总体规划指导专项规划、区域规划和详细规划，专项规划是总体规划在某一特定领域的延伸和细化，区域规划是总体规划和专项规划在某一特定区域的落实，详细规划是总体规划、专项规划和区域规划对某一类型用地安排的具体体现和落实。因此，专项规划必须服从总体规划，必须与总体规划相衔接；区域规划必须服从总体规划和特定区域内的专项规划，必须与总体规划和相关专项规划相衔接；详细规划必须服从总体规划、专项规划和所在的区域规划，必须与总体规划、专项规划、区域规划和相关规划相衔接。

从实施上看，建立规划工作的"技术规则"体系，规则不能建立在阐释"原则"的标准上，应当上升到执行"规则"的水平上，才能保证规划实施的科学化、法制化。规划法制化，关键在于强化规划决策权的民主化和真正引入公众参与，同时健全规划技术与行政、编制和管理紧密结合的操作机制。

此外，各层级土地利用规划必须与相应的国民经济和社会发展规划相衔接，重要规划目标和规划指标要纳入相应的国民经济和社会发展规划之中，城市规划、生态环境保护规划等相关规划要与土地利用规划相衔接。

（三）各级、各类土地利用规划的功能

1.土地利用总体规划

土地利用总体规划是城乡建设、土地管理的纲领性文件，是加强宏观调控、发挥市场配置土地资源基础性作用的重要前提，是实行土地用途管制、落实最严格的土地管理制度

的基本手段。

全国规划纲要突出战略性、宏观性、指导性和政策性；要贯彻国家战略意图，做好战略定位，解决规划中的关键问题、长远问题、全局问题；要体现国家宏观调控的要求，提出规划期间全国土地利用的战略目标和方针，制定分省（区、市）主要用地控制指标，科学合理地确定各省（区、市）城镇建设用地总规模和报国务院审批规划的城市建设用地规模，确定土地资源保护、利用、整治、开发的重点区域和重大工程，提出实施规划的政策和措施。规划的主要目标纳入国民经济与社会发展规划中实施。

省级总体规划要突出宏观性、指导性和实施性；要体现国家、本省（区、市）宏观调控的要求，根据全国规划纲要和本省（区、市）实际，分解落实国家下达的控制性指标，在与相关规划协调的基础上确定基本农田保护、土地整理复垦、生态建设与环境保护、国土整治等重点地区和重点项目，特别要将本省（区、市）城镇建设用地规模控制指标分解落实，并确定每个城市的建设用地控制规模，协调安排区域重点基础设施建设项目用地，并制定实施规划的措施。规划的主要目标纳入省级国民经济与社会发展规划中实施。

市级总体规划要突出指导性、实施性和操作性，根据省级规划和本市（地、盟、州）实际，分解落实省（区、市）下达的控制性指标；在与相关规划协调的基础上，按照土地的主导功能划分各类土地利用区，并制定措施，加强对整个辖区土地利用的管制；确定中心城市（包括主城、组团、卫星城）建设用地规模和范围，并对城郊接合部进行土地用途分区；各类开发区（园区）用地纳入城镇建设用地进行统一规划；按照城镇建设用地增加与农村建设用地减少相挂钩的原则，提出农村建设用地整理规模；统筹安排区域基础设施、社会设施、环境治理等重点建设项目用地和土地整理复垦项目。规划的主要目标纳入市级国民经济与社会发展规划中实施。

县级总体规划要突出实施性和操作性。县级规划要根据市级规划和本县（市、区、旗）实际落实各项指标和重点项目用地，按照土地的基本用途划分土地用途区，并制定分区土地用途管制措施。

乡（镇）规划要结合本乡（镇）土地使用条件，将县级规划确定的各项指标和土地用途分区具体落实到地块。规划的主要目标纳入县级国民经济与社会发展规划中实施。

2.土地利用专项规划

土地利用专项规划具有实施性和操作性。专项规划主要包括基本农田保护区规划、土地开发整理规划等。

基本农田保护区规划的主要功能：基本农田保护区规划是土地利用总体规划的深化和完善，也是严格保护耕地和基本农田的重要依据。分析自然条件和社会经济概况，查清规划区内耕地资源的数量、质量及其分布情况，找出耕地生产和开发利用潜力及利用存在的主要问题，预测规划期内人口和耕地需求量，确定和分解基本农田保护区控制指标，划定基本农田保护区具体面积及空间分布，提出基本农田保护区管理与保护措施。同时，围绕增加有效耕地面积，提出完善耕地占补平衡、推进土地开发整理复垦的政策措施。

土地开发整理规划的主要功能：土地开发整理规划是土地利用总体规划的深化和细化，是组织开展土地开发整理复垦的重要前提，也是土地开发整理复垦项目库建设、项目立项、项目设计、项目实施和验收的法定规划依据。土地开发整理规划紧密围绕规划区内经济社会发展目标，按照搞好国土资源综合整治、提高粮食综合生产能力、保护生态环境的总体要求，明确土地开发整理目标、任务和基本方针，确定重点区域，安排重大工程，制定实施规划的保障措施。

土地利用专项规划的内容应当突出重点，有较强的针对性，目标明确具体，措施得力，注重实效。

3.土地利用区域规划

土地利用区域规划是一种在某一特定区域内将全国规划纲要或省级总体规划细化了的土地利用规划，是编制区域内其他各类土地利用规划的依据，具有指导性、约束性和可操作性。

以下一些区域应当编制土地利用区域规划：（1）国家重点区域，如西部地区、东北地区等老工业基地，环渤海、长江三角洲、珠江三角洲等重要经济区和流域；（2）国家或省（区、市）认为应当编制区域规划的其他区域。

区域规划应更注重特定经济区域内空间布局的规划，重点解决经济社会与资源开发、环境保护的协调发展。区域规划能从纵横双向协调总体规划和专项规划，是条块交织的关系。与专项规划相比，区域规划还具有综合性、战略性和地域性的特征。区域规划将国家或省级规划中的重点区域落实到具体的空间范围内，落实和细化有关目标任务和数据指标，通过区域土地利用发展战略、发展重点、发展布局及发展政策，提出区域土地利用的目标和任务。

4.土地利用详细规划

土地利用详细规划是一种将土地利用总体规划、专项规划和区域规划深化和细化了的、对规划区内各类各项用地进行详细、具体安排的微观的土地利用规划。其包括居民点用地规划、水利用地规划、农业用地规划等，是规划实施的末端依据。

第三节　矿产资源规划

一、矿产资源规划的概念

矿产资源规划是国家或地区在一定时期内为保障国民经济和社会发展对矿产资源的需求，以有效保护和合理利用矿产资源、保护生态环境为目标，根据全国或地区矿产资源的特点，对矿产资源调查评价、勘查、开发利用与保护、矿山地质环境保护等在时间和空间上作出的总体安排和部署。

矿产资源规划以矿产资源战略为指导、以保障国民经济和社会发展为需求、以矿产资源赋存条件和区位优势为基础、以市场需求形势为前提，通过制定矿产资源调查评价，矿产资源勘查、开发利用与保护，矿山地质环境治理等目标，合理部署在规划期内的具体任务和发展重点，对矿产资源勘查开发与保护进行合理布局，对矿产资源开发利用总量进行有效调控，对矿产资源开发规模结构和矿产品结构进行优化调整，对矿山地质环境进行保护和治理，并提出规划实施的具体保障措施。

二、矿产资源规划的特点

矿产资源规划具有以下特点。

（一）高度的战略性

矿产资源规划是落实国家矿产资源战略和重大部署的重要手段，从资源国情出发，着眼未来，充分体现国家的战略意图。

（二）突出的政策性

矿产资源规划是实施矿产资源政策的重要载体，不仅体现国家政策的各项要求，而且重点针对矿产资源领域的突出问题，明确完善政策的方向和原则。

（三）很强的可操作性

矿产资源规划是指导矿产资源勘查、开发、管理、保护与合理利用的重要依据，通过科学合理的规划目标和主要任务，切实有效地指导矿产资源开发利用的各个环节。

三、矿产资源规划体系

（一）矿产资源规划体系建设构架

根据首轮矿产资源规划编制、审批和实施实践，为适应新形势的要求，矿产资源规划体系的构建应以贯彻和落实科学发展观为指导，从全国和区域统筹出发，建立统一协调、层次分明、功能清晰、相互配套的规划体系，明确各类规划的性质、作用、编制主体、审批主体、实施主体和手段，以及与相关规划的关系等，充分体现规划的权威性、连贯性和实施性。

矿产资源规划体系以矿产资源总体规划为主体和基础，按行政级层次划分为国家规划、省（自治区、直辖市）级规划、市（设区的市、自治州）级规划、县（县级市、自治县、市辖区）级规划。按对象和功能，分为总体规划、专项规划和区域规划，各级规划之间又存在相互衔接、相互配套的有机联系。

总体规划，即国家级、省级、市级、县级矿产资源总体规划，是矿产资源规划体系的核心，是矿产资源管理的纲领性文件，是加强宏观调控、发挥市场配置矿产资源基础性作用的重要前提，也是体现国家产业政策、落实矿业权管理制度的基本手段。国家级、省级矿产资源总体规划是根据《中华人民共和国矿产资源法》及其实施细则等法律法规和国家、地方有关方针政策，以全国和省（区、市）域内矿产资源开发利用与保护为对象编制的规划，是战略性、宏观性、指导性和政策性规划，是编制国家、省级专项规划、区域规划的依据。市、县级总体规划是依据省级总体规划，以市、县域内矿产资源开发利用与保护为对象编制的规划，是指导性、实施性和政策性规划，是编制市、县级专项规划，市、县级区域规划的依据，在规划体系中具有基础性作用。总体规划应当由同级人民代表大会或人民政府批准编制并发布实施，具有法律效力。

专项规划，即国土资源管理部门编制的各种专项规划、项目规划等统称为专项规划。国土资源矿政管理部门以一定区域内矿产资源开发利用与保护、矿产资源管理的某一特定领域为对象编制的规划，是矿产资源总体规划在某一领域的延伸、细化和具体体现，是实施性和操作性规划。专项规划由各级相应的国土资源规划管理部门组织编制。但是，省级国土资源矿政管理部门不要求市、县级部门编制市、县级专项规划。

区域规划，即以跨行政区的特定经济区域或某一具有特定含义的经济区域内的全部矿产资源为对象编制的规划。它是总体规划和相关专项规划在特定空间的落实，是区域内各行政区编制各类规划的依据，具有指导性、约束性和协调性，应由相应的国土资源规划管理部门组织编制。

（二）各层级矿产资源规划的关系和衔接

从层次上看，国家级规划指导省级规划，省级规划指导市县级规划。省级规划要服从国家级规划，体现国家级规划的意图和要求；市县级规划要服从省级规划，体现省级规划的意图和要求。市县级规划要和省级规划相衔接，省级规划要和国家级规划相衔接。

从功能上看，总体规划指导专项规划和区域规划，专项规划是总体规划在某一特定领域的延伸和细化，区域规划是总体规划和专项规划在某一特定区域的落实。因此，专项规划必须服从总体规划，必须与总体规划相衔接；区域规划必须服从总体规划和特定区域内的专项规划，必须与总体规划和相关专项规划相衔接。

从实施上看，要建立规划工作的"技术规则"体系。规则不能建立在阐释"原则"的标准上，应当提升到执行"规则"的水平上，才能保证规划实施的科学化和法制化。规划法制化，关键在于强化规划决策权的民主化和真正引入公众参与，同时健全规划技术与行政、编制和管理紧密结合的操作机制，促进规划体系走向规划制度。

此外，各层级矿产资源规划必须与同级国民经济和社会发展规划相衔接，重要规划目标和规划指标要纳入相应的国民经济和社会发展规划之中。此外，还应与土地利用总体规划、城市规划、生态环境保护规划等相衔接。

（三）各县级矿产资源规划的定位与主要任务

1.矿产资源总体规划

国家级矿产资源规划以国家宏观经济政策和规划为基础，贯彻国家战略意图，在全面分析矿产资源开发利用状况和面临的形势的基础上，做好战略定位，解决矿产资源规划中的关键问题、长远问题和全局问题。重点解决全国范围内矿产资源供需平衡问题，对开采规模结构、矿产品结构和进出口结构作出安排，对矿产资源勘查、开发利用在区域上的布局作出安排；运用政策工具，制定并管理好规划分区，科学设定矿产资源开采准入条件。规划的主要目标纳入全国国民经济与社会发展规划中实施。

省级矿产资源规划是以保障在规划期内全国和行政区国民经济和社会发展对矿产资源的需求为目标，对开采规模结构、矿产品结构和进出口结构作出安排，有效保护和合理利用矿产资源，保护矿山地质环境。根据本行政区矿产资源特点，对区域内矿产资源调查评价、勘查、保护和合理利用以及矿山地质环境保护等在时间和空间上进行安排，是省级人民政府及其国土资源行政主管部门依法对本行政区内矿产资源勘查、开发利用与保护进行宏观调控和监督管理的重要依据。其主要目标纳入省级国民经济与社会发展规划中实施。省级矿产资源规划服从全国矿产资源总体规划，贯彻落实全国矿产资源总体规划的目标和任务。

市级矿产资源总体规划具体落实上级矿产资源规划确定的目标和任务；对省（区、市）人大常委会制定的地方性法规规定由市级人民政府地质矿产主管部门审批并颁发采矿许可证的矿产资源的开发利用作出统筹安排；对所涉及的矿产资源保护及勘查、开发利用活动的调查、监测和监督作出统筹安排；对本行政区内矿山地质环境保护与恢复治理作出统筹安排；根据本区域内的资源特点、区位特点、基础设施条件、市场条件和经济社会发展的需要，科学合理地确定规划的目标、任务和实施措施。规划的主要目标纳入市级国民经济与社会发展规划中实施。

县级矿产资源总体规划在市级总体规划的基础上，对法律法规授权管理的矿产资源进行具体的规划，将各项规划任务在空间上、时间上、数量上和政策上加以最终落实；科学合理地划分各类规划区，进行矿业权设置方案的探索，将最低开采规模、"三率"指标和综合利用率指标等落实到具体的矿床、矿区或矿山。规划的主要目标纳入县级国民经济与社会发展规划中实施。

2.矿产资源区域规划的功能定位与主要任务

矿产资源区域规划是指以跨行政区的特定经济区域或某一具有特定含义的经济区域内的全部矿产资源为对象编制的规划，是国家级或省级总体规划在该区域内的进一步细化。区域规划一般包括国家级区域规划和省级区域规划（某一具有特定含义的经济区域的矿产资源规划可以隐含在国家级区域规划或省级区域规划中）。国家级区域规划是指以跨省（区、市）级行政区的特定经济区域为空间范围编制的规划；省级区域规划是指以省域内跨县级以上行政区的特定区域为空间范围编制的规划。

区域规划是矿产资源总体规划和专项规划在空间地域范围的展开，是在地域范围内进一步落实、更具操作性的规划，一般更注重空间布局，使经济社会与资源开发、环境保护协调发展。区域规划能从纵横双向协调总体规划和专项规划；与专项规划相比，区域规划还具有综合性、战略性和地域性的特征。

区域规划以区域总体规划、专项规划为基础，不仅将总体规划或上层区域规划的总体安排因地制宜地落实到具体区域，更通过区域矿业发展战略、发展重点、发展布局及发展政策，提出区域资源调控的目标和任务。

国家重点开发区域矿产资源规划主要解决以下问题：配合国家重点区域开发利用规划，如西部大开发规划、东北等老工业基地振兴规划等，制定区域国土资源开发利用总体思路、主要目标和重大任务，在时间和空间上落实上级规划目标和任务措施，提出配套重大工程和有关促进资源开发利用和保护的措施建议，为国家重点区域开发利用规划提供基础支撑。

四、完善矿产资源规划体系的措施

（一）实行矿产资源规划统一归口管理

各级、各类矿产资源规划的编制与实施是本级国土资源行政主管部门的职责，国土资源行政主管部门负责编制相关规划，其内设的矿产资源规划管理机构负责规划的综合协调、归口管理工作。各级矿产资源规划管理机构应当定期制订规划、编制计划，报上级国土资源行政主管部门同意后执行。

（二）不断充实、完善矿产资源规划内容

首轮矿产资源总体规划各层级编制、审批工作已经完成并付诸实施，已具有一定的经验，而矿产资源专项规划、区域规划还处于起步阶段。总体而言，建立统一协调的矿产资源规划体系还需要不断地实践。在做好第二轮矿产资源总体规划的基础上，做实专项规划和区域规划，做好总体规划的补充和落实工作。简化专项规划和区域规划，并逐步向统一的矿产资源总体规划靠拢，建立统一协调的矿产资源规划体系。当前，总体规划在突出战略性、宏观性和政策性的同时，需要进一步充实以下内容：一是充实促进空间均衡方面的内容；二是充实政府履行职责方面的内容；三是充实体制创新方面的内容；四是充实可检查和能评估的内容等。

（三）规范矿产资源规划的编制和审批

按照决策、执行和监督相协调的要求，加强对各级各类矿产资源规划编制和审批的统一管理，维护矿产资源规划的权威性和整体性。严格按照矿产资源规划有关管理办法，做好规划编制和审批工作。

总体规划应当由同级人民政府组织编制并发布实施，国土资源行政主管部门会同有关部门负责起草；各级国土资源行政主管部门可根据本地区资源特点和管理需要，按照《矿产资源规划管理暂行办法》的规定，有计划地组织编制相关专项规划和区域规划，不断完善规划体系。

规范矿产资源规划审批工作。省级矿产资源规划由国务院或国务院授权国土资源部会同有关部委负责审批；市、县级矿产资源规划由省级人民政府负责审批。国土资源行政主管部门内设的矿产资源规划管理机构承办审批的组织工作。

（四）强化矿产资源规划的实施、监督与评估

国土资源行政主管部门应当保障全国矿产资源规划在本行政区内贯彻实施，负责组织

实施同级矿产资源规划，并对下级矿产资源规划的实施进行监督管理。进一步加强对矿产资源规划执行情况的监督检查，及时纠正各种违反规划的行为。严格依照法律规定办事，以法的形式保障矿产资源规划的执行力度，维护规划的严肃性和权威性。编制矿产资源调查评价项目年度计划，必须以矿产资源规划为依据。探矿权与采矿权的设置、申请审批、招标、拍卖、挂牌出让和处置必须符合矿产资源规划，服从国家规划和产业政策的宏观指导和调控。建议矿产资源规划评估工作由各级人民政府的国土资源行政主管部门会同发展改革部门、环境保护部门联合开展完成，由国土资源行政主管部门内设的矿产资源规划管理机构具体负责组织实施工作。

（五）促进各级各类矿产资源规划之间的衔接

矿产资源规划是国家规划体系的重要组成部分。省、市、县级矿产资源总体规划以及专项规划、区域规划均是矿产资源规划体系的重要组成部分，是全国矿产资源规划得以全面实施的重要环节，也是所涉及行政区内矿产资源勘查、开发利用与矿山环境保护的重要依据。总体规划是专项规划和区域规划编制、实施的依据，专项规划和区域规划是对总体规划的延伸和细化。

要确立层次分明、功能清晰的矿产资源规划体系，建立各级、各类规划的衔接、协调机制，体现规划的系统性和协调性。下级矿产资源规划服从上级矿产资源规划，专项规划和区域规划服从总体规划；专项规划和区域规划作为一种详细规划或控制性规划，要体现总体规划的思路和要求，要在特定领域或特定区域对总体规划进行延伸和细化；矿产资源规划自上而下编制，下级矿产资源规划的编制必须以上级矿产资源规划为依据，并与上级相关规划相一致，与同级相关规划相衔接。相关行业规划要以矿产资源保障为重要基础，在发展方向和目标等方面要相互协调。

（六）加快矿产资源规划体系建设法制化进程

矿产资源规划是矿产资源勘查和开发利用的指导性文件，是依法审批矿产资源勘查、开采活动的重要依据，要严格按照规划的要求，强化实施措施，加强对矿产资源勘查和开发利用的监督管理。

要健全和完善适应社会主义市场经济要求的矿产资源法规体系，强化矿产资源规划的法律地位，进一步修改和完善矿产资源规划的部门规章和规范性文件。各级人民政府国土资源行政主管部门要加强矿产资源规划管理，认真履行职能，加强制度建设，健全规划实施机制，建立规划编制、审批和实施的领导责任制，规范各级各类规划的编制、审批、实施、监督程序。

（七）加强矿产资源规划基础工作

在编制规划过程中，要切实加强基础工作。强化矿产资源重大问题研究，超前深入调查研究矿产资源供需形势，开展矿产资源潜力评价，进行矿产资源规划分区等重大问题调查研究；做好首轮规划实施评估工作，总结经验，深刻剖析存在的问题，提出建议；充分利用国土资源调查评价等成果，严格核实资源储量、矿山企业开发利用、矿山生态环境保护与恢复治理等基础数据；加强各级规划信息系统建设，建立国家、省、市、县四级矿产资源规划数据库，提高管理水平，为社会公众提供信息服务；做好规划环境影响评价；推进实行规划编制资质管理制度，积极引导和促进社会公众参与，保证规划质量，提高规划管理人员的整体素质、政策水平和依法行政的能力，建设一支素质较高、相对稳定的规划编制和实施管理队伍，全面提高规划工作水平，促进各级矿产资源规划管理工作全面到位。

第四节　海洋资源规划

一、海洋功能区划

海洋功能区划是按各类海洋功能区的标准将某一海域划分为不同类型的海洋功能区单元的一项开发与管理的基础工作。海洋功能区是根据海域及相邻陆域的自然条件、环境状况和地理区位，并考虑到海洋开发利用现状和经济社会发展的需要而划定的具有特定主导功能，有利于资源的合理开发利用，能够发挥最佳效益的区域。

海洋功能区划的目的是根据区划区域的自然属性，结合社会需求，确定各功能区域的主导和功能顺序，为海洋管理部门对各海区的开发和保护进行管理和宏观指导提供依据，实现海洋资源的可持续开发和保护。

二、海洋经济发展规划

全国海洋经济发展规划涉及主要海洋产业有海洋渔业、海洋交通运输、海洋石油天然气、滨海旅游、海洋船舶、海盐及海洋化工、海水淡化及综合利用和海洋生物医药等；涉及的区域为我国的内水、领海、毗连区、专属经济区、大陆架以及我国管辖的其他海域（未包括我国港、澳、台地区）和我国在国际海底区域的矿区。

三、海洋资源规划体系构想

重视海洋政策、海洋发展战略与规划已成为当前国际海洋综合管理的热点。综合考虑海洋事业发展的影响因素，科学构建海洋规划体系是提高海洋综合管理能力的关键，也是海洋经济快速健康发展的重要保障。鉴于我国缺失国家层次的海洋总体规划体系，以及现存的海洋规划体系尚不完善，本书借鉴相关研究，提出我国海洋资源规划的体系构想。

（一）海洋资源规划的体系

从规划内容来看，完善的海洋规划体系应该包括海洋资源的开发、利用与保护，海洋资源的总量调控和区域布局，海洋资源的节约与综合利用等内容，即涵盖了海洋经济发展、资源开发利用、生态环境保护的内容。从规划层次来看，海洋资源规划体系包括三级三类规划管理体系，按照行政层级分为国家级规划、省（区、市）级规划、市县级规划；按对象和功能类别分为总体规划、专项规划和区域规划。

国家级海洋资源总体规划是国家层次的海洋资源规划，是海洋资源开发利用与保护的战略性、纲领性和综合性规划，是编制本级和下级专项规划、区域规划及制定有关政策和年度计划的依据，其他规划要符合总体规划的要求。省（区、市）级、市县级海洋资源规划是沿海各级地方政府海洋资源开发利用与保护的规划。

专项规划是就海洋资源开发利用、海洋生态环境保护与监测、海岸带社会经济发展等领域内某一专题进行规划布局，以达到科学开展海洋开发、利用与保护工作的目的。

区域规划是以跨行政区的特定区域国民经济和社会发展为对象编制的规划，是总体规划在特定区域的细化和落实。跨省（区、市）的区域规划是编制区域内省（区、市）级总体规划、专项规划的依据。全国重点开展的是渤海、黄海、东海及南海四个大的海域，以及环渤海等一些海域的规划。

（二）各级、各类海洋资源规划的功能

1.海洋资源总体规划

海洋资源总体规划是海洋开发利用与保护的纲领性文件，是加强宏观调控、实施海洋资源有序开发和合理利用的前提，是实行"蓝色国土战略"、建设海洋强国的基本手段。

全国海洋资源规划要突出战略性、宏观性、指导性和政策性，要贯彻国家战略意图，做好战略定位，解决规划中的关键问题、长远问题和全局问题；要体现国家宏观调控的要求，提出规划期间全国海洋资源开发利用的战略目标和部署，提出海洋产业结构调整和布局的方向，合理安排海洋区域开发布局，开展海洋资源的综合利用，进行海洋国土整治和环境保护，并提出实施规划的政策和措施。

省级海洋资源总体规划要体现国家、本省（区、市）宏观调控的要求，根据本省（区、市）海洋资源开发利用与保护的实际，提出本省（区、市）海洋资源相应的发展规划。省级海洋资源规划服从全国海洋资源总体规划，贯彻落实全国海洋资源总体规划的目标和任务。

市、县级海洋资源总体规划要突出指导性、实施性和操作性，根据省级海洋资源规划和本市、县实际，提出本市、县海洋资源相应的发展规划。市、县级海洋资源规划服从省级海洋资源总体规划，贯彻落实省级海洋资源总体规划的目标和任务。

2.海洋资源专项规划

海洋资源专项规划的内容应当突出重点，有较强的针对性，目标明确具体，措施得力，具有实施性和操作性。在专项规划中，资源开发利用类包括海域使用规划、海洋空间利用规划、海洋资源开发与利用规划、海岛开发与建设总体规划等专题；海洋生态环境保护类专项规划包括海洋资源保护规划、海洋生态环境保护规划、海洋自然保护区建设规划、海洋防灾减灾总体规划、海洋监测体系建设规划等；海洋社会经济发展类专项规划包括海洋经济发展规划、海岸带建设总体规划、海洋工程建设与管理规划、海洋科技发展规划、海洋开发战略发展规划等。

3.海洋资源区域规划

海洋资源区域规划是海洋资源总体规划和专项规划在空间地域范围的展开，是在地域范围内进一步落实的更具操作性的规划，更注重空间布局，解决经济社会与资源开发、环境保护协调发展。国家重点开发区域海洋资源规划主要解决以下问题：制定区域海洋资源开发利用总体思路、主要目标和重大任务，在时间和空间上落实上级规划目标和任务措施，提出配套重大工程和有关促进海洋资源开发利用和保护的措施建议，为国家重点区域开发利用规划提供基础支撑，如环渤海区域海洋资源规划、北海区海洋开发规划等。海洋资源区域规划要遵循广义的生态可持续的海洋利用原则和其他的政策指导原则，以便使海洋规划可以更有效地规范管理海洋的使用和活动，解决用海的矛盾冲突及规划远期使用的关系。

（三）加快构建海洋规划体系的措施

积极开展全国海洋资源规划体系框架研究，研究开展各专项规划的必要性，确立海洋资源规划编制的原则和程序，拟定海洋规划编制办法，用以指导海洋资源规划的编制工作。

加强海洋资源规划的法律法规配套建设。尽快开展海洋资源规划法律法规制定的研究与制定，以减少因权属不明、政府交叉管理等问题造成的海洋资源破坏与浪费。

建立海洋资源规划的公众参与机制。海洋资源规划对象的广泛性和复杂性，是建立海洋规划公众参与机制的客观要求。应建立专门的海洋资源规划信息发布平台，向公众公开各级各类海洋资源规划在前期论证、编制、专家评审、规划落实等各个阶段的工作情况，接受社会各方面的意见、建议与监督。

明确海洋资源规划的实施监督检查机制，抓好落实。进一步明确海洋资源规划的实施监督机制，并定期对规划落实情况进行检查，根据实际情况及时出台相关措施，按期完成规划目标。进一步规范管理海洋资源规划。应由海洋行政主管部门牵头，成立专门的海洋资源规划管理机构，统一规范管理海洋资源规划的全部工作。

第三章 国土空间规划体系建设与城市发展

第一节 国土空间规划定义

一、国土空间与空间规划

（一）国土空间

国土空间是一个复杂的地理社会空间，包括土地、水、矿产、海洋、生态、社会经济等不同客体，涉及自然环境、社会经济环境和心理文化环境。这些不同客体在空间上的相互作用，直接影响或决定了国土空间的适宜性、限制性、资源承载力、环境容许力、生态系统服务力、开发潜力、利用效率和可持续能力。在国土空间用途管制的框架下，国土空间的本质是一个强调在国家主权管辖之下的物理复合空间。所谓复合，是指物理空间、功能空间和管理空间的融合。

1.物理空间

物理空间是指能够触摸到的地理实体空间，是一定地域范围内通过自然环境要素与人工设施组织形成的物理实体，包括具有自然属性的地理场所和带有人文特征的建筑实体。例如，地块、地段、社区、聚落、植物群落、区域、国家等，是一种实体性的存在，物质属性是其最本质的要素。

2.功能空间

功能空间在地理意义上表现为一系列开发与保护活动在不同空间选择不同组合方式的结果，是空间均衡分工范式的地域投影和空间表达，是提供特别效用和满足特别需要的空间。如首都、都市圈、城市群是一种典型的功能空间；自然保护地、国家公园等，是以提供生态和游憩效用为主体的功能空间。这种开发与保护活动组合方式的内生动力机制是各地区的比较优势，是通过物质流、能量流、信息流、人流和资金流等建立起来的相互联系和相互作用的流空间。

3.管理空间

管理空间主要指国家为了进行分级管理而实行的区域划分空间。例如，省级行政区，包括省、自治区、直辖市、特别行政区；地级行政区，包括地级市、地区、自治州、盟；县级行政区，包括市辖区、县级市、县、自治县、旗、自治旗、林区、特区；乡级行政区，包括街道、镇、乡、民族乡、苏木、民族苏木、县辖区。本质上，行政空间是一种管理空间，它可以根据政府管理的需要，进行行政空间的调整。

中国的空间治理，是以不同层级的行政区划空间为基本单元的，它在国土空间用途管制中具有不可忽视的作用。不论何种类型的国家，行政区域划分的空间，重点是符合统治阶级的根本利益需要，同时顾及政治、经济、文化、民族、地理、人口、国防、历史传统等多方面的因素。

国土空间用途管制中的"复空间"，是物理实空间、功能和行政空间的复合，而且在不同的空间尺度上表现出差异化的复合特性。在较高层级，主要是行政空间和功能空间的复合；在较低层级，主要是物理空间和功能空间的复合。这种以物理为主体的复合空间，是由对立统一的虚实空间相互作用而生成的。其中，实空间更多的是收敛的引力场，虚空间是发散的斥力场。国土空间用途管制在空间划分上必须综合协调好物理空间、功能空间和管理空间的对立与统一。

（二）空间规划

空间规划的主要作用在于它对空间演化、发展的主动引导和控制。空间规划通过对一个国家或地区未来发展目标的确定，制定实现这些目标的途径、步骤和行动纲领，并通过对社会实践的引导和控制来干预空间的发展。空间规划作用的发挥主要是通过对空间资源尤其是土地使用的分配和安排来实现的，从本质上讲，空间规划是公共政策的反映和体现。可以从以下层面来认识空间规划的作用。

1.空间规划是政府宏观调控的手段

政府对经济社会的运行实行干预，必须借助于一些有效的、可操作的手段，从空间规划（城市规划）产生时起，它就是被政府所牢牢掌握的。自近代工业革命以来，空间规划更是成为一项明确的政府职能，成为政府行政秩序及其运行操作体系中的一个重要组成部分。

在市场经济体制下，市场鼓励的是对个体利益的极大追求，各项经济发展要素的配置都会自发地遵循利益最大化的规律。但市场的个体"理性"却会给社会带来一些外部不经济（如企业为了追求自身的最大利润，给社会带来了严重的环境污染），从而造成社会整体的"非理性"。于是就产生了社会利益、经济利益之间的冲突。再比如，市场通过利益最大化的原则对资源进行配置，但无法保证对自然资源、生态环境、耕地等的保护，无法保障弱势群体的利益，从而造成自然环境破坏、社会不公平等问题；市场对具有经济利益的行为感兴趣，但是大量公益性的事业却无法从市场那里获得发展的动力；市场对短期可以获利的项目具有浓厚的兴趣，而常常对长期缓慢获益的项目难有兴趣。这些都说明市场在配置资源、促进发展方面并不是万能的，它并不能解决经济社会发展中的一切问题，这就需要政府通过一定的方式对市场这只"无形的手"进行干预。

也就是说，在市场机制运行的过程中有必要建立诸多的"游戏规则"，这些规则并非市场的对立物，恰恰是为了保证市场的有效运行。因此，这些规则本身是市场发展的产物，空间规划就是这些诸多规则中非常重要的一个。空间规划从本质上讲，是政府基于对社会整体发展利益最优化的判断，通过划定空间保护和利用用途、控制空间开发强度等方式，以影响、纠正市场对资源的配置，努力减少市场所带来的消极效应、负外部性。所以，从这个意义上看，空间规划是政府对经济社会发展进行宏观调控的重要手段之一，也就是依据国家、地区的综合利益、长远利益最优化原则而对市场经济的运行进行必要的干预，并对社会中众多分散的个体利益进行必要约束的过程。

2.空间规划是一种明确的公共政策

国家或地区的经济社会发展、空间建设是一个复杂的巨系统，其涉及社会公、私各部门以及广大的个体利益成员。而为了协调这些诸多利益主体的行动以形成促进发展的合力，要把那些不同类型、不同性质、不同层次的分散决策相互协同起来，并统一到与国家或地区发展的整体目标相一致的方向上，要把各类部门的决策和实际操作相互协同起来，以免因产生相互的对抗而带来各自利益的抵触及由此而来的消耗，就需要有一整套未来发展的目标和事先协调的行动纲领，就必须有一个明确的公共政策框架作为行动的导引，空间规划就是一种这样的"公共政策导引"。

无论是公共部门还是私人部门，只要它们本身需要发展或者处于发展的环境之中，它们就需要有空间规划这样的政策框架来作为其自身发展决策的依据，需要据此来调整自身发展的策略，使其在谋求各自利益的过程中接受社会整体的价值基础，从而制约其行为方式、预期其行为结果。空间规划本身就是这样一种有关空间发展政策的表述，它主要表明政府对整体空间或特定地区发展的期望，明确各种保护要求、发展条件以及政府可能提供的支持，并采取种种方式约束、刺激、引导市场的行动。所以，空间规划是国家、地区在经济社会发展过程中各个部门、各利益主体进行博弈、决策整合的共同基础，它可以提高决策的质量，尽量克服未来不确定性所可能带来的损害。

3.空间规划是保障社会公共利益、维护公平的重要途径

随着城镇化的发展，当大量的人口、产业集聚到一个相对集中的地区时（如城

镇），就形成了一些共同的利益要求——对"公共物品"的需求。但是，公共物品具有
"非排他性"和"非独占性"的特征，市场不可能自觉地提供公共物品，这就要求政府的
干预。空间规划通过对社会、经济、自然环境等的分析，结合未来发展的安排，从社会需
要的角度对各类空间使用与公共设施布局等进行安排，并通过空间资源规划、土地使用安
排为公共利益的实现提供基础，通过开发控制、管制来保障公共利益不受到损害。对于自
然资源、生态环境、耕地、历史文化遗产、自然灾害易发地区等，则通过空间管制等手
段予以严格保护和控制，使这些资源或地区能够得到有效保护，从而实现公共利益的最
优化。

4.空间规划是作为空间总体协调架构的控制

空间规划的主要对象是包含城乡、区域自然与人类活动在内的空间系统，空间资源
尤其是土地使用的规划和管理历来是空间规划的核心内容。空间规划通过限定一个国家或
地区中各项空间要素发展的区位、保护或使用用途、使用方式和使用强度等，对空间资源
保护及利用格局进行优化配置，从而建立起一个符合国家或地区长远发展所需要的空间结
构，并保持发展的整体连续性、稳定性。

空间规划对于空间结构的塑造作用主要表现在3个方面：第一个方面是对城市、乡村
需要外延拓展的地区进行提前谋划与控制，以避免无序的开发行为的产生，引导、规范土
地以及其他空间资源的使用；第二个方面是对城市、乡村中既有需要改造、提升的地区进
行规划，从而实现城乡功能、社会环境与物质环境的更新；第三个方面是通过规划来划定
需要保护或不可开发的生态地区、农田保护地区、历史文化遗存地区等，以引导形成景观
优美、舒适宜居、健康可持续的人居环境。

二、国土空间规划的概念

国土空间规划在表面上看似乎是技术问题，然而本质上却是一种价值选择问题。所谓
价值，从主客体的关系看，其本质就在于能够满足主体的需要，能够推动人类的完善和进
步。人类之所以需要规划，在于规划的价值选择能够更好地满足人类生存发展的需要。因
此，国土空间规划一经启动，就会受到价值选择强有力的影响，而且这种价值选择与规划
的内涵本质、具体行为和方案之间的关系贯穿于规划的整个过程。如果不能深刻认识国土
空间规划的核心价值取向，就难以辨认国土空间规划的概念边界、本质属性和存在逻辑。

从历史演化的角度看，国土空间规划的合法性毫无疑问是建立在"公共利益"基础之
上的，公共利益是其基本价值取向和价值观的核心。从核心价值的角度看，国土空间规划
是服务于人类整体利益和社会公共利益，为确保未来可持续发展能力，对国土空间系统进
行的整体谋划和有意识行动。整体谋划的核心内容包括国土空间的自然保护、有序开发、
更公平分配、更高效率利用和更高品质建设。自然保护、有序开发属于环境价值取向，更

公平分配属于公平价值取向，更高效利用属于效率价值取向，更高品质建设属于人本价值取向。其核心命题是围绕如何处理好人与自然之间的相互作用关系和协调开发与保护的矛盾而展开的，是对国土空间保护、开发、利用、整治、修复、建设所做的整体性统筹安排。它以实现国土空间的高质量生产、高品质生活和持续性演进为目标，是国家国土空间发展的指南、可持续发展的空间政策、各类开发保护建设行动和空间用途管制的依据。

我国人多地少、资源短缺、环境约束紧张，国土空间规划通过制定空间资源的利用规则、协调保护与发展的关系，以及科学有序地统筹布局生态、农业、城镇等功能空间，不断优化国土空间结构和布局，以实现美丽中国的目标。国土空间规划并非仅仅是关注刚性的管制、上下传导的要求，而且更要关注如何通过规划来促进区域均衡发展、城乡协调发展、人与自然和谐发展。要通过国土空间规划的统筹协调，实现资源的合理配置、科学布局、高效利用、可持续利用，从而塑造高质量的国土环境，不断提高有限资源环境对无限发展需求的承载能力。要通过科学合理的国土空间规划，满足人民群众对美好生活向往的需求，以人为本、以人民为中心，延续历史文脉，突出地域特色，塑造美丽宜居的城乡人居环境，不断增强广大群众的幸福感、获得感。

三、国土空间规划的特性

（一）整体性

国土空间规划不是简单的城市规划、土地利用规划或主体功能区规划的延伸，也不是这些规划简单的"多规合一"产物，而是"区域整体"的系统谋划。它以自然资源调查评价为基础，以动态演化的国土空间功能为对象，以协调人与自然共生为主线，以优化空间结构、提升空间效率和提高空间品质为核心，对土地利用、设施布局、开发秩序、资源配置等全要素所做的整体性部署和策略性安排，并将之付诸实施和进行治理的过程性活动。整体性是国土空间规划的本体，其存在的价值和意义就在于它的整体性。它既包括城市、乡村和海洋已建成和将要建设的空间整体布局，也包含农用地、生态用地和海域等非建设空间的系统规划；既涉及国家的发展和利益，也涉及地方的发展和利益，更涉及居民的环境与生活；既为增长，也为社会，更为生态。因此，国土空间规划的功能是通过整体效应最优的局部干预来实现的，具有功能整体性和逻辑一体性的属性。

（二）未来性

国土空间规划是对未来系统发展的谋划，是人类有目的地改造和利用国土空间、创建更加美好未来的一项社会行动，是对未来国土空间行为的一种控制和引导。也就是说，规划一定不是对过去和现在问题的梳理，也不是对现在发展趋势的外延。如果只是对现在发展趋势的外延，不是必须做规划，只需按照空间的自组织轨迹让其自动发展下去即可。

人们之所以要付出成本来制订规划，就是因为对现状还不满意，希望借此能够改变现状，实现明天更美好。因此，国土空间规划必须对未来不同时段社会经济发展情景和人们的需求变化作出多种可能的预测，向人们展示未来发展的意愿、目标和使命，战略引领自然成为其内生的要求。如果国土空间规划也像某些股民一样，"买涨不买跌"，不能很好地把握未来的发展趋势，不能引导和促进国土空间朝着更有利的方向发展，不能在国土空间未来发展的多种可能性中进行更理性的选择，不能在相互关联性和复杂性的国土空间中缓解未来的不确定性，只是就事论事地安排空间利用方式、开发类型和布局结构，规划甚至就会失去存在的价值。

（三）尺度性

国土空间的重要特质是具有尺度依赖，作为国土空间的规划也具有浓厚的尺度依赖性，这也是国土空间规划区别于国民经济和社会发展等非空间性规划的重要标志。国土空间规划常见的空间尺度有地块、社区、地区、国家和全球等，但这些不同尺度所代表的内涵及其特殊的作用是不同的。一方面，为了更详细地把握和掌控国土空间系统运行的方式和机制，需要缩小国土空间规划的尺度；另一方面，为了有整体和宏观的认识和把握，需要扩大国土空间规划的尺度。如在国家级和省级国土空间规划，规划的重点是空间战略拟定和空间结构优化，提出国土空间保护开发的政策宣言和差别化空间治理的指导原则；而在乡镇一级的国土空间规划，主要是着力于落地实施和用途管制等内容。国土空间规划需要清楚地界定所要解决问题的尺度，将不同尺度上的问题解决方案通过规划体系关联起来，如此才能既全面又深入地认识国土空间的运行机制并把握国土空间规划的内在规律。任何背离尺度性的范式，都是违背国土空间规划基本逻辑的。

（四）实质性

国土空间规划在性质上是属于问题导向和需求导向的。通过规划制订，配合投资、金融和财务计划等，制订短、中、长期实施方案，有效解决国土空间保护、开发、利用、整治、修复、建设等问题。在中观与宏观层面，它需要根据上位规划，引导国土空间开发利用方向，协调整合实质性建设方案与非实质性发展构想；统筹城乡人文与产业发展，提升空间发展条件与竞争优势；划设限制地区和禁止地区，确保生态环境系统的永续性；确立环境敏感地区与自然灾害地区，维护生物及生命安全，建立生态与防灾体系；优化国土空间景观格局，健全城乡发展风貌和景观，推动城乡有机更新事业等。在微观层面，它需要对地块开发的位置、密度、用途、容积、建筑形式、建筑物的入住或使用形式等进行规定；需要安排足够而又适宜的活动空间及有众多的服务设施可供选择，以方便日常生活起居；需要关注不同区位之间的时间和距离的关系，寻找这两种便利之间的平衡。

总之，国土空间规划需要落实地方实质性的建设项目，需要对城乡居民点、各种基础设施和公共设施，包括产业集聚区、交通、水利、港口、防灾减灾、能源环境、电力通信、文化卫生等建设工程进行合理布局，实现各类工程设施与土地利用和空间资源的高效整合，是一个落地的实质性规划。

（五）长期性

国土空间规划是对国土空间发展演变过程的动态管控，它是一项长期性和经常性的工作。国土空间规划既要解决当前的矛盾和问题，又要充分估计未来长远的发展要求；它既要有现实性，又要有前瞻性。随着社会经济环境的不断变化，国土空间规划也不可能是一成不变的，应该根据实践的发展和外界因素的变化，持续加以调整和补充，不断适应发展的需要。

虽然国土空间规划需要不断地调整和补充，但每一时期的国土空间规划都是建立在当时的政策和经济社会发展计划的基础上，经过深入调查研究而制定的，是一定时期内统筹国土空间保护与利用的依据。所以，国土空间规划一经批准，必须保持其相对的稳定性和严肃性。

四、国土空间规划的属性

（一）兼具管控工具与公共政策的属性

第一，作为管控工具的空间规划。国土空间规划的对象是国土空间系统，对空间的管控和引导是国土空间规划的核心内容。国土空间规划通过限定各空间要素保护或发展的区位、建设方式与建设强度，对空间资源及其利用方式进行优化配置，从而建立一个可持续发展的空间框架，发挥规划的战略引领与刚性管控的作用。

第二，作为公共政策的空间规划。为了适应不同阶段的国家治理需要，中国空间规划的角色功能不断发生转变，尤其是历史最为悠久、实践最为丰富的城乡规划，先后经历了计划经济的空间供给工具、迎合地方增长需求的工具等角色变化，直至《中华人民共和国城乡规划法》中明确将城乡规划定位于政府的重要"公共政策"。公共政策属性的确立，意味着国土空间规划已经超越了空间布局管控技术工具的角色，成为对空间资源的使用和收益进行统筹配置、促进经济社会健康发展的复杂治理活动。

（二）国家治理体系的重要构成与有效手段

经过改革开放以来的快速工业化、城镇化，我国进入了生态文明建设、高质量发展的新时代，空间规划的本质属性将发生变化：从过去进行空间开发与保护规制的技术工具，转向统筹配置资源、高效利用资源、协调多元价值的公共政策，以及国家实现治理现代化的重要工具。简而言之，国土空间规划是空间化的公共政策，国土空间规划本质上就是通过空间公共政策来实现国家治理目标的手段与过程，也就是所谓的空间治理。

在生态文明建设、高质量发展的新时代，国土空间规划承担着引领发展转型、推进国家治理体系与治理能力现代化的责任，国土空间规划的角色和地位已经上升到了治国理政的新高度。国家通过空间规划实现了对地方发展的战略引领与刚性管控，空间规划是政府配置资源、协调管控的工具，其主动、积极有为地引导经济、社会、空间朝着国家所希望的方向转型；同时，国土空间规划在调节地方发展模式、应对市场的负外部性等方面也具有极其重要的作用。

第二节　国土空间规划的层级分析

我国作为一个国土幅员辽阔、自然条件差异巨大、区域发展情况差别巨大的国家，必须建立分级分类的国土空间规划编制体系，不同层级的国土空间规划对应不同层级政府的责任与事权，规划内容侧重关注不同的问题，规划空间的落实体现不同的精度，空间管制体现不同的内容和深度。如此，才能使得国土空间规划兼顾国家意志与地方发展实际，兼顾刚性管控与弹性活力，从而保证各个层级的国土空间规划科学、合理、可实施。"只有充分了解国土空间规划体系的内容，才可以更好地从大局层面进行城市规划。"[1]

一、国家级国土空间规划

国家级国土空间规划应当以贯彻国家重大战略和落实大政方针为目标，提出较长时间内全国国土空间开发的战略目标和重点区域规划，制定和分解规划的约束性指标，确定国土空间开发利用整治保护的重点地区和重大项目，提出空间开发的政策指南和空间治理的总体原则。国家级国土空间规划是一项涉及国家长远发展的战略性工程，其关注的重点内容不仅仅是局部发展，更是对整个国土资源的综合管理和优化配置。国家级国土空间规划的重点内容主要包括以下方面：

第一，体现国家意志导向，以维护国家安全和主权为出发点，进行顶层设计和总体部

① 姜清文. 国土空间规划体系下的城市规划传承与融合 [J]. 居业，2024（1）：88.

署。在这个过程中，必须明确国土空间开发保护的战略选择和目标任务，确保国土空间的合理利用符合国家整体利益。

第二，国土空间规划需要明确管控的底数、底盘、底线和约束性指标。这包括对国土资源的定量和质量的管控，以及明确各类土地的利用和开发的底线。通过制定具体的指标，确保国土空间开发在可持续的基础上进行，避免过度开发和资源浪费。

第三，协调区域发展、海陆统筹和城乡统筹是国土空间规划的另一关键方面。这包括优化重大资源、能源、交通、水利等关键性空间要素的布局，以实现各个地区的协同发展和互补优势。同时，需要进行地域分区，统筹全国生产力组织和经济布局，调整和优化产业空间布局结构，以推动经济结构的升级和优化。

第四，在城市化快速发展的背景下，合理规划城镇体系也是国土空间规划的一项重要任务。这包括合理布局中心城市、城市群或城市圈，以实现城市化的可持续发展，避免过度集中和资源浪费。

第五，国土空间规划还需统筹推进大江大河流域治理，跨省区的国土空间综合整治和生态保护修复。这涉及建立以国家公园为主体的自然保护地体系，以保护生态环境，促进生态平衡的实现。

第六，国土空间规划需要提出国土空间开发保护的政策宣言和差别化空间治理的总体原则。这旨在为规划的实施提供法律和政策的支持，确保规划的有效执行。同时，通过差别化空间治理原则，充分考虑不同地区的差异性和特殊性，实现更加精细化的管理和发展。

二、省级国土空间规划

省级国土空间规划是落实国家发展战略要求、对省域空间发展保护格局进行统筹部署、指导市县等下层次国土空间规划的基本依据，具有战略性、综合性和协调性。纵向上，要落实上位规划的目标和战略，明确本级规划的底线和重点，提出对下位规划的控制与引导要求；横向上，要统筹省级有关部门的各类空间性规划（专项规划），明确各部门的空间使用和管理边界。省级国土空间规划的重点内容主要包括以下方面：

第一，落实国家规划的重大战略、目标任务和约束性指标。省级国土空间规划的首要任务是切实贯彻执行国家规划的各项重大战略、明确的目标任务以及具有约束力的指标。这涉及对国家战略的深刻理解，并将其具体体现在省级规划中，以确保各级规划相互协调一致，形成有力的整体推进力量。

第二，综合考虑区域发展战略、空间结构优化、空间发展与保护、空间统筹与管制、城镇体系组织、乡村振兴等"一揽子"要求，提出省域国土空间组织的总体方案。在制订省级规划时，需全面综合考虑区域发展战略、空间结构优化、发展与保护的平衡、统筹与管制的灵活性、城镇体系的有机组织和乡村振兴等多方面要求，形成省域国土空间的总体组织方案。

第三，合理配置国土空间要素，划定地域分区，突出永久基本农田集中保护区、生态保育区、旅游休闲区、农业复合区等功能区，明确相应的用途管制要求。省级规划要在充分考虑当地实际情况的基础上，合理配置国土空间要素，划分不同的地域分区，特别是对永久基本农田、生态保育、旅游休闲、农业复合等功能区要有明确划分，并规定相应的用途管制要求，以实现资源的最优利用和生态环境的可持续发展。

第四，提出省域内重大资源、能源、交通、水利等关键性空间要素的布局方案，突出对历史文化、风貌特色保护与塑造等方面的要求。在规划中，需要明确省域内重大资源、能源、交通、水利等关键性空间要素的布局方案，同时重点关注历史文化、风貌特色的保护与塑造，以实现资源合理配置和文化传承。

第五，强化国土空间区际协调，对跨省区边界区域、跨市县行政区区域的重大空间要素配置、自然资源保护与利用、基础设施协调建设等，提出相应的建议或要求。

第六，制定保证省级国土空间规划实施的保障政策。规划的实施需要相应的政策保障，包括财政、法律、制度等方面的支持。因此，需要在规划文本中明确相应的政策措施，以确保规划能够有效实施，达到预期的战略目标。

三、市级国土空间规划

市级国土空间规划应当结合本市实际，落实国家级、省级的战略要求，发挥空间引导功能和承上启下的控制作用，注重保护和发展的底线划定及公共资源的配置安排，重点突出市域中心城市的空间规划，合理确定中心城市的规模、范围和结构。市级国土空间规划的重点内容主要包括以下方面：

第一，落实国家级和省级规划的重大战略、目标任务和约束性指标，提出提升城市能级和核心竞争力、实现高质量发展、创造高品质生活的战略指引。市级国土空间规划的首要任务是贯彻执行国家级和省级规划，明确城市在实现高质量发展、提升能级和核心竞争力方面的战略目标。这需要详细规划城市发展的方向，以确保城市规划与国家、省级规划相一致，形成有力的推动力量。

第二，确定市域国土空间保护、开发、利用、修复、治理的总体格局，构建与市域自然环境、发展实际相契合的可持续的城乡国土空间总体格局。在规划中，需要明确市域国土空间的保护、开发、利用、修复、治理的总体格局，确保与市域自然环境和实际发展相契合，实现可持续发展的目标。这涉及对城乡空间布局的科学规划，使城市发展与环境保护相协调。

第三，确定市域总体空间结构、城镇体系结构，明确中心城市性质、职能与规模，落实生态保护红线，划定市级城镇开发边界、城市周边基本农田保护区等有关强制性区界。

第四，落实省级国土空间规划所提出的山水林田湖草等各类自然资源保护、修复的规模和要求，明确约束性指标，并对下位规划提出传导要求。

第五，统筹安排市域交通、水利、电力等基础设施布局和廊道控制要求，明确重要交通枢纽地区选址和轨道交通走向；提出公共服务设施建设标准和布局要求；统筹安排重大资源、能源、水利、交通等关键性空间要素。在市级国土空间规划中，需要综合考虑市域交通、水利、电力等基础设施的布局，同时明确廊道控制的要求。特别是对于重要交通枢纽地区的选址和轨道交通走向，规划中需提出具体方案。此外，需要明确公共服务设施建设的标准和布局要求，同时统筹安排重大资源、能源、水利、交通等关键性空间要素，以确保城市的基础设施发展与资源利用的协调性。

第六，对城乡风貌特色、历史文脉传承、城市更新、社区生活圈建设等提出原则要求，塑造以人为本的宜居城乡环境，满足人民群众对美好生活向往的需求。规划需要对城乡风貌特色、历史文脉传承、城市更新、社区生活圈等方面提出原则要求，以确保城市的发展与文化传承相协调。重点是塑造以人为本的宜居城乡环境，满足人民群众对美好生活的向往。这包括对城市更新和社区生活圈建设提出具体要求，以打造更具吸引力和人文氛围的城市空间。

第七，建立健全从全域到功能区、社区、地块，从总体规划到专项规划、详细规划，从地级市、县（县级市、区）到乡（镇）的规划传导机制，明确下位规划需要落实的约束性指标、管控边界、管控要求等。为确保规划的有序实施，需要建立健全从全域到功能区、社区、地块的规划传导机制，涵盖总体规划、专项规划、详细规划等多个层级。此外，需要明确下位规划需要落实的约束性指标、管控边界、管控要求等具体规范，以保证规划的精准执行。

第八，在规划期内提出分阶段规划实施目标和重点任务，明确保障支撑国土空间规划实施的有关政策机制。为确保规划的有效实施，需要在规划中提出分阶段的实施目标和重点任务，明确规划的实施路径。同时，需明确保障和支撑国土空间规划实施的有关政策机制，包括财政、法规、制度等方面的支持措施，以确保规划的平稳推进。

四、县级国土空间规划

县级国土空间规划除落实上位规划的战略要求和约束性指标以外，要重点突出空间结构布局，突出生态空间修复和全域整治，突出乡村发展和活力激发，突出产业对接和联动开发。县级国土空间规划的重点内容主要包括以下方面：

第一，落实国家和省域重大战略决策部署是县级国土空间规划的首要任务。在此基础上，要切实贯彻执行区域发展战略、乡村振兴战略、主体功能区战略和各项制度，确保规划与上级战略的衔接。同时，要认真履行省级和市级规划的目标任务和约束性指标，以确保规划的实施与上级规划的一致性和协同性。

第二，划分国土空间用途分区是规划的核心内容之一。在此过程中，需要明确开发边界内集中建设地区的功能布局，确保城市的主要发展方向、空间形态和用地结构的合理性和科学性。这有助于提高土地利用效益，推动城市可持续发展。

第三，以县域内的城镇开发边界为限，划定县域内的"集中建设区"与"非集中建设区"，并构建"指标+控制线+分区"的管控体系。在集中建设区，要重点突出土地开发模式的引导，以确保资源的集约利用和生态环境的保护。

第四，确定县域镇村体系、村庄类型和村庄布点原则，是规划的另一关键内容。在此过程中，要明确县域镇村体系的组织方案，统筹布局综合交通、基础设施、公共服务设施、综合防灾体系等。这有助于提高农村地区的生活质量，促进农业现代化和乡村振兴。

第五，划定乡村发展和振兴的重点区域，是县级国土空间规划的一项重要任务。在这一步骤中，需要提出优化乡村居民点空间布局的具体方案，以确保乡村的空间布局更加合理和有效。同时，规划还应提出激活乡村发展活力、推进乡村振兴的路径策略，为乡村经济的可持续发展提供有力支持。

第六，明确国土空间生态修复目标、任务和重点区域，是规划中关注生态环境保护的核心内容。在此过程中，需要具体安排国土综合整治和生态保护修复的重点工程的规模、布局和时序，以实现生态环境的可持续发展。这包括提出生态修复的具体手段和方法，确保规划在生态方面的可行性和有效性。

第七，根据县情实际、发展需要和可能，规划要在县域内因地制宜地划定国土空间规划单元。在这个过程中，需要明确单元规划编制的指引，确保规划的灵活性和针对性。同时，规划还应明确国土空间用途的管制、转换和准入规则，为未来的土地利用提供有力的制度支持。

第八，健全规划实施动态监测、评估、预警和考核机制是规划有效实施的保障。规划需要提出具体的监测、评估、预警和考核机制，以及相应的政策措施，确保规划在实施过程中能够得到及时调整和完善，同时为规划的长期实施提供科学的数据支持和决策参考。

五、乡镇级国土空间规划

乡镇级国土空间规划是乡村建设规划许可的法定依据，重在体现落地性、实施性和管控性，突出土地用途和全域管控，充分融合原有的土地利用规划和村庄建设规划，对具体地块的用途作出确切的安排，对各类空间要素进行有机整合。"编制实用性较强的村庄规划，有利于丰富村庄功能，保护自然资源，提高土地资源利用率，促进乡村经济高质量发展。"①乡镇级国土空间规划的重点内容主要包括以下方面：

（一）落实县级规划的战略、目标任务和约束性指标

乡镇级国土空间规划的首要任务是贯彻执行县级规划，确保与上一级规划的一致性。在此过程中，需详细阐述乡镇级规划如何具体执行县级规划中明确的战略、目标任务和约束性指标，以确保各级规划相互协调一致，形成有力的整体推进力量。

（二）生态保护修复与乡村规划的全面统筹

统筹生态保护修复，统筹耕地和永久基本农田保护，统筹乡村住房布局，统筹自然历史文化传承与保护，统筹产业发展空间，统筹基础设施和基本公共服务设施布局，制订乡村综合防灾减灾规划。在制订乡镇级规划时，需全面统筹生态保护与修复，包括对耕地和永久基本农田的保护。同时，要综合考虑乡村住房布局、自然历史文化传承与保护、产业发展空间、基础设施和基本公共服务设施的布局，形成乡村综合规划。此外，需要制订乡村综合防灾减灾规划，确保乡村在面临自然灾害时有针对性的防护措施。

（三）国土空间用途编定，落实国土空间用途管制制度

根据需要因地制宜地进行国土空间用途编定，制定详细的用途管制规则，全面落地国土空间用途管制制度。乡镇级规划要根据实际需要，因地制宜地进行国土空间用途编制，确保规划的灵活性和可行性。同时，需要制定详细的用途管制规则，以确保各类用地的合理利用和管控。全面落地国土空间用途管制制度，是为了保障土地资源的有效管理和可持续利用。

（四）根据需要进行村庄规划

根据需要并结合实际，在乡（镇）域范围内以一个村或几个行政村为单元编制"多规合一"的实用性村庄规划。这包括整合各类规划，如土地利用规划、村庄规划、生态环境规划等，形成一体化的、符合实际需要的村庄规划，以促进乡村可持续发展。

村庄规划的主要任务包括以下方面：

第一，统筹村庄发展目标。落实上位规划要求，充分考虑人口资源环境条件和经济社会发展、人居环境整治等要求，研究制定村庄发展、国土空间开发保护、人居环境整治目标，明确各项约束性指标。

第二，统筹生态保护修复。落实生态保护红线划定成果，明确森林、河湖、草原等生

---

① 李彩.基于国土空间规划的实用性村庄规划研究 [J].住宅与房地产，2023（36）：62.

态空间，尽可能多地保留乡村原有的地貌、自然形态等，系统保护好乡村自然风光和田园景观。加强生态环境系统修复和整治，优化乡村水系、林网、绿道等生态空间格局。

第三，统筹耕地和永久基本农田保护。落实永久基本农田和永久基本农田储备区划定成果，落实补充耕地任务，守好耕地红线。统筹安排农、林、牧、副、渔等农业发展空间，推动循环农业、生态农业发展。完善农田水利配套设施布局，保障设施农业和农业产业园发展合理空间，促进农业转型升级。

第四，统筹历史文化传承与保护。深入挖掘乡村历史文化资源，划定乡村历史文化保护线，提出历史文化景观整体保护措施，保护好历史遗存的真实性。防止大拆大建，做到应保尽保。加强各类建设的风貌规划和引导，保护好村庄的特色风貌。

第五，统筹基础设施和基本公共服务设施布局。在县域、乡镇域范围内统筹考虑村庄发展布局以及基础设施和公共服务设施用地布局，规划建立全域覆盖、普惠共享、城乡一体的基础设施和公共服务设施网络。以安全、经济、方便群众使用为原则，因地制宜地提出村域基础设施和公共服务设施的选址、规模、标准等要求。

第六，统筹产业发展空间。统筹城乡产业发展，优化城乡产业用地布局，引导工业向城镇产业空间集聚，合理保障农村新产业新业态发展用地，明确产业用地用途、强度等要求。除量了必需的农产品生产加工外，一般不在农村地区安排新增工业用地。

第七，统筹农村住房布局。按照上位规划确定农村居民点布局和建设用地管控要求，合理确定宅基地规模，划定宅基地建设范围，严格落实"一户一宅"。充分考虑当地建筑文化特色和居民生活习惯，因地制宜地提出住宅的规划设计要求。

第八，统筹村庄安全和防灾减灾。分析村域内的地质灾害、洪涝等隐患，划定灾害影响范围和安全防护范围，提出综合防灾减灾的目标以及预防和应对各类灾害危害的措施。

第九，明确规划近期实施项目。研究提出近期急需推进的生态修复整治、农田整理、补充耕地、产业发展、基础设施，以及公共服务设施建设、人居环境整治、历史文化保护等项目，明确资金规模及筹措方式、建设主体和方式等。

第三节　国土空间规划的内容划分

国土空间规划分为总体规划、详细规划、相关专项规划3类。国土空间总体规划是详细规划的依据、相关专项规划的基础，相关专项规划要相互协同，并与详细规划做好衔接。

一、总体规划

总体规划强调综合性，是对一定区域（如行政区全域）范围所涉及的国土空间保护、开发、利用、修复等进行的全局性安排。

（一）国家级国土空间总体规划

国家级国土空间总体规划对国土空间开发、资源环境保护、国土综合整治和保障体系建设等作出总体部署与统筹安排，对涉及国土空间开发、保护、整治的各类活动具有指导和管控作用，对国土空间相关专项规划具有引领和协调作用，是战略性、综合性、基础性的规划。国家级国土空间总体规划由自然资源部会同相关部门组织编制，经全国人大常委会审议后报中共中央、国务院审批。

（二）省级国土空间总体规划

省级国土空间总体规划是对全省国土空间保护、开发、利用、修复的总体安排和政策总纲，是编制省级相关专项规划、市县级国土空间总体规划的总依据。省级国土空间总体规划由省人民政府组织编制，经省人大常委会审议后报国务院审批。

（三）市县级国土空间总体规划

市县级国土空间总体规划是市县域的空间发展蓝图和战略部署，是落实新发展理念、实施高效能空间治理、促进高质量发展和高品质生活的空间政策，是市县域国土空间保护、开发、利用、修复和指导各类建设的全面安排、综合部署和行动纲领。市县级国土空间总体规划要体现综合性、战略性、协调性、基础性和约束性，落实和深化上位规划要求，为编制下位国土空间总体规划、详细规划、相关专项规划和开展各类开发保护建设活动、实施国土空间用途管制提供基本依据。市县级国土空间总体规划一般包括市县域和中心城区两个层次：市县域要统筹全域全要素规划管理，侧重国土空间开发保护的战略部署和总体格局；中心城区要细化土地使用和空间布局，侧重功能完善和结构优化。市县域与中心城区都要落实重要管控要素的系统传导要求，并做好上下衔接。市县级国土空间总体规划由市、县（市）人民政府组织编制，除需报国务院审批的城市国土空间总体规划外，其他市县级国土空间总体规划经同级人大常委会审议后，逐级上报省人民政府审批。

（四）乡镇级国土空间总体规划

乡镇级国土空间总体规划是对上级国土空间总体规划以及相关专项规划的细化落实，允许乡镇级国土空间总体规划与市县级国土空间总体规划同步编制。各地可因地制宜地将几个乡（镇、街道）作为一个规划片区，由其共同的上一级人民政府组织编制片区（乡镇级）国土空间总体规划。中心城区范围内的乡镇级国土空间总体规划经同级人大常委会审议后，逐级上报省人民政府审批，其他乡镇级国土空间总体规划由省人民政府授权设区市人民政府审批。

二、详细规划

详细规划强调实施性，一般是在市县以下组织编制，以总体规划为依据，是对具体地块用途、开发强度、管控要求等作出的实施性安排。详细规划是实施国土空间用途管制、核发城乡建设项目规划许可、进行各项建设的法定依据。

各地应当根据国土空间开发保护利用活动的实际，合理确定详细规划的编制单元和时序，按需编制。根据生态、农业、城镇空间的不同特征，依总体规划确定的规划单元分类编制详细规划。在城镇开发边界内的详细规划（主要是控制性详细规划），由市、县（市）自然资源主管部门组织编制，报同级人民政府审批；在城镇开发边界外的乡村地区，以一个或几个行政村为单元，由乡镇人民政府组织编制"多规合一"的村庄规划（详细规划），报上一级人民政府审批。根据实际需要，还可以编制郊野单元、生态单元、特定功能单元等其他类型的详细规划，由市、县（市）自然资源主管部门或由市、县（市）自然资源主管部门会同属地乡镇人民政府、管委会组织编制，报同级人民政府审批。

三、相关专项规划

相关专项规划是在总体规划的指导约束下，针对特定区域（流域）或特定领域，针对国土空间开发保护利用作出的专门安排。一般包括自然保护地、湾区、海岸带、都市圈（区）等区域（流域）的空间规划，以及交通、水利、能源、公共服务设施、军事设施、生态修复、环境保护、文物保护、林地湿地等领域的专项规划。除法律法规已经明确编制审批要求的专项规划外，其他专项规划一般由所在区域自然资源主管部门或相关行业主管部门牵头组织编制，经国土空间规划"一张图"审查核对后报本级人民政府审批，批复后统一纳入国土空间规划"一张图"及其信息系统。

专项规划是针对国土空间开发保护的重点领域和薄弱环节、关系全局的重大问题编制的规划，是国土空间总体规划中若干主要方面、重点领域的展开、深化和具体化。专项规划的编制必须符合总体规划的总体要求，并与总体规划相衔接。

国土空间规划肩负着统筹全域空间要素，兼顾保护、发展和修复等重要职能，不可避免地要涉及大量的相关专项规划，如公共服务体系规划、给水排水规划、电力电信规划、供热供气规划、防洪防灾规划等，而有关部门也会相应编制各自部门的专项规划。国土空间规划体系中的专项规划，既要参照各有关部门编制的专项规划，并将其作为重要的依据，又要与各部门编制的专项规划有所区别——国土空间规划中的专项规划一般不如专业部门制订的专项规划那么具体和技术化，它只是对各专项空间布局进行原则性、轮廓性的安排，因此它并不能代替专业部门的具体规划工作；但是，各部门编制的专项规划往往是从本部门单一角度进行考虑，而国土空间规划中的专项规划则是在对国土空间总体发展的合理规划的基础上，对各种专项规划进行统筹考虑后制订的整体最优方案。因此，各专业部门应该与自然资源部门及时沟通、相互反馈，以使相关规划协调统一。

每一个区域、城市在不同时期的具体发展中面临的重大问题都不尽相同，国土空间规划需要因地制宜、寻找有针对性的问题解决方案，各种专题性的规划研究作用就显得尤为必要。在国土空间规划体系中，专题研究通过识别影响城乡与区域发展的重大问题并进行科学论证，提出有针对性的解决方案，能够为包括国土空间总体规划在内的综合性规划、相关专项规划的编制提供强有力的支撑，是提高国土空间规划科学性的重要保障。

从西方发达国家空间规划体系构建的经验来看，法定规划政策文件形成的背后，都离不开大量非法定规划、规划研究的支撑和储备。从此前中国城乡规划的实践发展看亦是如此，如果没有发展战略规划的前期研究，城市总体规划的一些重大问题就无法明确；如果没有城市设计的前期研究，就无法进行精准的控制性详细规划；如果没有大量的专题科学研究，就无法支撑许多技术标准与规范的出台。可见，非法定规划、规划研究不仅可以作为法定规划的决策参考和技术支撑，而且是保障科学、合理编制法定规划的重要前提。在国土空间规划体系中，需要吸收相关规划开展专题研究的有益经验，根据实际需要，积极开展聚焦解决国土空间规划重大前提性问题、前瞻性政策的专题研究。

第四节　国土空间规划的运行体系

"四体系"是指国土空间规划的编制审批体系、实施监督体系、法规政策体系和技术标准体系。

一、编制审批体系

"在构建现代化社会的进程中，国土空间规划编制工作具有十分重要的作用，其工作内容不仅关系到结构规划的效果，而且关系到当代城乡规划与住区建设的发展。"[1]国

---

① 包小慧.国土空间规划功能定位与实施分析[J].城市建设理论研究（电子版），2024（3）：17.

土空间规划编制后，审批工作的重要性不言而喻。编制审批体系强调不同层级、类别规划之间的协调与配合，体现了一级政府一级事权，实现全域全要素规划管控。规划的编制审批体系涉及各级各类规划的编制主体、审批主体和重点内容。全国国土空间规划由自然资源部会同相关部门组织编制，由党中央、国务院审定后印发；省级国土空间规划由省级人民政府组织编制，经同级人大常委会审议后报国务院审批；国务院审批的城市国土空间总体规划，由市级人民政府组织编制，经同级人大常委会审议后，由省级人民政府报国务院审批；其他市、县及乡镇国土空间规划的审批内容和程序由省级人民政府具体规定。海岸带、自然保护地等专项规划及跨行政区域或流域的国土空间规划，由所在区域或上一级自然资源主管部门牵头组织编制，报同级人民政府审批。

二、实施监督体系

实施监督体系，依托国土空间基础信息平台，以国土空间规划为依据，对所有国土空间分区分类实施用途管制；按照"谁组织编制、谁负责实施""谁组织审批、谁负责监管"的原则，建立健全国土空间规划动态监测评估预警和实施监管机制，逐层授权、层层监督；按照"以空间定计划、以存量定计划、以效率定计划、以占补定计划"的要求，加大用地、用海、用林、用矿等自然资源要素配置的区域统筹力度，完善自然资源利用年度计划管理，保障规划稳步实施；强化国土空间规划的底线约束和刚性管控，制定各类空间控制线的管控要求，并开展各类空间控制线划区定界工作。

三、法规政策体系

在国土空间规划的实践中，为确保规划体系的科学性和有效性，必须完善法规政策体系，推动国土空间规划相关法律法规的建设。

首先，应对与国土空间规划相关的现行法律法规和部门规章进行全面梳理，以明晰其在规划过程中的适用范围和具体要求。特别是在"多规合一"改革中，必须对现行法律法规规定的内容和条款进行深入研究，找出需要调整和突破的方面。

随后，对于涉及的法律法规内容和条款的调整，应按照相关程序进行报批，确保其合法性和合规性。这涉及与国土空间规划相关的法规政策的修订和完善，为其提供更为明确的法律依据。取得授权后，必须及时施行，并在实施过程中密切关注可能出现的问题，及时进行调整和优化，确保国土空间规划的科学性和适用性。

在法规政策体系的建设中，对于主体功能区要求的适应性也至关重要。必须制定和完善配套政策，以保障国土空间规划的有效实施。这涉及对各主体功能区的特殊性和差异性进行深入研究，制定相应的政策，确保规划在不同区域的落地和实施能够更为顺利和有效。这一过程不仅需要充分考虑各方利益的平衡，还需要确保环境保护和可持续发展的原则得到充分体现。

完善法规政策体系不仅仅是一个程序性的问题，更是对国土空间规划科学性和实施效果的有力支撑。只有通过深入研究和系统性的建设，方能确保国土空间规划在法规政策框架下的顺利推进，实现国土空间的合理利用和可持续发展的目标。

四、技术标准体系

国土空间规划作为一项"多规合一"的综合规划任务，必须对城乡规划、土地利用规划、主体功能区规划等原有技术标准体系进行全面重构，以构建一个统一而完备的国土空间规划技术标准体系。在此基础上，制定各级各类国土空间规划编制技术规程，确保规划的科学性和可行性。

为实现国土空间规划的精准传导、有效实施以及时监控，国家建立了一个统一的国土空间规划信息平台，该平台具有统一的底板、一致的数据标准，并采用分层分级的管理机制。在这一信息平台上，对规划的编制和实施进行统一管理，以确保规划目标的顺利实现。

在具体操作层面，自然资源部与相关部门联合负责构建统一的国土空间规划技术标准体系。这涉及修订和完善国土资源现状调查标准以及国土空间规划用地分类标准，以适应新的综合规划需求。同时，制定各级各类国土空间规划编制办法和技术规程，确保规划编制的规范性和可操作性。

国土空间规划技术标准体系的建设是国家为实现规划目标而采取的关键举措。通过统一信息平台、科学规范的技术标准，以及各级规划编制的具体规程，确保国土空间规划的科学性、精确性和实施的可行性。这一体系的建设对于实现国土空间合理布局和可持续发展目标具有重要的战略意义。

第五节　国土空间规划引领的城市发展

一、国土空间规划的新方向和新手段

（一）国土空间规划的新方向

从国土空间规划的意义看，国土空间规划不仅是推进生态文明建设的必要手段，也是实现社会高质量发展的重要保障、实现高品质生活的必要途径、推进高效能治理的有效载体。因此，国土空间规划的新方向，是以生态文明建设优先为基本前提，充分体现高质量发展和高品质生活要求、促进高效能治理的规划。

1.强调生态文明建设优先

从国家深化机构改革，将自然资源保护利用及国土空间规划相关职能集于自然资源部，可以得出国土空间规划的重要任务是推进生态文明建设，这也是新时代城市发展的重要方向。因此，国土空间规划需要充分体现生态优先，以推进可持续的绿色发展为重要目标，需要更加强调生态保护、节约集约，侧重严格控制增量、着力盘活存量。通过科学合理划定"三区三线"，进一步强化底线约束，划定空间管控边界，加强风险防范和应对，从而全方位提高国土空间规划韧性。

2.强调高质量发展

国土空间规划是以人民为中心的发展思想的具体体现，在高质量发展成为新时代城市发展目标和主题的前提下，通过制订实施国土空间规划，更加突出"新发展理念"，可以从空间开发保护的角度出发，统筹生态保护、城乡开发格局，提出应对我国社会主要矛盾变化、解决发展中遇到的新问题的应对策略，从而实现高质量发展，为实现"两个一百年"奋斗目标提供保障。

3.强调高品质生活

通过编制实施国土空间规划，从更高维度和层次上科学统筹、合理配置居住、就业、文化、休闲、娱乐等空间功能，进一步完善城市和区域的基础设施，推动公共服务配套合理化、均等化布局，解决人民群众对衣食住行以及生态环境方面的需求，打造更加宜居宜业、和谐幸福的城市发展环境，在生产空间、生活空间、生态空间等维度上，实现集约高效、宜居适度、山清水秀，建设能够满足和保障人民群众对美好生活的向往的美好家园。

4.强调高效能治理

国土空间规划改革是规划体系与管理体制的改革。构建国土空间规划体系，是国家基于新时代发展要求实现治理体系现代化的有效载体。国土空间规划应当充分结合本地区、本区域实际进行编制实施，保障国土空间规划不仅符合高质量发展要求，也能体现地方发展特色、满足解决发展问题的需要。国土空间规划既需要厘清政府内部权责，明确编制和管理关键点，优化规划、建设、管理各个环节的行政审批流程，确保空间治理的高效运行，也需要在政府引导下，适度让市场和社会发挥作用，参与空间治理，提升国土空间治理水平。

（二）国土空间规划的新手段

1."多规合一"

"多规合一"是联合各类空间规划的有效载体，需要贯穿于国土空间规划的整个过程。国土空间规划强调"五级三类"、上下传导，需要以"多规合一"为手段，吸取以往"多规合一"经验，对原有的各类规划进行有机整合、协调衔接，以上下传导、落实总规等为原则，对各类规划成果进行充分梳理、完善，使各类规划成果协调统一。同时，可以在技术标准、坐标系、用地指标、用地分类、规划期限等方面，构建统一的技术标准体系，保障国土空间规划编制实施。充分发挥"多规合一"信息平台技术优势，将各级各类审批统一到国土空间信息化管理平台中，形成全域"一张图"，实现基础信息共建共享、国土空间共建共治。

2."三区三线"

调整优化"三区三线"是确保国土空间规划体现生态优先的基本前提，也是统一国土空间开发与保护的首要条件。"三区三线"划定管理，应当充分考虑区域现有资源禀赋、环境承载能力、国土空间开发适宜性基础条件以及未来发展，基于已有调查评价成果，利用新的技术手段方法，以主体功能区为导向，科学统筹生态保护、农业生产和城镇建设等空间布局，划定生态保护红线、永久基本农田。充分体现节约集约的思想，严控区域开发强度，科学划定城镇开发边界，明确资源环境保护底线和开发利用上限，形成"三区三线"错落协同、相互衔接的空间格局，促进城镇发展向内涵提升转变，进而保障国土空间开发利用高质量、高效益。

3."双评价"与"双评估"

制订实施国土空间规划需要对区域资源环境承载能力和国土空间开发适宜性进行评价（简称"双评价"），对国土空间开发保护现状和未来风险点进行评估（简称"双评估"），这是科学统筹划定"三区三线"的前提，核心是摸清资源和规划发展现状底数，明确规划总体方向，对制订实施国土空间规划具有重要意义。其中，在"双评估"过程中，应重点加强对区域现状自然资源利用的绩效评估，以及对未来发展面临风险的安全评估。

二、国土空间规划引领城市高质量发展的意义

"国土空间总体规划的实施对于城市的发展至关重要。通过规划，可以合理规划城市用地、控制城市扩张、优化城市空间布局，从而提高城市的生态环境和居住品质。"[1]国土空间规划在引领城市高质量发展方面扮演着至关重要的角色。

首先，国土空间规划是城市发展的总体框架，通过科学的空间布局和合理的资源配置，为城市提供了有力的指导。在规划中，考虑到城市的自然地理条件、经济发展需求以及人口结构等多方面因素，从而确保城市的发展是有序、可持续的。

其次，国土空间规划有助于优化城市空间结构，提高城市的整体效益。通过科学规划城市的用地、交通、生态等要素，能够最大限度地发挥城市各部分的功能，提高城市的整体运行效率。这不仅有助于提高城市的经济竞争力，还能够提升城市居民的生活质量，实现经济、社会和环境的协调发展。

再次，国土空间规划有助于促进生态文明建设。通过对生态环境的保护和恢复进行规划，能够确保城市在发展过程中不对生态环境造成严重破坏，保障人民的生存环境。国土空间规划还可以通过合理划定城市绿地、水系等区域，提高城市生态系统的稳定性和可持续性，为居民提供更好的生活品质。

最后，国土空间规划是城市治理的基础。通过合理规划城市空间结构，可以更好地进行城市管理和公共服务。国土空间规划还有助于引导城市产业结构调整，促使城市朝着高科技、绿色环保等方向发展，提高城市经济竞争力。通过明确城市的功能定位和发展方向，国土空间规划可以引导城市迈向高质量、可持续的发展轨道。

综合而言，国土空间规划是城市高质量发展的战略性工具，能够在经济、生态、社会等多个方面发挥积极作用。只有通过科学规划和合理引导，才能实现城市发展的可持续、高效、协调的目标，为建设现代化、宜居化城市奠定坚实基础。

三、国土空间规划引领城市高质量发展的理念

"新发展理念"是高质量发展的重要理念、标准和特质，进入新发展阶段，"新发展理念"成为新时代高质量发展的新要求，能够作为城市高质量发展的评价准则。同时，城市高质量发展不仅是经济高质量发展，还应体现在经济社会全域、全覆盖的高质量发展。

---

① 叶晓敏.基于国土空间总体规划的城市发展战略研究[J].城市建设理论研究（电子版），2023（31）：25.

因此，探索国土空间规划引领下城市高质量发展，新发展理念既需要体现在规划制订实施方面，也需要体现在国土空间规划确立的城市空间布局、发展策略上，为城市高质量发展提供空间保障。

（一）创新发展

从城市高质量发展需要上看，创新是必不可少的发展动力。培育创新型市场，发展创新型产业，吸引创新型人才，打造更加优质、便利的创新创业平台，提高自主研发创新水平等，都是城市创新发展的途径。只有不断提升城市的创新能力，才能为经济长久高质量发展注入源源动力。此外，创新在城市发展的过程中，不应只体现在经济发展上，城市建设方面都应贯彻创新理念，如创建创新街区、创新城市设计等。

从国土空间规划制订需要上看，城市国土空间规划在制订及实施过程中，应不断创新思路，制订国土空间规划是新时代对于规划发展的新要求，需要各地不断探索国土空间规划制订框架和思路，相关创新思想和创新目标应在国土空间规划中体现。国土空间规划的实施经验尚且不足，对于如何保障国土空间规划有效实施、长久服务城市高质量发展，需要不断探索创新管控机制、实施保障机制等。

（二）协调发展

城市发展中的协调发展主要体现在区域内城市间的协调发展。区域内城市间可以通过增强交通、信息、产业等的交流协作，形成区域内部之间的交通网络、信息网络、完善的产业链结构、城市之间产业网络，从而促进区域内各城市之间均衡发展。而对于城市而言，做好与周围城市的协调发展，同样能够借力区域内其他城市，提高自身的高质量发展水平。

城市国土空间规划的协调理念体现在国土空间规划的制订过程中，从规划层次上来看，城市国土空间规划向上应协调好国家、省、地区对城市的战略发展要求和国土空间规划要求，向下应协调好与分区规划、县级规划、乡镇级规划的有效传导。从规划尺度上看，城市国土空间规划应协调好总体规划与专项规划。从规划时间进展上看，年度行动计划、五年规划、近期建设规划等也应做好协调发展。

（三）绿色发展

城市绿色发展能够提高城市环境品质，生态优先、绿色发展的理念思想应贯穿于城市国土空间规划中，实现绿色发展理念下的高质量发展。在城市经济建设发展中，应该积极培育绿色产业，推行绿色生产，开发绿色能源，减少工业污染，推进循环经济，将绿色发展意识始终融入经济建设中。在城市基础设施和公共服务设施建设时，应倡导绿色环保市政设施，积极推进雨污分流、海绵城市等的建设。在居民生活品质上，应努力创建宜居的绿色社区，建设生态公园，提高绿化水平，积极推进垃圾分类回收，打造绿色生活，注重合理配置城乡绿色空间。

制订实施国土空间规划应通过"双评价"与"双评估"等手段，科学划定管控"三区三线"，动态评估监测、严格保护生态资源环境。同时，需要制定绿色城市评价指标体系，制定高质量发展绿色评价体系，将生态优先、绿色发展理念体现在城市国土空间规划中，提高城市绿色发展水平。

（四）开放发展

开放是高质量发展的必由之路。城市对外开放体现在建立对外开放的良好平台，如连通域外的铁路、公路、机场等交通设施的建设，包括建设交通和物流枢纽、对外贸易平台、金融平台，在体制机制上，应积极营造国际化便利化的营商环境，吸引外地企业在本地投资。在加强区域合作上，应该加强与省外、国外的经济联系、贸易往来、产业链合作、政府合作等，加强城市的对外联系。

在国土空间规划中，应融入开放的理念，树立"开门做规划"的开放性、包容性思维，广泛征求各方意见，同时需要在规划中强调城市对外开放发展的需求，规划重点对外开放平台的具体发展方向。

（五）共享发展

共享理念体现在城市高质量发展上，应重点考虑以人为本、产城融合，规划建设更高质量的基础设施、公共服务设施，打造更宜居的城市环境，服务本地居民生活，吸引外来人口定居。在规划中体现城市与乡村基础设施和公共服务设施的共享，强调城乡融合，缩小城乡差距，促进城市和乡村协同发展。

从城市国土空间规划制订及实施过程中看，共享理念主要体现在规划的公众参与，强化共谋共建共享"三共思维"，在政府统筹与引导下，适时、适度向社会公示规划方案，及时完善规划成果，合理分配权责，促进提升空间治理水平。

第四章 国土空间规划技术

第一节 国土空间规划技术路径试点分析

从市县"多规合一"到省级空间规划，我国经过了较长的空间规划探索阶段，各个阶段在当时背景下，针对面临的实际问题，均形成了一定的经验模式。本章重点分析2014年市县级"多规合一"试点和2016年底的省级空间规划试点的成果，总结试点地区经验教训与技术路径。

一、"多规合一"试点技术路径

2014年8月，国家发展改革委、国土部、生态环境部、住建部四部委联合下发《关于开展市县"多规合一"试点工作的通知》，明确了开展试点的主要任务及措施，并提出在全国28个市县开展"多规合一"试点。各试点市县重点通过试点工作，探索经济社会发展规划、城乡规划、土地利用规划、生态环境保护规划等规划"多规合一"的具体思路，研究提出可复制、可推广的试点方案，形成各市县"一本规划、一张蓝图"，同时探索完善市县空间规划体系，建立相关衔接机制。

（一）技术路径

1.理念思路

当时开展市县"多规合一"试点的理念认识和出发点更多的是侧重解决市县规划自成体系、内容冲突、缺乏衔接等突出问题，保证市县规划有效实施；强化政府空间管控能力，实现国土空间集约、高效、可持续利用；改革政府规划体制，建立统一衔接功能互补、相互协调的空间规划体系，最终实现"一张蓝图"干到底。

2.技术路线

经统计，因各地具体情况不同，主导"多规合一"的部门不同，工作思路不同，在同样的目标和理念下，28个"多规合一"市县试点技术路径各有差异。但总体上"多规合一"的技术路径可以概括为：

第一，梳理规划，摸清差异。全面分析现有城乡规划、土地利用总体规划、国民经济和社会发展规划、环境保护规划等各类规划之间差异，找出差异原因，同时会同各部门制定规划差异协调处理办法，进行矛盾处理。

第二，战略研究，明确目标。分析区域发展现状，研究全域发展定位、发展战略，明确发展目标。

第三，划定边界，形成蓝图。划定生态保护红线、永久基本农田、建设用地规模控制线基础设施廊道控制线、文物古迹保护线等，形成了全域覆盖的"一张蓝图"。

第四，搭建平台，智慧管理。搭建一个信息管理平台，进行规划管理、用地报批项目审批等，实现智慧管理。

3.具体路径

"多规合一"具体路径主要分为以下几个方面：

第一步：进行前期准备。明确工作思路确定工作目标和计划，制订编制方案，以国土、发改、住建、环保、林业等部门为重点，进行全面调研和资料收集，通过部门访谈、现场踏勘等方式，全面了解市县基本情况及部门管理情况。

第二步：统一数据标准。针对多规差异的主要特征，统一规划数据标准编制年限、目标指标基准参数等，形成各类控制线划定标准，制定差异准则，明确市县"多规合一"的技术要求和标准。

第三步：进行多规差异分析。全面分析对比各领域各类规划，找出经济社会发展、土地利用、城乡建设、环境保护、林业发展等规制，在发展定位、规划目标用地规模、空间布局、空间管控等方面的差异，分析造成差异的原因，并制定差异协调处理办法。

第四步：开展专题研究。开展现行规划对比，分析生态保护红线，划定人口与建设用地规模、经济社会发展总体思路、产业发展布局、基础设施廊道建设、文化旅游、生态环境保护等专题研究。

第五步：进行控制线划定。落实生态用地布局，划定生态保护的红线；落实耕地和基本农田保护线，落实城市用地规模布局，划定城镇建设控制边界和开发边界；落实产地基本农田保护布局，划定产业开发边界；落实基础设施布局，形成统一的区域基础设施布局体系；落实文物遗迹，划定文物保护线等。

第六步：绘制一张蓝图。研究统一的用地分类标准，建立统一的规划用地分类体系，将城乡规划、土地利用规划、环境保护规划、林业规划、水利规划、电力规划等"多规"所涉及用地边界、性质等融合到统一的图上，结合城乡规划、土地利用规划等规划差异协调处理结果，最终确定市（县）城土地唯一的用地属性，形成一张蓝图。

第七步：编制一本规划。编制覆盖全域的国土空间发展战略规划，明确国土空间总体格局、经济社会发展策略、城镇化布局范围及边界、产业发展空间布局及基础设施布局等，并提出保障规划顺利实施的配套措施。

第八步：搭建信息管理平台。以"多规合一"数据库为基础，系统整合分层次各行业规划和基础地理信息、用地现状信息等，形成具备动态更新机制，共享共用的"多规合一"业务平台。

（二）"多规合一"成果

通过分析，各试点市县在"多规合一"探索过程中既有共识，又有差异化内容。

1.差异情况

由于缺乏国家统一的技术导则约束，各试点市县"多规合一"成果内容各不相同，但各试点市县以自身情况为依据，均形成了具有地方特色的成果内容。如开化县形成了"一套规划体系（1+3+X）、一张空间布局蓝图、一套基础数据、一套技术标准、一个规划信息管理平台、一套规划管理机制"的成果体系；榆林市形成了"一本规划、一张图纸、一个平台、一套机制"的成果体系；厦门市则形成"一张蓝图、一个信息平台、一张表格、一套运行机制"的"四个一"成果体系等。

2.共识方面

一是各试点市县依据自身情况形成了一套技术标准，在探索过程中，均比较重视对基础数据规划期限、坐标系、用地分类、工作流程和内容、控制线体系等技术方法的规范和衔接；二是均进行了城乡规划、土地利用规划等规划之间的"多规"差异分析，并提出了协调差异的处理办法，最终形成了"一张蓝图"；三是划定了生态保护红线、永久基本农田保护线及城镇开发边界；四是搭建了一个信息管理平台，实现智慧管理。

（三）经验与不足

1.经验

"多规合一"阶段，总体技术路径符合当时实际情况，工作全面分析了各类规划之间的问题，运用GIS现代地理信息技术，进行"多规"叠加，找出了各类规划之间的矛盾冲突问题，为"一张蓝图"形成奠定了基础，其思路框架技术体系趋于成熟，能有效并快速找到市县实际问题。

2.不足

"多规合一"技术路径更多基于各类规划现状，对于规划本身是否合理考虑不足，

"多规"内容涵盖国民经济和社会发展等发展类规划，规划体系较为杂乱；对国土空间本底条件关注不够，没有从全域角度分析国土空间适宜性，因此成果具有局限性。

就试点情况而言，试点有一定的成效，但也存在很多问题：

（1）试点经验难以推广。各部委均以各自负责的空间规划为主，进行"多规合一"的试点，导致规划的标准和流程无法统一。

（2）技术路径存在缺陷。由于对空间研究分析谋划不足，过于迁就现状，导致现状的不合理性延续。

（3）"一张蓝图"难以形成。从理论上能合一形成一张图，但由于技术标准差异、法律地位缺失等问题，难以形成真正的一张图，往往是组合一张图。

（4）协调难度大。很多矛盾冲突涉及历史问题和背后法制机制问题，导致工作陷入了僵局。

二、空间规划技术路径

2016年12月，中办、国办印发《省级空间规划试点方案》，要求各地区深化规划制度改革创新，建立健全统一衔接的空间规划体系，提升国家国土空间治理能力和效率。同时，将吉林、浙江、福建、江西、河南、广西、贵州等省（区）纳入试点范围，至此，形成了省级空间规划试点。《省级空间规划试点方案》明确，要贯彻落实党的十八届五中全会关于以主体功能区规划为基础，统筹各类空间性规划，推进"多规合一"的战略部署，实行规划体制改革创新，建立健全统一衔接的空间规划体系，提升国家国土空间网络治理能力和效率。

（一）技术路径

1.理念思路

根据《省级空间规划试点方案》要求，空间规划避免过度涉及技术细节，从宏观、全局的角度，严格按照中央关于"以主体功能区规划为基础，统筹各类空间性规划，推进'多规合一'"的要求，科学设计了"先布棋盘，后落棋子"的技术路线。"先布棋盘"：以主体功能区规划为基础，开展基础评价，划定"三区三线"（生态空间、农业空间、城镇空间和生态保护红线、永久基本农田、城镇开发边界），构建一个区域的空间管控底图，形成空间管控基本格局。"后落棋子"：以空间规划"三区三线"底图为基础，系统叠加其他各类空间性规划核心内容，形成"一张蓝图"，实现国土空间内各种规划的衔接、协调和统一。

2.技术路线

空间规划总体技术路径可以总结为"四步走"：一是依据主体功能区规划要求，开展全覆盖的资源环境承载能力评价和国土空间开发适宜性评价，按照基础评价结果和开发强度控制要求，科学划定生态空间、"城镇空间"、农业空间，生态保护红线、永久基本农田和城镇开发边界，形成空间规划底图。二是在空间规划底图上叠加生态保护层、城镇建设层、产业发展层、乡村建设层、基础设施层等，形成空间布局总图。在空间布局总图基础上，系统整合各类空间性规划核心内容，编制空间规划。三是整合各部门现有空间管控信息管理平台，搭建基础数据目标指标、空间坐标技术规范统一衔接，共享的空间规划信息管理平台。四是通过研究提出规划管理体制机制改革创新和相关法律法规立改废的具体建议，推进空间规划在区域发挥更好的引领和管控作用。

3.具体路径

第一步：工作部署。针对市县实际情况，制订国土空间规划工作方案，明确工作目标、工作范围、总体思路、工作内容、职责分工进度安排、实施保障及实施步骤等内容，以规范并保障空间规划编制工作的顺利实施。

第二步：部门调研。以国土、发展和改革住建、环保、林业、农业、水利、交通、电力等部门为重点，进行全面调研，通过部门现场访谈方式，了解市县国土空间本底条件，并掌握市县国土空间规划开展情况及部门管理情况。

第三步：统一规划基础。统一规划期限，市县国土空间规划期限设定为2030年，统一基础数据，完成各类空间基础数据坐标转换、建立空间基础数据库；统一用地分类，系统整合《土地利用现状分类》《城市用地分类与规划建设用地标准》等，形成空间规划用地分类。统一目标指标，综合各类空间性规划核心管控要求，科学设计空间规划目标指标体系。

第四步：开展基础研究。基于市县实际，进行国土现状分析、经济社会发展研究、产业发展与布局研究、国土空间发展战略研究等基础分析；进行建设用地规模分析、开发建设强度分析、文物保护与旅游发展、基础设施廊道建设、环境保护等专项研究，为空间规划开展提供基础依据。

第五步：进行底图编制。依据《空间规划底图编制技术规范》，收集市县全域和相邻县区的国土调查成果、基础测绘成果，以及规划、各类保护区、经济、人口等资料；以国土调查成果和地理空间基础数据为基础，综合集成人口、经济、空间开发负面清单、行业数据等资料，进行数据预处理、数据分类与提取、外业核查、数据整合集成等，形成统一的空间规划数字工作底图。

第六步：开展基础评价。开展全域覆盖的资源环境承载能力评价和针对不同主体功能定位的差异化专项评价，划定资源环境承载力综合等级和专项评价结果等级，开展国土空间开发适宜性评价，确定全域空间建设开发适宜性评价结果等级。基础评价为国土空间规划开展奠定基础。

第七步：划定"三区三线"。以基础评价为依据，综合考虑市县经济社会发展、产业布局、人口聚集度，以及永久基本农田、各类自然保护区、重点生态功能区、生态环境敏感区和脆弱区保护等底线要求，科学测算城镇、农业、生态三类空间比例和国土空间开发强度指标，同时划定生态保护红线、永久基本农田及城镇开发边界。以"三区三线"为载体，合理整合协调各部门空间管控手段，绘制形成国土空间规划底图。

第八步：构建"一张蓝图"。以空间规划底图为基础，按照"先网络层，后应用层"的顺序，将重大基础设施、城镇建设、乡村发展、生态保护、产业发展、公共服务、文物古迹等专项空间规划要素落入底图，形成有机整合的空间规划布局总图。

在空间布局总图的基础上，系统整合城乡规划、林业规划、交通规划、水利规划等各类空间性规划核心内容，进行土地利用结构和布局调整，划定生态用地、耕地、基本农田、基础设施城乡建设农业生产等用地，最终确定各类土地规划属性，形成国土"一张蓝图"。

第九步：建设业务平台。

（1）构建数据库

以市县现有的地理信息数据为支撑、以现有编制成果为基础，整合发改、国土环保、林业等部门的空间数据，构建空间规划基础地理信息数据库、规划编制成果数据库相关业务审批数据库和其他相关资料数据库。数据库图层组织和格式应该以CGCS2000坐标系为准，采用ArcGIS shp的格式管理。

（2）建设业务平台

按照"以数据为核心、以集成为重点、以共享为前提、以应用为目标、以服务为宗旨"的设计思路，坚持标准化、便捷化、精准化和协同化原则，紧紧围绕国土空间规划技术路线，以"规划管理更直观、空间管控更精准、政务服务更高效"为总体要求，建设集"规划分析、智能评价、规划编制、规划管理、规划应用"等功能于一体的国土空间规划信息平台。

（二）空间规划成果

《省级空间规划试点方案》是在市县"多规合一"试点工作基础上提出的，省级空间规划工作以此为指导，其工作思路清晰试点目标明确，因此各省空间规划成果内容也基本一致。主要包含"2+5"的成果体系，"2"即双评价：资源环境承载能力评价和国土空间开发适宜性评价；"5"即"五个一"：一套研究报告、一本规划、一张蓝图、一个平台、一套机制。

（三）经验与不足

1.经验

空间规划总体技术路径吸纳了"多规合一"的优点，同时规避了缺点。空间规划认识到了"多规"矛盾的根源问题，从顶层设计出发，技术上首先统一了规划期限、坐标数据、基础数据、管控分区、技术标准等规划基础，为空间规划开展奠定了基础；其次，技术路径上避免过度涉及技术细节问题，从宏观、全局角度出发，以主体功能区规划为基础，摸清国土空间本底条件，开展资源环境承载能力评价和国土空间开发适宜性评价，划定"三区三线"，科学绘制了空间规划底图，为统筹各类空间性规划构建基础框架；最后，采用"先布棋盘、后落棋子"的技术路线推进"多规合一"，与直接从现有规划成果出发、叠加比对形成空间布局图的做法相比，更具有科学性和合理性。

2.不足

首先，空间规划过于注重宏观、注重战略和顶层设计，比较理想，对于实际差异问题考虑不足。从目前的情形来看，空间规划的试点工作难度很大。其次，空间技术上虽能够实现各类基础数据统一，但由于体制机制法律地位等问题，空间规划用地分类、目标指标管控分区等实际较难统一。最后，采用"先布棋盘、后落棋子"的技术路径站位较高，方法科学，但技术衔接上难度较大（如基础评价工作与"三区三线"划定的衔接），用途管制层面难以落地。

三、技术路径总结

"多规合一"试点阶段，28个试点市县均按照要求形成了"一个市县、一本规划、一张蓝图"，探索完善了市县空间规划体系、标准体系等，建立了相关规划的衔接协调机制，部分试点市县还建立了信息管理平台，实现了数字化管理。但由于受不同部委委托，未能形成完整的全域空间规划体系架构。

省级空间规划试点阶段，总结了"多规合一"的经验，从顶层设计、空间规划体系构建、信息化建设、规划管理体制机制改革创新等方面进行了全面探索，科学设计了"先布棋盘、后落棋子"的空间规划技术路径，为国土空间规划体系的建立奠定了坚实的基础，为下一步国土空间规划技术体系的建立指明了方向。

第二节　国土空间规划技术路径确立

从市县"多规合一"到省级空间规划，再到当前的国土空间规划，我国国土空间规划技术体系经过10余年的探索已经摸索出了较为成熟的路径。随着国家改革方案落地，以及国家相应政策文件的指导，国土空间规划国家标准体系也将形成，指导全国国土空间规划的开展。

一、国土空间规划新形势

（一）机构改革

2018年3月，中共中央印发的《深化党和国家机构改革方案》明确将国土部的职责、住建部城乡规划管理职责、国家发展和改革委员会组织编制主体功能区规划职责等整合，组建自然资源部，统一行使全民所有自然资源资产所有者职责，统一行使所有国土空间用途管制和生态保护修复职责，着力解决自然资源所有者不到位、空间规划重叠等问题。

至此，经过10余年的探索、4年多的正式试点，国家机构改革方案落地，自然资源部正式成立，空间规划体制改革，"多规合一"试点任务基本完成，为全面开展国土空间规划，构建国土空间规划体系，加强用途管制，建立健全国土空间开发保护制度，探索了路径、积累了经验，奠定了坚实的基础。

自然资源部成立后，"多规合一"体制问题得以解决，在新的制度框架下，重构统一的国家空间规划治理体系成为当务之急。随之而来的国土空间规划技术路径也将随着新的空间规划体制改革而发生变化。

（二）政策文件

1.《关于统一规划体系更好发挥国家发展规划战略导向作用的意见》

为加快统一规划体系建设，构建发展规划与财政、金融等政策协调机制，更好发挥国家发展规划战略导向作用，2018年11月18日，中共中央、国务院发布《关于统一规划体系更好发挥国家发展规划战略导向作用的意见》（中发〔2018〕44号），要求牢固树立新发展理念，落实高质量发展要求，理顺规划关系，统一规划体系，完善规划管理，提高规划质量，强化政策协同，健全实施机制，加快建立制度健全、科学规范、运行有效的规划体

61

制，更好发挥国家发展规划的战略导向作用。

具体内容为：一是立足新形势、新任务、新要求，明确各类规划功能定位，理顺国家发展规划和国家级专项规划、区域规划、空间规划的相互关系，避免交叉重复和矛盾冲突。二是坚持下位规划服从上位规划、下级规划服务上级规划等位规划相互协调，建立以国家发展规划为统领，以空间规划为基础，以专项规划区域规划为支撑，由国家、省、市县各级规划共同组成，定位准确、边界清晰、功能互补、统一衔接的国家规划体系。三是强化国家级空间规划在空间开发保护方面的基础和平台功能，为国家发展规划确定的重大战略任务落地实施提供空间保障，对其他规划提出的基础设施城镇建设、资源能源、生态环保等开发保护活动提供指导和约束。

《关于统一规划体系更好发挥国家发展规划战略导向作用的意见》的出台基本明确了我国规划体系的基本内容以及国土空间规划在国家规划体系中的地位，也为国土空间规划编制指明了方向，使得空间规划技术路径更加清晰。国土空间规划是基础性规划，要依据发展规划制订，既要加强与国家级专项规划、区域规划、空间规划的衔接，形成全国"一盘棋"，又要因地制宜，符合地方实际，突出特色。

2.《关于建立国土空间规划体系并监督实施的若干意见》

2019年5月9日，中共中央、国务院印发《关于建立国土空间规划体系并监督实施的若干意见》（中发〔2019〕18号，以下简称《若干意见》），明确到2020年，我国基本建立国土空间规划体系，逐步建立"多规合一"的规划编制审批体系、实施监督体系、法规政策体系和技术标准体系；基本完成市县以上各级国土空间总体规划编制，初步形成全国国土空间开发保护"一张蓝图"。到2025年，健全国土空间规划法规政策和技术标准体系；全面实施国土空间监测预警和绩效考核机制；形成以国土空间规划为基础、以统一用途管制为手段的国土空间开发保护制度。到2035年，全面提升国土空间治理体系和治理能力现代化水平，基本形成生产空间集约高效、生活空间宜居适度、生态空间山清水秀，安全和谐、富有竞争力和可持续发展的国土空间格局。

依据《若干意见》，我国将形成国家、省、市县级国土空间规划。全国国土空间规划是对全国国土空间作出的全局安排，是全国国土空间保护、开发、利用、修复的政策和总纲，侧重战略性。省级国土空间规划是对全国国土空间规划的落实，指导市县国土空间规划编制，侧重协调性。市县和乡镇国土空间规划是本级政府对上级国土空间规划要求的细化落实，是对本行政区域开发保护作出的具体安排，侧重实施性。

同时，《若干意见》还提出要高质量编制空间规划。一是体现战略性。自上而下编制各级国土空间规划，对空间发展作出战略性和系统性安排。落实国家安全战略、区域协调发展战略和主体功能区战略，明确空间发展目标，优化城镇化格局、农业生产格局、生态保护格局，确定空间发展策略转变国土空间开发保护方式，提升国土空间开发保护质量和效率。二是提高科学性。坚持生态优先绿色发展，尊重自然规律、经济规律、社会规律和城乡发展规律，因地制宜地开展规划编制工作；坚持节约优先、保护优先、自然恢复为主的方针，在资源环境承载能力和国土空间开发适宜性评价的基础上，科学有序统筹布局生态、农业、城镇等功能空间，划定生态保护红线、永久基本农田、城镇开发边界等空间管控边界以及各类海域保护线，强化底线约束，为可持续发展预留空间。坚持山水林田湖草生命共同体理念，加强生态环境分区管治，量水而行，保护生态屏障，构建生态廊道和生态网络，推进生态系统保护和修复，依法开展环境影响评价。坚持陆海统筹、区域协调、城乡融合，优化国土空间结构和布局，统筹地上地下空间综合利用，着力完善交通、水利等基础设施和公共服务设施延续历史文脉，加强风貌管控，突出地域特色。坚持上下结合、社会协同，完善公众参与制度，发挥不同领域专家的作用。运用城市设计、乡村营造、大数据等手段，改进规划方法，提高规划编制水平。三是加强协调性。强化国家发展规划的统领作用，强化国土空间规划的基础作用。国土空间总体规划要统筹和综合平衡各相关专项领域的空间需求。详细规划要依据批准的国土空间总体规划进行编制和修改。相关专项规划要遵循国土空间总体规划，不得违背总体规划强制性内容，其主要内容要纳入详细规划。四是注重操作性。按照谁组织编制、谁负责实施的原则，明确各级各类国土空间规划编制和管理的要点。

《若干意见》对于国土空间规划体系建立作了详细的说明，并明确了开展国土空间规划的编制主要任务：要落实国家战略定位，明确空间发展目标；优化国土空间格局，开展资源环境承载能力评价和国土空间开发适宜性评价，划定生态保护红线、永久基本农田、城镇开发边界等空间管控边界。《若干意见》的发布，标志着国土空间规划体系顶层设计和"四梁八柱"基本形成。

二、国土空间规划技术体系构建

《若干意见》明确了我国将建立新的国土空间规划体系，国土空间规划体系分为四个子体系：规划编制审批体系、规划实施监督体系、法规政策体系、技术标准体系。国土空间规划的技术标准体系构建是规划从业者今后的重点工作，也是当前急需解决的重点任务之一。以下将重点研究国土空间规划技术体系的主要内容。

（一）总体考虑

国土空间规划技术体系是以生态文明为顶层设计，以《中共中央 国务院关于统一规划体系更好发挥国家发展规划战略导向作用的意见》（中发〔2018〕44号）、《中共中央 国务院关于建立国土空间规划体系并监督的实施意见》（中发〔2019〕18号）以及其他政策文件为指导，在总结了市县"多规合一"试点和省级空间规划试点经验，以及继承主体功能区规划城乡规划等原有规划编制技术路径的基础上提出来的。因此，国土空间规划技术体系是多方研究成果的集成，是各方智慧的融合。

（二）指导思想

以习近平新时代中国特色社会主义思想为指导，全面贯彻党的十九大和十九届三中全会精神。落实新发展理念，统筹推进"五位一体"，总体布局，协调推进"四个全面"战略布局，以绿色发展和高质量发展为主线，坚持以人民为中心、坚持可持续发展、坚持从实际出发、坚持依法行政，发挥国土空间规划在规划体系中的基础性作用，在国土开发保护领域的刚性控制作用，以及对专项规划和区域规划的指导约束作用，体现战略性、提高科学性、强化权威性、加强协调性、注重操作性，加强统筹协调性，兼顾开发与保护，注重规划的传导落实，为实现"两个一百年"奋斗目标营造高效、有序的空间秩序和山清水秀的美丽国土。

（三）总体思路

按照国土空间规划体系，遵循上位规划、落实上级规划，"能用、管用、好用"的规划要求，坚持"战略引领、空间优化，统一分类、分层传导，对应事权、分级管控"的理念，以"双评价"为基础、以国土空间总体规划为统领、以专项规划和详细规划为支撑、以国土空间用途管制为重点，以信息平台为保障，以主导功能定位划定规划分区，建立国土空间用途分区分类分级管制体系，落实重大空间布局，统筹各类资源要素配置，优化国土空间格局，整合形成"多规合一"的国土空间规划，促进区域可持续发展。

（四）主要任务

综上所述，国土空间主要任务可概括为落实战略定位、优化空间格局、进行要素配置、实施空间整治、制定实施策略5部分。

1.落实战略定位

衔接国家省级空间规划发展规划等上层次相关规划，科学研判当地经济社会发展趋势、国土空间开发保护现状问题和挑战，明确空间发展目标和发展愿景，确定各项指导性、约束性指标和管控要求。

2.优化空间格局

开展资源环境承载能力评价和国土空间开发适宜性评价，根据主体功能定位，确定全域国土空间规划分区及准入规则，划定永久基本农田、生态保护红线和城镇开发边界三条控制线，明确管控要求，优化全域空间结构、功能布局，完善城乡居民点体系，明确基础设施产业布局要求。

3.进行要素配置

按照国土空间总体布局，实行全域全要素规划管理，统筹耕地、林地、草地、海洋、矿产等各类要素布局；保护生态廊道，延续历史文脉加强风貌管理，统筹重大基础设施和公共服务设施配置，改善人居环境，提升空间品质。

4.实施空间整治

明确国土空间生态修复的目标任务和重点区域，安排国土综合整治和生态保护修复重点工程的规模、布局和时序，明确各类自然保护地范围边界，提出生态保护修复要求，提高生态空间完整性和网络化。

5.制定实施策略

分解落实国土空间规划主要目标任务，明确规划措施，健全实施传导机制。结合规划部署，制订近期建设规划及重大项目的实施计划，合理把握规划实施时序。

（五）技术路径

总体技术路径分为四步走：布底图、落用途、严管控和强保障。

1.布底图

（1）完成技术准备

针对实际情况，制订国土空间规划工作方案，明确工作目标、工作范围、工作内容、职责分工、进度安排、实施步骤等内容，以规范并保障空间规划编制工作的顺利实施。

以自然资源、发改、环保、林业、农业、水利、交通等部门为重点，进行全面调研，通过部门访谈、现场踏勘等方式，了解国土空间本底条件；收集测绘资料、各类规划资料、经济人口以及人文历史等其他方面的基础资料。

（2）开展专题研究

基于市县实际，开展国土现状分析、经济社会发展研究、产业发展与布局研究、国土空间发展战略研究等基础研究；开展资源保护、土地集约节约利用、基础设施廊道建设、国土综合整治与生态修复乡村振兴等专项研究，为国土空间规划开展提供支撑。

（3）绘制一张底图

收集全域和相邻县区第三次全国国土调查（以下简称"国土三调"）成果、基础测绘成果，以及规划、各类保护区、经济、人口等资料；以"国土三调"成果为基础，以地理国情普查数据为补充，综合集成人口、经济、空间开发负面清单、行业数据等资料，进行数据预处理、数据分类与提取、外业核查数据整合集成等，形成统一的国土空间规划底图底数。

（4）实施双评估

规划实施评估：全面评估现行城乡规划、土地利用规划及海洋功能区划的实施情况，总结成效，分析问题，明确本次规划的重点，提出国土空间开发保护格局优化的建议。

国土空间开发保护现状评估：科学评判国土安全、气候安全、生态环境安全、粮食安全、水安全、能源安全等对市县带来的潜在风险和隐患，提出规划应对措施。

（5）开展双评价

开展全域覆盖的资源环境承载能力评价和国土空间开发适宜性评价，通过评价识别资源环境承载能力和关键限制因素分析国土空间开发潜力，在"三条控制线"统筹划定国土开发保护格局，确定国土空间用途，管制国土整治与生态修复安排等方面，为规划方案提供技术与策略支撑。

2.落用途

（1）研究空间战略

分析国家、省发展政策，以国家省级空间规划、发展规划为引领，科学研判市县经济社会发展趋势、国土空间开发保护现状问题和挑战，提出市县国土空间发展战略，提出战略定位、战略目标，确定各项指导性、约束性指标和管控要求。

（2）优化空间格局

以规划评估、评价分析为基础，结合国土空间开发保护战略与目标，立足市县域自然资源本底，构建国土空间开发保护总体格局，提出宏观的开发保护总格局、区域协调格局、城乡空间结构产业发展、乡村振兴等重大格局。

（3）划定"三条控制线"

严格落实省级国土空间规划相关要求，划定生态保护红线、永久基本农田和城镇开发边界三条控制线，统筹优化"三条控制线"等空间管控边界，制定空间管控措施，合理控制整体开发强度。

（4）划定规划分区

以基础评价为依据，根据市县主体功能定位，划定生态保护、永久基本农田保护、城镇发展、农村农业发展、海洋发展等规划基本分区，明确各分区的管控目标政策导向和准入规则。

（5）进行要素配置

按照国土空间总体布局，实行全域全要素规划管理，统筹耕地、林地、草地、海洋、矿产等各类要素布局，科学确定水、土地、能源等各类自然资源保护的约束性指标；保护生态廊道，延续历史文脉，加强风貌管理，统筹重大基础设施和公共服务设施配置，改善人居环境，提升空间品质。

（6）落实用途管控

建立"全域片区一单元"3个层面管控体系，明确各层面管控要素、管控重点和管控要求；制定全域管控规则，确定约束性指标。

3.严管控

搭建业务平台：以自然资源调查监测数据为基础，采用国家统一的测绘基准和测绘系统，整合各类空间关联数据，建立国土空间基础信息平台，实现集规划分析、智能评价、规划编制、规划管理、规划应用于一体，提高行政审批与管理效率。

4.强保障

建立一套机制：依托国土空间基础信息平台，建立健全国土空间规划动态监测评估预警和实施监管机制，健全资源环境承载能力监测预警长效机制，建立国土空间规划定期评估机制，结合国民经济社会发展实际和规划定期评估结果，对国土空间规划进行动态调整完善。

（六）国土空间规划成果内容

国土空间规划成果最终以《国土空间总体规划》展现，内容包含规划文本、图件、附件、数据库和信息平台，其中附件包括规划说明书、专题研究、其他材料等。

1.规划文本

（1）总则

阐述规划定位范围期限编制原则等。

（2）战略、目标与指标

明确国土空间规划指导思想基本原则，制定国土空间发展定位发展战略、发展目标及指标体系。

（3）国土空间格局

明确国土空间总体结构和格局，制定国土空间规划分区和用途管制规则。确定城乡居民点体系安排、农业发展布局、自然保护地体系规划、历史人文体系设想、能源矿产布局，以及公共服务设施、基础设施、减灾防灾设施配置要求。

（4）土地利用规划

明确土地利用结构、数量，山水林田湖草等在土地上的安排，存量建设用地再开发安排，中心城区土地利用控制等。

（5）城镇功能结构

布局城镇开发边界内部功能，明确公共服务设施建设标准和布局要求，构建社区生活圈，确定地下空间规划建设标准和布局要求。

（6）陆海统筹

统筹协调陆海空间，合理安排功能分区与用途分类。

（7）乡村振兴

合理配置公共资源，明确目标任务，分类引导乡村地区发展。

（8）国土空间生态修复

确定各类综合整治和生态修复的重点区域、目标与布局安排，重点工程。

（9）综合交通体系

明确全域交通体系建设目标和模式，合理布局综合交通网络和枢纽体系。明确中心城区综合交通枢纽的功能布局与用地规模，交通干线道路、场站规划布局和用地控制要求。

（10）城市历史文化与风貌保护

确定全域历史文化遗产保护整体框架、保护目标和保护重点，明确保护范围和要求。确定中心城区总体风貌定位，城市设计重点控制区等内容。

（11）城市安全与重大市政基础设施

提出全域重大市政基础设施的布局和管控要求。确定中心城区各类设施的建设规模、标准、重大设施布局，明确廊道控制要求、地下综合管廊建设要求。

（12）区域统筹

提出跨区域衔接策略，明确下位行政单元的主体功能定位。

（13）规划实施保障

分区管制规划传导，分期实施与行动计划，规划实施措施。

2.规划图件

（1）必备图件

现状必备图件一般包括土地利用现状图、生态资源现状分布图、综合交通体系现状图、双评价图（套图）、国土空间开发适宜性评价图等。规划必备图件一般包括国土空间规划总图、国土空间规划分区图、三线划定图、城镇体系规划图、国土综合整治和生态修复布局图、市政基础设施规划图、公共服务设施规划图、综合防灾减灾规划图等。

（2）其他图件

其他图件包括区位图、遥感影像图、矿产资源分布图、产业发展布局图、区域空间协同规划图等。

3.规划附件

规划附件包括规划说明书和专题研究报告两部分。

（1）规划说明书

国土空间规划说明主要阐述规划决策的编制基础、技术分析和编制内容，是规划实施中配合规划文本和图件使用的重要参考。

（2）专题研究报告

专题研究报告包括《规划实施评估报告》《国土空间开发保护现状评估报告》《双评价报告》《规划分区及控制线划定报告》《自然资源保护与利用》《国土空间开发保护战略研究报告》《产业发展布局专题报告》《人口与建设用地规模专题报告》《基础设施廊道建设专题报告》《国土综合整治与生态修复报告》等。

（3）其他材料

包括规划编制过程中形成的工作报告、规划大纲、基础资料、会议纪要、部门意见、专家论证意见、公众参与记录等。

4.规划数据库

数据库是国土空间规划实现信息化管理平台的重要支撑，是规划成果数据的电子形式。国土空间基础数据库成果包含成果数据标准及数据库成果两方面内容，数据库成果包括各类规划图件的栅格数据和矢量数据规划文档、规划表格、元数据等。规划数据库内容应与纸质的规划成果内容一致。

5.基础信息平台

国土空间基础信息平台，包含信息管理平台开发建设和平台技术方案两方面内容。信息平台主要是基于统一的标准与规范，以"一张蓝图"数据库为基础，完善空间规划体系，系统整合各层次、各行业规划和基础地理信息、项目审批信息、用地现状信息等，建立一个基础数据共享、监督管理同步、审批流程协同、统计评估分析、决策咨询服务，具有动态更新机制共享共用的空间规划业务管理平台。

第三节　国土空间规划技术体系内容

国土空间规划技术体系内容主要包括资源环境承载能力和国土空间开发适宜性评价方法、控制线划定技术方法，规划分区划定技术方法，空间管控，数据库建设与信息化平台建设等内容。

一、资源环境承载能力和国土空间开发适宜性评价

开展"双评价"工作，一方面是基于党中央"生态优先"的战略要求，另一方面也是应国土空间规划编制的需求而生。"双评价"应当是国土空间规划的前提和基础，使国土空间规划编制更加系统化和科学化。

（一）基本定义

1.资源环境承载能力

基于一定发展阶段经济技术水平和生产生活方式，一定地域范围内资源环境要素能够支撑的农业生产、城镇建设等人类活动的最大规模。

2.国土空间开发适宜性

在维系生态系统健康的前提下，综合考虑资源环境要素和区位条件，特定国土空间进行农业生产、城镇建设等人类活动的适宜程度。

（二）评价目标

分析区域资源环境原因条件、研判国土空间开发利用问题和风险，识别生态系统服务功能极重要和生态极敏感空间，明确农业生产、城镇建设的最大合理规模和适宜空间，为完善主体功能区布局，划定生态保护红线、永久基本农田、城镇开发边界，优化国土空间开发保护格局，科学编制国土空间规划，实施国土空间用途管制和生态保护修复提供技术支撑，倒逼形成以生态优先、绿色发展为导向的高质量发展新路子。

（三）评价原则

1.生态优先

以习近平生态文明思想为指导，突出生态保护功能，识别生态系统服务功能极重要、生态极敏感区域，确保生态系统完整性和连通性。在坚守生态安全底线的前提下，综合分析农业生产、城镇建设的合理规模和布局。

2.科学客观

体现尊重自然、顺应自然、保护自然的理念，充分考虑陆海全域国土空间土地、水、生态、环境、灾害等资源环境要素，加强与相关专项调查评价结果的统筹衔接，定量方法为主、定性方法为辅，客观全面地评价资源环境禀赋条件、开发利用现状及潜力。

3.因地制宜

在强化资源环境底线约束的同时，充分考虑区域和尺度差异。各地特别是市县开展评价时，可结合本地实际和地域特色，因地制宜地适当补充评价功能、要素与指标，优化评价方法，细化分级阈值。

4.简便实用

在保证科学性的基础上，精选最有代表性的指标。紧密结合国土空间规划编制，强化目标导向、问题导向和操作导向，确保评价成果科学、权威、好用和适用。

（四）技术路线

"双评价"的总体技术流程为"数据准备—单项评价—集成评价—综合分析"，如果涉及海域，还将开展陆海统筹。对不同功能指向和评价尺度，需采用差异化的指标体系。

1.数据准备

（1）坐标基准和投影方式

评价统一采用2000国家大地坐标系（CGCS2000），高斯–克吕格投影，陆域部分采用1985国家高程基准，海域部分采用理论深度基准和高程基准。

（2）评价单元与计算精度

省级（区域）层面，单项评价根据要素特征确定区域、流域、栅格等评价单元。计算精度采用50m×50m栅格，山地丘陵或幅员较小的区域可提高到25m×25m或30m×30m。以县级行政区为评价单元计算可承载农业生产、城镇建设的最大规模。

市县层面，单项评价宜在省级评价基础上进一步细分评价单元。优先使用矢量数据，使用栅格数据的采用25m×25m或30m×30m计算精度。以乡（镇）为评价单元计算可承载农业生产、城镇建设的最大规模。

海域可根据数据获取情况，适当降低计算精度。

（3）数据收集

收集数据时，应保证数据的权威性、准确性和时效性。所需数据包括基础地理、土地资源、水资源、环境、生态、灾害、气候气象等。

2.单项评价

分别开展生态、土地资源、水资源、气候、环境、灾害、区位等单项评价。

市县层面，不再开展生态评价，直接使用省级生态评价结果，并根据更高精度数据和地方实际进行边界校核和局部修正，若缺乏优于省级精度数据的，可不进行相应要素的单项评价，可立足本地实际增加评价要素和指标，可补充海洋开发利用、文化保护利用、矿产资源开发利用等功能指向评价。当评价结果未充分体现区域内部差异时，可结合实际细分阈值区间，但不得改变阈值划分标准。

3.集成评价

基于单项评价结果开展集成评价，优先识别生态系统服务功能极重要和生态极敏感空间，基于一定经济技术水平和生产生活方式，确定农业生产适宜性和承载规模、城镇建设适宜性和承载规模。

（1）适宜性评价

通过集成评价，将生态保护重要性划分为高、较高、中等、较低、低5级，将农业生产、城镇建设适宜性划分为适宜、较适宜、一般适宜、较不适宜、不适宜5级。

生物多样性维护水源涵养、水土保持、防风固沙、海岸防护等生态系统服务功能越重要，或水土流失、石漠化、土地沙化、海岸侵蚀等生态敏感性越高，且生态斑块的规模和集中程度越高、生态廊道的连通性越好，生态保护重要性等级越高。

地势越平坦，水资源丰度越高，光热越充足，土壤环境容量越高，气象灾害风险越低，且地块规模和连片程度越高，农业生产适宜性等级越高。

地势越低平，水资源越丰富，水气环境容量越高，人居环境条件越好，自然灾害风险越低，且地块规模和集中程度越高，地理及交通区位条件越好，城镇建设适宜性等级越高。

对适宜性等级划分结果进行专家校验，综合判断评价结果与实际状况的相符性。对明显不符合实际的，应开展必要的现场核查校验与优化。

（2）承载规模评价

在水土资源不同的约束条件下，缺水地区重点以水平衡为约束，分别评价各评价单元可承载农业生产、城镇建设的最大规模。

有条件地区可结合环境质量目标及污染物排放标准和总量控制等因素，补充评价环境容量约束下可承载农业生产、城镇建设的最大规模。

按照短板原理，采用各约束条件下的最小值作为可承载的最大规模。

市县层面数据精度无法支撑以乡（镇）为评价单元的承载规模评价时，可直接采用省级评价结果。

4.综合分析

（1）资源环境禀赋分析

在单项评价基础上，分析土地、水、矿产、森林、草原、湿地、海洋等自然资源的数量质量结构、分布等特征及变化趋势，结合气候、生态、环境灾害等要素特点，选取国家、省域平均情况或其他地区作为参考，总结资源环境比较优势和限制因素。

（2）问题和风险识别

依据评价结果，综合分析资源环境开发利用现状的规模、结构、布局、质量、效率、效益及动态变化趋势，识别因生产生活利用方式不合理、资源过度开发粗放利用引起的水平衡破坏、水土流失、生物多样性下降湿地侵占、自然岸线萎缩、地下水超采、地面沉降、水污染、土壤污染、大气污染等资源环境问题，预判未来变化趋势和存在风险。

（3）潜力分析

根据农业生产适宜性评价结果，对农业生产适宜区、较适宜区、一般适宜区内且生态系统服务功能极重要和生态极敏感以外区域，分析土地利用现状结构，按照生态优先、绿色发展、经济可行的原则，结合可承载农业生产的最大规模，分析可开发为耕地的潜力规模和空间布局；根据城镇建设适宜性评价结果，对城镇建设适宜区、较适宜区、一般适宜区内且生态系统服务功能极重要和生态极敏感以外区域，分析土地利用现状结构，结合可承载城镇建设的最大规模，综合城镇发展阶段、定位性质、发展目标和相关管理要求，分析可用于城镇建设的潜力规模和空间布局。

（4）情景分析

分析气候变化、技术进步、生产生活方式等对国土空间开发利用的不同影响。模拟重大工程建设、交通基础设施变化等不同情景，分别给出并比对相应的评价结果，支撑国土空间规划多方案决策。

具体评价内容详见《资源环境承载能力和国土空间开发适宜性评价技术指南》。

二、控制线划定

（一）生态保护红线划定

1.划定内容

依据《生态保护红线划定技术指南（2017）》，按照定性与定量相结合的原则，通过科学评估，识别具有重要水源涵养、生物多样性、水土保持防风固沙等功能的生态功能重要区域，以及水土流失、土地沙化、盐渍化等生态环境敏感脆弱区域，根据地区保护要求合理划定土地沙化敏感区生态保护红线、江河湖库滨岸带敏感区生态保护红线、生物多样性维护功能区生态保护红线、森林生态系统保护红线、禁止开发区生态系统保护红线等，最后按照功能不降低、面积不减少、性质不改变等要求，对生态保护红线进行严格管控。

2.划定依据

《中华人民共和国环境保护法》《中华人民共和国国家安全法》《中华人民共和国水土保持法》《中共中央　国务院关于加快推进生态文明建设的意见》（中发〔2015〕12号）、《生态文明体制改革总体方案》（中发〔2015〕25号）、《关于划定并严守生态保护红线的若干意见》（厅字〔2017〕2号）、《关于印发全国土地利用总体规划纲要（2006—2020）调整方案的通知》（国土资发〔2016〕67号），其他涉及生态环境保护法律法规及技术规范。

3.技术路线

第一步：现状资料收集。收集各红线类型的相关规划/区划资料，基础地理信息数据和资料，以及与生态保护红线划定相关的主体功能区规划、环境功能区划、生态功能区划所在区域的城市总体规划林地保护利用规划、资源开发规划及旅游发展规划等资料，作为红线划定过程中的辅助参考文件。

第二步：开展科学评估。按照"双评价"技术方法，开展生态功能重要性评估和生态环境敏感性评估，确定水源涵养、生物多样性维护、水土保持、防风固沙等生态功能极重要区及极敏感区域，纳入生态保护红线。

第三步：校验划定范围。根据评估结果，将评估得到的生态功能极重要区与生态环境极敏感区叠加合并，并与国家级省级禁止开发区和其他各类生态保护地进行校验，确定红线空间叠加图。

第四步：确定红线边界。确定的生态保护红线叠加图，通过边界处理、现状与规划衔接跨区域协调、上下对接等步骤，最终确定生态保护红线边界。

第五步：划定生态保护红线。通过资料收集、明确划定范围、识别红线内容、确定红线边界等上述步骤，最终划定各条生态保护红线，形成生态保护红线划定成果。

4.管控措施

生态保护红线原则上按禁止开发区域的要求进行管理。严禁不符合主体功能定位的各类开发活动，严禁任意改变用途，确保生态功能不降低、面积不减少、性质不改变。

5.技术要求

（1）数学基础

坐标系统采用2000国家大地坐标系统。矢量数据采用地理坐标，即以"度"为单位；栅格数据采用高斯–克吕格投影3度分带。高程为1985国家高程基准。

（2）数据格式

数据格式为ArcGIS软件的shp.文件或空间数据库gdb.（或mdb.）文件。图件成果为jpg.格式，以及带数据文件及相对路径的ArcGIS的mxd.文件。

（3）精度要求及工作底图

采用地理国情普查数据作为生态保护红线划定的工作底图，以1∶10000（0.5m分辨率）的数字正射影像DOM为主，红线采集精度能与其套合。行政区划图采用地理国情普查成果。红线区面积计算投影面积，单位为平方米，保留小数点2位。

6.生态保护红线成果

生态保护红线划定成果包括文本、图件、登记表、台账数据库、技术报告等。涉及的保密数据成果存储及使用应按照国家保密相关规定要求执行。

（二）永久基本农田划定

1.划定内容

永久基本农田划定主要是根据土地利用变更调查、耕地质量等级评定，耕地地力调查与质量评价等成果数据，以国家、省、市县永久基本农田划定的最终成果为基础，按照《基本农田划定技术规程》，对规划期内需占用基本农田的重点项目进行梳理，按照"数量不减少、质量不降低"的原则在区域范围内对基本农田进行调整，划定永久基本农田保护红线。

2.划定依据

国土三调成果、《基本农田保护条例》、《基本农田数据库标准》（TD/T 1019—2009）、《土地利用数据库标准》（TD/T 1016—2007）、《基本农田划定技术规程》（TD/T 1032—2011）等。

3.划定流程

第一步：基础数据收集整理。收集土地利用总体规划资料、土地利用现状调查资料、已有基本农田保护资料、农用地分等级资料、其他土地管理相关资料，整理出划定的永久基本农田、最新的土地利用变更调查、耕地质量等别评定、耕地地力调查与质量评价等成果数据。

第二步：基本农田划出。根据国家各省重点建设项目占用需求和生态退耕要求等进行基本农田划出。依据土地利用变更调查、耕地质量等别评定、耕地地力调查与质量评价等成果数据，统计分析划出基本农田的数量和质量情况。

第三步：确定基本农田补划潜力。根据最新的土地利用变更调查数据，充分考虑水资源承载力约束因素，明确在已划定基本农田范围外、位于农业空间范围内的现状耕地，作为规划期永久基本农田保护红线的补划潜力空间。依据土地利用变更调查、耕地质量等别评定、耕地地力调查与质量评价等成果数据，明确补划潜力的数量和质量情况。

第四步：形成划定方案。校核划出永久基本农田和可补划耕地的数量和质量情况，按照数量不减少、质量不降低的要求，确定2030年永久基本农田方案。

（三）城镇开发边界划定

1.划定内容

依据资源环境承载能力评价、国土空间开发适宜性评价，以生态保护红线、永久基本农田作为限制性依据，明确不能开发建设的国土空间刚性边界，同时提出允许开发建设的国空间区块；此外，预测人口规模以及控制的城镇人均建设用地指标作为控制性依据，得出满足城镇发展所需的合理建设用地规模。城镇开发边界划定中，以限制性依据、控制性依据为基础，综合考虑城镇发展定位，最终确定城镇开发边界。

2.划定依据

《城市用地分类与规划建设用地标准》（GB 50137—2011）、《资源环境承载能力和国土空间开发适宜性评价技术指南》，以及现有城乡规划和土地利用总体规划等。

3.划定方法

第一步：资料收集。收集整理市县行政区划、地表覆盖分类（地理国情普查）、现状地表分区、行政区划单元道路、水域、地名、人口经济、城镇建成区坡度带高程带、地质灾害、永久基本农田、生态红线数据，以及土地利用总体规划、城乡规划、林业规划、产业园区规划等基础数据作为城镇开发边界划定的参考。

第二步：用地条件评价。通过资源环境承载能力评价确定不同区域对城镇开发及产业布局的承载极限；通过国土空间开发适宜性评价确定不同区域城镇及产业开发建设的适宜程度。以"双评价"结果指导城镇开发边界划定。

第三步：城镇规模确定。依据市县历年城镇人口变化情况、城镇化水平情况与经济发展趋势，科学预测规划期内城镇人口规模，以人定地，明确城镇用地规模；结合产业发展基础、重大项目安排经济增长水平，科学预测规划期内工业增加值规模。参考相关用地产出水平，以产定地，明确独立产业园区规模。以规划城镇用地和独立产业用地的总用地规模，作为城镇开发边界确定的数量基础。

第四步：城镇开发边界规模确定。依据不同区域的资源禀赋和开发适宜性条件，在城镇建设用地现状规模的基础上，按照一定的扩展系数确定规划期内城镇开发边界规模，最终形成开发边界总规模。

第五步：进行差异分析。在GIS平台上，对同一区域的城乡规划与土地利用总体规划建设用地进行对比。通过分析城规与土规建设用地差异，明确"两规"之间建设用地冲突情况，为划定城镇开发边界提供依据。

第六步：城镇开发边界划定。依据"双评价"和"两规"差异分析对比内容，综合考虑城镇建设用地的适宜性、现行城乡规划与土地利用规划、建设用地情况、城镇空间发展方向等，最终确定城镇开发边界。

三、规划分区划定

（一）主要内容

规划分区划定是依据资源环境承载能力评价和国土空间开发适宜性评价的结果，从土地资源、水资源、环境质量、生态条件等评价因子入手，同时围绕目标战略和开发保护格局，结合地域特征和经济社会发展水平等，识别生态功能适宜性区域、农业功能适宜性区域、城镇功能适宜性区域及其他功能适宜性区域，从而划定出生态保护与保留区、海洋特殊保护与渔业资源养护区、永久基本农田集中保护区、古迹遗址保护区、城镇发展区、农业农村发展区、海洋利用与保留区、矿产与能源发展区等。

（二）技术路径

1.规划分区识别

依托市（县）城各类资料情况，开展资源环境承载能力评价和国土空间开发适宜性评价，以综合评价结果为依据，识别适宜农业生产生态保护和城镇建设等区域，形成生态、农业、城镇等功能适宜性评价结果。

2.规划分区划定

基于生态功能适宜性评价结果，结合区域生态保护重要性、敏感性和脆弱性评价，考虑水源涵养、水土保持、生物多样性维护、防风固沙等不同功能，依据主体功能区战略、生态功能区划、生态环境保护规划、林地保护利用规划等相关规划，按照最大限度保护生态安全要求，合理划定生态保护区。县及以下层面对生态保护区进行细化，形成核心生态保护区、生态保护修复区和自然保留区。

基于城镇功能适宜性评价结果，结合以城镇和工业建设为主体的城镇优化发展、城镇重点发展功能区区位比较优势、人口规模等级、产业基础等因素，按照促进城镇建设紧凑布局集约高效要求，划定城镇发展区。县及以下层面将城镇发展区进行细分，形成城市集中建设区、城镇有条件建设区和特别用途区等区域。

基于农业功能适宜性评价结果结合永久基本农田、集中连片优质耕地，统筹林、园、牧、渔等各类农业用地，以及农业现代化、农村新产业和新业态、新农村建设要求，合理划定以农业生产和乡村建设为主体的农业发展区及永久基本农田保护区。

基于海洋开发与利用适宜性评价结果，结合实际情况，划定海洋特殊保护与渔业资源养护区和海洋利用与保留区。县级以下层面可将上述两个区域进行细化，形成海洋特殊保护区、海洋渔业资源养护区、海域利用区和无居民海岛利用区等。

其他如古迹遗址保护区、矿产资源开发区等区域通过现状资料、规划等情况进行直接识别，划定保护区范围。

3.分区结果校核

采用数字模型+遥感影像技术，对所划定的各类功能区进行外业校核，同时进行部分校查，最后结合区域主导功能区特点对各功能区进行人为调整，形成最终成果。

（三）分区划分

市级层面在大的分区下划分二级类别：划定生态保护与保留区、海洋特殊保护与渔业资源养护区、永久基本农田集中保护区、古迹遗址保护区、城镇发展区、农业农村发展区、海洋利用与保留区、矿产与能源发展区等。

县级及以下层面在市级分区下划分三级类别：核心生态保护区、生态保护修复、自然保留区、海洋特殊保护区、海洋渔业资源养护区、基本农田集中保护区、古迹遗址保护区、城市集中建设区、城镇有条件建设区、特别用途区、农业农村发展区、海洋利用区、无居民海岛利用区、海洋保留区、矿产与能源发展区等。

四、空间管制

（一）管控体系

国土空间管控体系分全域（城市开发边界外）—片区（城市开发边界内的中心城区、乡镇）—单元（村庄、特殊保护区）三级体系，每个分区下按照用途进行分类。国土空间规划分区与国土空间规划用途分类共同构成国土空间规划管控支撑体系，分级承接传导、细化落实规划意图和管制要求。

（二）管控内容

1.分区管控

分区管控又分为三级：全域（城市开发边界外）—片区（城市开发边界内的中心城区、乡镇）—单元（村庄、特殊保护区）。

全域（城镇开发边界外），落实上位规划和主体功能区定位要求，在国土空间开发保护格局的基础上，划定国土空间规划基本分区，并分别明确各分区的核心管控目标、政策导向与管制规则。空间分区应做到全域覆盖但不相重叠，一旦确定不得随意调整，需受到严格的制度管控，控制线的弹性调整必须在对应的分区空间内进行。城镇开发边界外不得进行城镇集中开发建设，不得设立各类开发区，严格控制边界外政府投资的城镇基础设施资金投入，仅允许交通等线性工程、军事等特殊建设项目，以及直接服务乡村振兴的建设项目等。

片区（城镇开发边界）内实行"详细规划+规划许可"的管制规则；在城镇开发边界内，建立完善与城市更新、功能转换、混合利用相关的许可制度。

自然保护地、重要海域和海岛、文物等遵循特殊保护制度。

2.用途管控

按照当前国土空间规划用途分类指南，国土空间用途分类采用三级分类体系，共设置28种一级类、102种二级类及24种三级类。国土空间规划分区对应相应的土地用途。

（1）生态保护与保留区

核心生态保护区对应的国土用途主要有林地、天然牧草地、沼泽草地、其他草地、陆地水域、保护海域海岛、盐碱地、沙地、裸土地、裸岩石砾地、冰川及永久积雪地等及现状村庄。生态保护修复区对应的国土用途主要有林地、天然牧草地、沼泽草地、其他草地、水域、保护海域海岛现状村庄及其他建设用地等。自然保留地对应的国土用途主要有陆地水域、盐碱地、沙地、裸土地、裸岩石砾地、其他草地、冰川及永久积雪地等。

（2）海洋特殊保护与渔业资源养护区

海洋特殊保护区和海洋渔业资源养护区对应的国土用途主要有海域海岛。

（3）永久基本农田集中保护区

永久基本农田集中保护区对应的国土用途主要有农用地及其配套农业生产服务设施、村庄等用地。

（4）古迹遗址保护区

古迹遗址保护区对应的国土用途主要有耕地、牧草地、园地、林地等。

（5）城镇发展区

城市集中建设区对应的国土用途主要有居住用地、公共管理与公共服务设施用地、商服用地、工业用地、仓储用地、道路与交通设施用地、公用设施用地、绿地与广场用地等各类城镇建设用地，以及村庄建设用地、水域、林地、耕地等用地。城镇有条件建设区对应的国土用途主要有村庄建设用地、区域基础设施用地、特殊用地等建设用地，以及水域、林地、草地等非建设用地。特别用途区对应的国土用途主要有水域、林地、园地、牧草地、文物古迹用地、其他建设用地（风景名胜区、森林公园、自然保护区等的管理及服务设施）等。

（6）农业农村发展区

农业农村发展区对应的国土用途主要有耕地、园地、林地、牧草地、村庄建设用地（农村住宅用地、村庄公共服务设施用地、村庄工业物流用地、村庄基础设施用地、村庄其他建设用地）、设施农用地等农业生产生活用地。

（7）海洋利用与保留区

海洋利用与保留区对应的国土用途主要有渔业用海、工业与矿产能源用海、交通运输用海、旅游娱乐用海、特殊用海等。

（8）矿产与能源发展区

矿产与能源发展区对应的国土用途主要有区域公用设施用地（区域性能源设施）、采矿盐田用地等。

五、数据库与信息化管理平台

（一）总体架构

国土空间基础信息平台建设应整合各部门空间性规划成果、全域数字现状等信息资源，实现横向部门协同、纵向信息联动。

横向部门协同：应依据政务信息化工程相关规划，与其他系统充分对接，确保信息共享和功能交互。

纵向信息联动：建立贯穿国家、省市、县级的国土空间基础信息平台的信息交换体系，利用多级数据交换中心实现信息传输存储和监控，形成上下互通的业务协同网络。

（二）设计思路

按照"以数据为核心、以集成为重点、以共享为前提、以应用为目标、以服务为宗旨"的设计思路，以国土空间规划总技术路径为主线、以国土空间规划各项成果为基础，坚持标准化、便捷化、精准化和协同化原则，把握"规划管理更直观、空间管控更精准、政务服务更高效"的总体要求，建设集规划分析、智能评价、规划编制、规划管理、规划应用等功能于一体的国土空间基础信息平台。通过信息平台的统一衔接、管控作用，建立健全空间规划体系，有力支撑提升国土空间治理能力和效率，推进国家生态文明建设，提升城市治理能力现代化水平，最终实现智慧化管理。

（三）数据库建设

1.建设目的

数据库是信息平台的内容支撑，信息平台的使用要以数据库的调用为前提。因此，数据库的建设是搭建国土空间基础信息的一项基础性工作，也是核心工作，是联结国土空间规划成果与信息平台的纽带。

2.建库流程

（1）标准规范体系建设

标准规范是信息平台建设和应用的重要依据，国土空间基础信息平台建设涉及的内容众多，各专业所依据的编制标准互不一致，为了保证项目顺利实施及项目质量，满足业务管理的实际需求，依据国家、省市有关规章及行业标准规范，根据项目的特点和具体实施要求，制定适用的、开放的、先进的标准化体系，包括《国土空间规划编制成果数据建库规范》等数据建库规范，建立《国土空间规划共享交换管理规定》《国土空间基础信息数据服务接口规范》等数据共享服务规范，建立《国土空间基础信息平台运行管理办法》等运行管理机制和管理办法。

（2）数据库建设

国土空间基础信息数据库的建设包括资料收集、数据转换、数据编辑、数据质检、数据入库。

（3）数据库内容

国土空间基础信息数据主要包括4大方面内容：现状数据、规划数据、管理数据、社会经济数据。

（四）平台功能建设

结合国土空间规划对信息平台的功能需求分析，平台建设主要包括6大系统，即数据管理系统、智能评价系统、规划编制系统、规划管理系统、规划应用系统及监测监管系统。

1.数据管理系统

实现对以土地利用现状、矿产资源现状地理国情普查、基础地质为主的空间现状数据，以国土空间规划、详细规划、专项规划为主的空间规划数据，以土地审批、土地供应等空间开发管理为主的空间管理数据，以人口、宏观经济等为主的社会经济数据的实时管理与更新。

2.智能评价系统

利用信息平台，实现智能生成"双评价"结果，展示各评价条件下的数据图形以及最终评价结果。同时，对国土空间规划的编制过程提供智能化辅助服务，提高规划编制的效率，增强规划的科学性。

3.规划编制系统

展示从工作底图的绘制到最终形成本规划和"一张蓝图"，各阶段国土空间规划编制成果图层。

4.规划管理系统

对规划实施到修订、评估各阶段进行在线管理，利用平台实现国土空间规划各阶段流程控制，保障规划的顺利实施。

5.规划应用系统

利用平台，实现项目合规检测、辅助选址、项目管理、并联审批等应用功能，提高政府服务效率，同时延伸到移动服务、数字城市，最终实现智慧城市的建设功能。

6.监测监管系统

重点是利用卫星遥感、无人机等技术手段对基础地理、土地、矿产、地质等国土空间资源进行实时监察、动态比对、目标跟踪和监测预警。

第五章 国土空间规划的编制

第一节 各级国土空间规划的编制

一、国家级国土空间规划的编制

国家级国土空间规划应当以贯彻国家重大战略和落实大政方针为目标，提出较长时间内全国国土空间开发的战略目标和重点区域规划，制定和分解规划的约束性指标，确定国土空间开发利用整治保护的重点地区和重大工程，提出空间开发的政策指南和空间治理的总体原则。

（一）国土空间总体规划编制

2019年8月，中央财经委会议强调"落实主体功能区战略，完善空间治理，形成优势互补、高质量发展的区域经济布局"，再一次指明了主体功能区战略在国土空间治理体系中的重要地位。自国土空间规划编制以来，如何在国土空间总体规划中落实主体功能区战略，在空间治理体系中发挥其战略指引和基础制度作用，成为编制工作的难点。在空间治理的视角下，主体功能区是中央意志的具体表现，省级国土空间总体规划应当结合本省发展实际和地域差异对这份"意志"进行细化传导。随着国土空间总体规划的纵向延伸，逐层细化落实主体功能区将成为构建空间治理体系的关键举措。

（二）国土空间详细规划编制

目前，国土空间规划体系已经步入改革后的实施阶段，详细规划的编制已经提上日程。作为详细规划的主体，控规在空间治理视角下的核心还是管控，是地方层面精细化治理国土空间的核心工具。在谋求高质量发展的今天，在政府、市场、社会等多元主体利益趋同的情况下，控规注定会由原来"规划—建设"的单一逻辑转变成为"规划—载体—实施—反馈"的循环逻辑。也就是说，控规作为新时代精细化管理国土空间的工具，首先要以空间为载体进行有效落实，其次要指导并且规范实施行为，最后还要能够建立反馈机制反作用于规划编制。因此，控规需要进行自我完善和适应性变化，以解决原来编制形式化、指标不科学和覆盖有偏颇等一系列问题。根据空间治理体系和总体规划编制的要求，详细规划在编制前，应该做好以下两个方面的准备：

1.构建国土空间治理体系的空间载体——全域管控单元

自古以来，划分空间单元就是空间管理的重要手段，在我国城镇方面有闾里制、里坊制、街巷制等单元管控制度，在农业方面有井田制、授田制等。从满足基本需求的空间管理到追求物质生活的空间管控，再到追求高质量生活的空间治理，不同空间发展阶段应该有不同空间需求的单元管控模式。

随着主体功能区制度和用途管制制度的不断深化与完善，国土空间规划明确对国土空间全域、全要素进行管控，因此详细规划首先要能够覆盖国土空间全域，需要在地方总体规划的基础上划定全域的空间管控单元。这是统筹好区域要素管控，推动开发保护制度落地的关键。

（1）划定生态管控单元

优先明确国土空间规划中生态极重要区（包括脆弱区和重要区）及自然保护地体系，兼顾生态环境部门的"三线一单"，根据文物保护、林地性质和水利保护等方面的空间管控要求划定生态单元。首先，划定优先保护型单元，主要用于保护重要的生态源地，维护自然保护地体系及重要的生态廊道等；其次，划定系统修复型单元，主要为区域内水土流失、土地沙化、石漠化、盐渍化及水草退化等需要修复的生态区域；最后，划定有序利用型单元，主要对区域内的山、水、林、田、湖、草、湿等自然资源要素进行利用。

（2）划定农业管控单元

优先明确国土空间规划中永久基本农田和永久基本农田储备区，统筹兼顾美丽乡村建设、高标准农田建设以及历史文化、地域文化、城镇发展、水土安全等方面的内容，结合农业农村部门相关政策分区的要求划定农业管控单元，包括优先保护型单元、整治提升型单元和备选功能型单元，保障粮食安全，兼顾城镇发展、基础设施和服务保障等相关要求，为经济社会发展预留空间。

（3）划定城镇管控单元

合理避让生态保护红线，尽量不占用或少占用永久基本农田，明确国土空间规划中城镇边界空间范围，基于增量开发、存量更新和存量建设等方面的要求，结合地方特征语境划定城镇管控单元。坚持集约节约、精明用地增长的原则，划定开发建设型单元、城镇更新型单元和预留功能型单元，全面提升城镇内部空间的治理能力，充分发挥政府、市场、社会等主体的治理作用。

2.刚弹结合，配置"指标表"和"政策包"

国土空间规划需要综合统筹区域和要素的关系，空间治理则需要对应空间分区进行科学合理的指标管控和政策投放。全域管控单元是承接主体功能区落地的空间载体，要对不同的地域、功能区和要素制定差别化的综合管控措施，根据国土空间规划统筹区域和要素的特点，综合对要素指标和区域政策进行配置。

（1）构建"政策+空间"的差异化空间政策分区

根据单元特点，在主体功能区细化传导的引领下，对不同的空间单元配置不同的空间政策，因地制宜、因时制宜地设置差异化政策分区。例如，在城镇空间单元中着重兼顾人口政策、产业政策和文化政策，在生态管控空间单元中注重生态补偿、转移支付和生态移民等相关政策，在农业管控空间单元中注重配置土地轮休以及退耕还林、退耕还水、退耕还草、退耕还湿等。

（2）构建"指标+要素"的全方位"指标表"和清单

根据国土空间要素特征和上位规划的要求，制定"指标表"和清单进行要素的管控，指标的设置要针对不同的管控单元。例如，生态管控单元的林、水、草等要素指标要注重增量和质量，城镇管控单元中的耕地等要素指标则要注重减量和质量；同时，要对生态空间中特别是多类别的自然保护地体系、多种管控要求的林地和多种类别的项目等进行清单管控。

（三）国土空间专项规划编制

国土空间规划作为空间治理的重要工具，每一类规划都有其不可替代的作用，"三类"规划中的专项规划也是国土空间治理不可或缺的一个重要环节。尽管机构改革明确了自然资源部门统领规划编制的职权，但在国土空间中一些特定的区域和要素仍然涉及众多的事权部门，这就需要以专项规划来补充和完善国土空间规划的有效传导机制。

首先，专项规划要与国土空间规划建立有效的传导反馈机制，对于主体功能区等特定区域，以及自然保护地、生态保护红线和林草耕等成体系、成系统的国土空间要素，需要建立全域覆盖的专项管控体系，要能够对上位规划的战略意图进行有效传导，衔接国土空间规划强制性管控的内容，避免专项规划与国土空间规划的脱节，有效反馈特定区域及要素内容上的诉求和问题。

其次，专项规划的编制也要遵从"以管定编"，要结合不同层级治理主体的诉求，管什么就编什么。例如，《自然资源部关于全面开展国土空间规划工作的通知》（自然资发〔2019〕87号）明确提出"城市开发边界内，城市结构性绿地、水体等开敞空间的控制范围和均衡分布要求"，也就是说将蓝绿体系作为一项系统性的审查要点，然而在国土空间规划中要系统、细致地研究蓝绿体系，就需要对该体系进行专项规划的研究。

二、省级国土空间规划编制

省级国土空间规划是从空间上落实国家发展战略和主体功能区战略的重要载体，是对一定时期内省域空间发展保护格局的统筹部署，是促进本地区城镇化健康发展和城乡区域协调发展的重要手段，是规范省域内各项开发建设活动秩序、实施国土空间用途管制和编制市县等下层次国土空间规划的基本依据。

（一）对省级国土空间规划基本特性的认识

1.战略性：对重大战略作出空间响应

对国家重大战略作出空间响应是省级国土空间规划的战略性任务。从区域发展层面来看，省级国土空间规划需要对主体功能区、区域协调等国家重大战略作出空间响应，发挥好空间规划在空间开发保护方面的基础和平台功能，为国家、省确定的重大战略任务落地实施提供空间保障。同时，省级国土空间规划要成为引领生产生活生态空间科学布局，推动高质量发展和高品质生活，建设美好家园的重要手段，必须将重大战略具体化为空间治理措施。具体而言，省级国土空间规划重点需要对以下3个方面的重大战略作出空间响应：

（1）贯彻新发展理念，落实国家赋予省的重大区域战略及主体功能定位，落实省委省政府战略决策部署，制定省级国土空间规划战略目标；

（2）实现省级自然资源主管部门"两统一"的职责要求；

（3）以科学有效的空间治理措施促进国家治理体系和治理能力现代化。

2.综合性：统筹省域全要素空间治理

省级国土空间规划是对省域范围内国土空间的保护、开发、利用、修复作出的总体部署与统筹安排。从国土空间规划的功能层面来看，省级国土空间规划需要从以下4个方面加强要素综合统筹：

（1）保护类要素的底线刚性管控。对于承担生态安全、粮食安全及资源安全等地域空间进行严格管控，在省级国土空间规划中划定生态保护红线、永久基本农田保护线边界，明确管制规则。

（2）发展类要素的空间供给保障。优化城镇发展空间、农业农村发展空间、海洋发展空间布局，统筹用地用海用林规模，对于区域性重大交通、重点发展平台、重大产业项目、国家重要科技基础设施和重点民生工程的用地用海需求予以优先保障。

（3）低效、受损性要素的整治与修复。在省级国土空间规划中需要明确批而未用、闲置用地等存量土地及旧城、旧厂、旧村等低效空间进行整治、改造的分类处理措施及规模，明确区域性"大山大河"受损需要生态修复的范围、名录及城市内部"小修小补"的空间原则。

（4）各类要素的利用和管理规则。通过建立全域全类型国土空间用途管制制度，明确各类空间管制要求，实现国土空间节约科学规划管理与集约利用。

3.协调性：统筹多层面价值空间需求

国土空间规划应实现宏观和微观、整体和局部等国土空间及资源管理的全面统筹，统筹和综合平衡多层面的空间需求是国土空间规划的协调性任务。就省级国土空间规划而言，重点需要协调好3个层次的空间诉求：

（1）加强跨行政界线功能区的差异化空间引导，结合区域性的主导功能，分类明确空间布局指引及管控要求，并依托重大交通廊道、生态廊道、人文线性廊道等促进各功能区域间要素相互对流。

（2）综合平衡各专项领域的空间需求，包括重点产业发展平台、重大基础设施建设、公共服务设施建设、生态系统保护与修复、历史文化保护与利用等，提出合理的空间布局和管控导向，强化国土空间规划的基础保障作用。

（3）协调各城市发展空间诉求，基于"三调"和"双评价"结果，综合考虑各城市的资源禀赋、资源利用质量、人民生活保障等因素，统筹协调各城市国土空间的增量与存量。

4.约束性：有效传导国土空间管控要求

国土空间规划强调底线约束，包含了对规划内容进行结构化分层的任务要求，构建有效传导机制是省级国土空间规划约束性得以落地的基础保障。根据省级国土空间规划所处的层级，应在纵向和横向两个维度实现有效传导：

（1）在纵向落实国家重大战略及各类约束性、预期性指标，明确省级国土空间规划向市县国土空间规划传导的目标指标、空间布局、空间要素配套标准，分区分类管控要求等，为下层次国土空间规划的目标指标细化、各类控制线划定用途管制等规划内容提供依据。

（2）在横向制定需要细化的特定区域和专业领域等专项规划的编制清单，以编审要点及合规性审查机制保障规划横向传导。

（二）省级国土空间规划编制的思路

省级国土空间规划编制由省级自然资源主管部门会同相关部门开展具体编制工作。编制程序包括准备工作、专题研究、规划编制、规划多方案论证、规划公示、成果报批、规划公告等。规划成果论证完善后经同级人大常委会审批后报国务院审批，规划经批准后，应在一个月内向社会公示。

1.省级国土空间规划编制原则

（1）推动形成绿色发展方式和生活方式。解决好人与自然和谐共生，践行绿水青山蕴含的生态产品价值就是金山银山发展理念，优化国土空间开发布局，通过生活方式绿色革命，倒逼生产方式绿色转型，建设美丽中国。

（2）坚持以人民为中心。一切发展为人民，改善人居环境，提升国土空间品质，促进生产、生活、生态3大国土空间相协调，实现高质量发展。

（3）推动区域协调融合发展。落实国家区域协调发展战略，解决国土空间需求矛盾，加强陆海统筹，促进城乡融合，形成开发有序的国土空间发展格局。

（4）体现特色发展。立足省域实际，因地制宜，尊重客观规律，体现地方特色，走合理分工、优化发展的路子。

（5）实现共享共治发展。编制规划要加强社会协同和参与，听取公众意见，发挥专家作用，凝聚社会共识，实现共享共治。

2.省级国土空间规划编制基础准备

（1）数据基础

以三调成果数据为基础数据，以遥感影像、基础测绘和自然资源调查监测成果数据和资料为补充，收集整理与国土空间规划编制相关的专业数据和资料，利用大数据等手段分析收集的相关数据。

（2）政策理论准备

梳理主体功能区、区域协调发展等国家重大战略以及省级党委政府确定的本省发展战略要求，明确它们对国土空间的具体要求，将这些战略作为编制省级国土空间规划的重要依据。

（3）研究风险评估

基于"双重评价"（资源环境承载能力与土地空间开发适宜性）研究，识别省域内生态功能极其重要和极其脆弱区域，提出农业生产、城镇发展的承载规模和适宜空间。研判国土空间开发利用需求，识别在生态保护、自然资源、自然灾害、国土安全方面可能面临的风险。

3.省级国土空间规划编制内容

（1）目标战略

结合省域实际，明确省级国土空间发展的总体地位，确定国土空间开发保护目标，制定省级国土空间开发保护战略，推动形成主体功能约束有效、科学适度有序的国土空间布局体系。

（2）开发保护格局

落实国家确定的国家级主体功能区，完善和细化省级主体功能区。明确省域内生态屏障、生态廊道和生态系统保护格局，优先保护以自然保护地体系为主的生态空间。严格保护耕地和永久基本农田保护区，优化农业生产结构和农业空间布局，优化乡村空间布局。依据国家确定的建设用地规模，结合主体功能定位，确定省域内城镇体系的等级和规模结构、职能分工，构建大、中、小城市和小城镇协调发展的城市空间格局。将省级生态保护红线、永久性基本农田红线和城市发展红线划定为调整经济结构、规划产业发展、推进城镇化不可跨越的3条红线，将这3条空间管控边界成果在市县乡级国土空间规划中落地，解决历史遗留问题，协调解决划定矛盾。

（3）资源的保护与利用

山水林田湖草是一个生命共同体，统筹协调这些自然资源的保护和利用，确定自然资源利用上线和环境质量安全底线，统筹地上地下空间，以及其他对省域发展产生重要影响的资源开发利用。落实国家文化发展战略，系统建立历史文化保护体系，构建历史文化与自然景观资源网络，统一纳入省级国土空间规划，制定区域整体保护措施，延续历史文脉。

（4）生态修复与国土综合整治

落实国家确定的生态修复和国土综合整治的重点区域、重大工程，以国土空间开发保护格局为依据，以生态单元作为修复和整治范围，提出省域内修复和整治目标、重点区域、重大工程。

（5）区域协调

做好与相邻省份规划编制内容方面协商对接，确保省际协调，同时规划编制也要明确省域内重点地区的引导方向和协调机制，优化空间布局结构，促进经济发展区域协调。

（三）未来省级空间规划编制的思考与建议

省级空间规划是省级空间发展的纲领性文件，是指导省级各部门规划建设实施，指导市县空间规划编制的基本依据，是保证省级可持续发展的蓝图，为实现顶层设计、承上启下、资源统筹和管控有效，从重构空间规划体系、统筹央地利益、强化战略引领、整合技术路径和优化工作方法等方面，提出以下对未来省级空间规划编制的一些建议。

1.重构空间规划体系，实现真正意义上的"多规合一"

构建纵向层级传导、事权对应的空间规划体系。不同于此前各地"重多规融合""重图斑比对"的做法，省级空间规划应通过重构空间规划体系，在省级、市县级层面均以主体功能区规划为基础，统筹各类空间性规划，真正做到"一本规划、一张蓝图"。要整合省级各空间性规划核心内容，发挥顶层设计的龙头作用。以全国主体功能区规划、全国国土规划纲要为依据，以现行省级主体功能区规划为基础，形成省级空间规划，将现有的多个主要省级空间性规划整合为"一本规划"，整合统筹全省空间开发与保护。现行的省域城镇体系规划、全省土地利用总体规划等不再重复编制，其核心内容整合入省级空间规划，相关部门进一步在各自事权范围内细化落实相关空间政策。

2.统筹中央与地方利益，实现有效管控

按照一级政府、一级事权，在梳理横向省级各职能部门、纵向省级与市县政府事权的基础上，体现"保护权上收，发展权下放，从政策到空间，从宏观到中观传递过程，供给引导需求的供给侧结构性改革要求"等原则，对各级空间规划编制的核心、焦点内容进行设置，构建从宏观到微观，从统筹协调到具体布局的空间规划体系。省级空间规划应更多体现空间政策，重在明确空间政策，应更加强调区域和跨区域的协调要求。应更加强调保护，包括生态保护红线、基本农田红线和环境约束底线等保护性底线管控。落实主体功能的引导，形成空间资源配置的顶层设计。市县空间规划与事权对应，进行土地用途的规划，强化对上层次空间规划强制性内容的落实，应体现发展权下放的要求，更加强调发展的弹性设计与有效监管。在省、市、县（区）之间，要保证刚性约束的下导传递，确保中央、省级政府对市县的核心约束性指标真正落地。

3.强化战略引领，形成省级空间资源配置的中长期蓝图

（1）绘制空间发展战略中长期蓝图

在省级空间资源中长期配置中，战略目标和战略格局的引领是必不可少的视角。省级空间规划立足长远，是处理保护与发展均衡关系的重要基础。当前我国国民经济和社会发展规划的法定期限仅为5年，中长期视角的法定发展战略规划在整个规划体系中是缺失的。而空间发展战略对国土空间的开发与保护起着至关重要的统领作用，它决定着人口、产业、土地、资金、政策等各类要素在空间上的配置与集聚。重视中长期发展战略这一蓝图的绘制，通过科学判断地域空间发展战略，方能形成合理的空间资源配置总体方案。应将空间发展战略贯穿始终，兼顾区域协调发展和市县主体功能定位的要求，统筹各类空间开发布局，在全域范围内科学配置公共资源和生产要素。

（2）构建面向核心空间管控要求的统一指标体系

从过去"多规合一"的实践工作来看，从"两规合一""三规合一""四规融合"再到"多规合一"，都致力于解决既有各类空间性规划的冲突矛盾，旨在统一规划"目标""指标""坐标"。空间规划作为提升我国治理体系和治理能力现代化的重要组成部分，在生态文明建设的新时代，理应在面向全域自然资源管理，推进绿色发展社会主义核心价值观的指引下，形成能够有效管控、便于考核监督的统一指标体系。具体来看，建议未来的省级空间规划在梳理和整合原有各部门规划管控体系的基础上，整合主体功能区规划、城镇体系规划、国土空间规划、土地利用总体规划、林业总体规划等省级空间性规划中，各自针对空间管控的规划目标，基于指标管控效能划分指标属性，把握反映各部门核心管控要求的原则，构建具有针对性、可量化的省级空间规划统一指标体系，着重突出经

济社会发展、空间管控、生态环境保护、资源集约统筹等板块内容,尤其是涵盖开发强度、生态保护红线规模、基本农田红线规模、资源利用上限、地均产出等开发底线管控和空间效能管控要求的指标。

4.通过技术路径整合改变规划条块分割的局面

（1）将基础评价作为优化空间格局的重要技术方法

长期以来,各类空间性规划冲突打架的一个重要原因,是各自从部门自身的利益和价值观出发,不断扩大自身的部门事权①。新一轮的空间规划改革应当从技术路径上改变过去各类空间性规划条块分割、各自为政的局面,探索从整体到局部、从宏观到微观、从基础评价到空间管控布局的方法。国土空间资源的基础评价,是规划编制技术方法的基础和源头所在,需要统一多方认识,形成全域本底和现状的一张底图。而主体功能区战略、国土空间规划等探索提供了一种本底和客观的视角,即从每一寸国土的源头出发,通过系统地开展基础评价,结合地表现状分区,能够合理确定一定地域空间可以承载的资源开发、污染物排放量以及可以提供的生态系统服务功能,真正明确适宜城镇发展、农业生产和生态保护的单元地块、管控边界。通过基础评价,能够摆脱传统部门固有的视角,从较为客观的角度得到全域国土开发与保护的空间格局,确保将国土空间开发行为限制在资源环境承载能力之内。立足于新一轮机构改革,各类规划管理职能已实现进一步整合,以自然资源部成立为契机的空间规划实践,更应十分重视将基础评价作为优化空间格局的重要技术方法,并做到评价的客观性、适宜性和全面性。

（2）强化政策用途管制,划定空间综合管控分区

《中共中央 国务院关于加快推进生态文明建设的意见》提出明确要求,"健全用途管制制度,明确各类国土空间开发、利用、保护边界",这是推进生态文明建设的重要途径,也是对国土空间规划与管制的核心任务之一。在省域尺度,"一张蓝图"应该更多体现管控指引,明确分类分区的划定界限。以空间综合管控分区划定为蓝图,是省域空间规划可采纳的有效政策用途划定与管制方式,可成为省级综合规划和下位市县用地规划之间良好衔接的桥梁。

事实上,国际上不少国家和地区的宏观区域规划政策管理,也是采取划定综合管控分区的方式,统标准、划边界、定指标,直接指导衔接指导下位规划和用地布局的。例如,堪培拉空间规划的空间政策分区中,划定为城市发展区、发展储备地区、乡村地区、开放空间和交通廊道"四区一廊"5个类型;渥太华城市和乡村政策地区规划中,提出的政策性用地分区框架主要有生态地区、城市地区、未来城市储备地区、乡村地区及设施地区共5个类型;新加坡概念规划是覆盖全域的国土空间政策规划,其空间发展策略将国土

① 许景权,沈迟,胡天新,等.构建我国空间规划体系的总体思路和主要任务 [J].规划师,2017（2）:5-11.

划分为建设用地区、发展预留区、开敞区和交通廊道4类[①]。按照我国主体功能区规划的理念，划定城镇空间、农业空间和生态空间，提供了一种可能的视角。按照开发内容，全国主体功能区规划将我国国土空间分为城市化地区、农产品主产区和重点生态功能区3类，城市、农业、生态是最基本的国土空间类型。在省、市县层面，将全域国土划分为城镇、农业、生态3大空间，能够延伸与落实全国主体功能区战略理念，同时既涵盖了空间开发的功能类型，也符合空间综合管控的要求，可以作为编制省级空间规划，推进"多规合一"的基础和载体。这3类空间作为省级空间规划的综合功能管控分区，向下应与县（市、区）级空间规划有所对应。在下位规划中，要注重落实上位规划指标与管控边界要求，并将综合管控分区落到具体地块，对本地各类空间要素布局和用地方案进行细化安排。这些具体可以通过控制性详细规划、土地利用实施计划的方案等去完成。

（3）形成统一技术规程，解决部门规划之间的基础技术障碍

从规划打架的源头抓起，制定相关的基础技术标准，形成"省级空间规划技术规程"，从规划编制指引、用地差异处理、资源环境承载能力评价、开发强度测算、空间规划指标体系等诸多方面进行系统控制，从根本上解决省级各类空间性规划缺乏全域统筹、事权交叠、冲突打架的问题。在划定综合管控分区之后，要围绕各职能部门的核心管控要求，按照空间分类管控、开发强度管控、责任分级管控等管控的原则和方向，形成空间管控共识。

5.采用上下联动、统筹推进的工作方法

按照党的十八届五中全会关于构建以市县级行政区为单元，建立由空间规划、用途管制、领导干部自然资源资产离任审计、差异化绩效考核等构成的空间治理体系的要求，编制省级空间规划，应以市县级行政区为单元，按照"自下而上"和"自上而下"相结合的原则，科学设计空间规划上下层级叠合路径和方法，为构建统一衔接的空间规划体系奠定基础，推动实现"一张蓝图"好用、管用。市县空间规划是省级空间规划的重要基础，二者之间并不是单向的自上而下分解执行或自下而上拼合的关系，而是各有分工、各有侧重的统一整体。省级规划以县市为单元，县市根据发展实际，对省级下达的内容进行论证研究、校核和反馈。通过这种实实在在的上下联动，把省一级的宏观管理与市县的微观管控，省一级的统筹协调与市县的具体要求有机地结合起来，叠加形成省级空间开发与保护管制的总体"一张蓝图"。

省级空间规划工作，视角极其多元，技术探索较为复杂，对规划工作者深入理解体制机制改革、生态文明建设、国家治理体系和治理能力现代化，有着很大的帮助。本书在梳理省级各类空间规划过去探索的基础上，结合当前生态文明建设等新形势与新要求，提

① 杨玲.基于空间管制的"多规合一"控制线系统初探——关于县（市）域城乡全覆盖的空间管制分区的再思考 [J].城市发展研究，2016，23（2）：8-15.

出了新时代省级空间规划改革的方向及思路建议。在顶层设计方面，要整合现有各类规划核心内容，形成省级空间规划的龙头地位；要重构纵向层级分明、事权对应的空间规划体系。在分级管理方面，要统筹中央战略与地方诉求，明确各级空间规划职责内容，并采用上下联动、统筹编制的工作方法。在资源配置方面，要强化战略引领，形成省级空间资源配置的中长期蓝图；构建面向核心空间管控要求的统一指标体系，并强调立足生态文明、统筹自然资源综合管控，将基础评价作为优化空间格局的重要技术方法；同时，强化政策用途管制，划定空间综合管控分区，通过技术路径整合改变多规条块分割的局面。2018年3月，中共中央十九届三中全会通过《中共中央关于深化党和国家机构改革的决定》，在原有国土资源部的基础上推动组建自然资源部，统一行使全民所有自然资源资产所有者职责，统一行使所有国土空间用途管制和生态保护修复职责，并强化国土空间规划对各专项规划的指导约束作用，推进"多规合一"。此轮机构改革，标志着空间规划改革进入全新的阶段。本书提出对未来推进省级空间规划编制的一些思考和建议，以期为有效推进规划改革，建立健全国土空间开发保护制度，实现"多规合一"提供经验，为形成具有普遍意义的技术方法和理论体系积极贡献智慧。

三、市县国土空间规划编制

（一）市县级国土空间规划主要内容及成果

1.规划内容

国土空间规划是对国土资源的开发、利用、整治和保护所进行的综合性战略部署，是协调资源、环境、人口与经济之间的关系，促进国土空间格局优化的重要规划，在资源利用、生态建设、国土开发和宏观调控等方面起着积极的促进作用。国土空间规划以人民为中心、以生态保护为重任，市县级国土空间规划以全国国土空间规划纲要、省级国土空间规划纲要和市县级国民经济发展规划为依据，落实上层次规划的主要内容，同时予以反馈，形成有序的传导机制。提出了"六定"要求，来贯彻落实市县级国土空间规划。

（1）定图底

定图底有两方面内容，分别为以双评估及三调摸清底图和双评价摸清家底以及双评估三调摸清国土空间规划的底图，依据三调资料进行摸底，结合城乡规划和土地利用总体规划内容进行双评估，开展现状差异图斑对比分析，重点对"田、林、水、建设用地"等一级用地分类的差异冲突与原因进行分析。与三调资料进行对比，结合差异原因，按照合法性、合理性、合规性原则，提出相应的调整措施和建议，形成了国土空间规划的现状底图。结合"双评价"进一步分析国土空间规划的适宜性，摸清家底，从资源环境承载力评价和国土空间开发适宜性评价，资源环境承载力主要从水资源、生态敏感性、自然地理条件、环境影响评价等方面进行评价，国土空间开发适宜性主要从地质灾害情况、交通优越度、地形地貌分析等方面进行评价，最终结合权重，叠加求和，作为国土空间的开发利用与保护格局提供基础和依据。规划底图和家底有一定的区别，底图是各类要素的分布状况，而家底是对其可适用程度进行分析，两者既有共性也有区别，可以相互之间进行补充协调，形成最终的国土空间规划图底。

（2）定战略

建立战略定位—目标—指标传导路径。战略定位是一个城市发展的关键所在，也是一定时期内城市发展的重要方向。因此，确定城市战略应从国家—区域—省市各层面进行分析，落实国家宏观政策，明确区域赋予城市任务，城市现状性质及针对市县国土空间开发保护存在的重大问题以及面临的形势，结合自然资源禀赋和经济社会发展阶段，制定市县国土空间开发和保护的功能定位、发展战略。落实两个一百年的发展目标。从经济社会发展、资源环境约束、国土空间保护、空间利用效率、生态整治修复等方面提出2025年、2035年分阶段规划目标和约束性、预期性指标，并将主要指标分解到乡镇（片区）。同时，与国民经济和社会发展规划做好衔接，重要指标展望至2050年。以库尔勒市为例，战略使命为立足全疆、服务全国、辐射丝绸之路经济带沿线国家的综合交通枢纽，国家重要的能源化工储备、加工和交易基地，承接中东部产业转移的先进制造业基地，全国重要的生态服务和丝路文化承载区。战略定位为：丝绸之路经济带核心区重要承载区，现代产业发展新高地，丝绸之路上的人居典范城市。总体目标为：以产业促发展，以发展保稳定。同时，结合战略定位，提出了相应的管控指标体系。

（3）定布局

深刻认识自然禀赋和历史文脉，构建美丽国土空间格局。定布局主要从空间格局和要素布局两个方面进行规划设计，空间格局分为区域协同发展和市县域空间结构及格局两个层次，要素布局主要分为自然资源与生态保护、农业农村发展与农用地、城镇发展和综合支撑体系4个层次。

（4）定规模

制定面向高质量发展的城市转型路径，规模驱动转向品质驱动，城市用地规模的控制应"因城施策、因地施策"，应以增量规划、存量规划和减量规划3方面进行统筹考虑。确定城市规模与划定城市开发边界同等重要，以人定地，加强人地挂钩政策的实施，避免空城现象。

（5）定设施

坚持以人民为中心，科学配置全域全要素空间资源设施布局，也是解决城市中存在的不平衡不充分问题的具体写照，城市规模影响城市设施的布局和规模，因此，如何建设以人民为中心的可持续宜居城市呢？应加强人口流动要素的寻求。以人口自由流动为契机，充分补充，加大投入人口流入地区的公共服务设施和基础设施，保证满足流动人口需求，而不能仅考虑户籍人口的需求，逐步突破户籍壁垒。加快人口自由流动政策的实施，以提高设施服务水平。设施布局原则上应以十五分钟生活圈、十分钟生活圈、五分钟生活圈进行合理布局，满足人民日常生活需求，同时加强公共服务设施、基础设施的配置。

（6）定形态

强化城市风貌管控，营造本地特色的城市形态。建设具有地方特色的城市风貌，避免千城一面，从本地特色出发，营造城市环境。强化城市空间管控，保护好自然生态环境，解决城市建多大的问题；通过城市空间形态与天际线规划，优化城市空间形态，解决城市建多高的问题；通过城市建筑特色导引，塑造城市特色风貌，彰显"山水、历史、文化"地方特色，塑造城市特色风貌，建设宜居宜人的文明城市。结合传统山水塑造城市形态，确定城市空间格局。结合城市空间结构和片区功能，合理控制视觉中心的位置和高度，构建高低错落的城市天际线景观。

2.规划成果

市县国土空间规划成果包括技术成果和报批成果。技术成果由文本（含管控规则）、图件、数据库（信息系统）和附件组成。附件是对文本、图件的补充解释，包括条文说明、专题研究、基础资料汇编以及会议纪要、部门意见、专家论证意见、公众参与记录、市民手册等。在技术成果基础上，按"明晰事权、权责对等"原则进行梳理、提炼，形成报批成果。最终形成"批"与"用"结合的成果体系。

（二）建立综合的管理平台

管理平台和督查检查相结合，管理平台是落实一张蓝图干到底的终极目标，管理平台的构建是通过在国土空间规划和详细规划两个层面共同作用来得以落实。作为国家空间规划体系的基础平台，以实现各类空间性规划的空间布局和空间要素信息的空间叠合与融合，以用途管制为基础信息平台，统筹城乡各类空间和资源要素，形成上下传导、分级管理的空间信息管理平台。

1.全要素管控，明确各级政府事权，划定用途管制分区

全要素管控可分为非建设用地和城市建设用地两类进行管控，非建设用地进行全要素管控，划定各类用途的管控范围，按照土地利用规划要求，进行详细划分。构建"国土空间规划—控制性详细规划"统筹城乡建设和山水林田湖草自然资源保护的多规合一空间规划体系。城市建设用地在信息平台构建中，应落实国土空间规划的土地使用，同时在编制全域控制性详细规划中将其城市建设用地落实于信息平台中，以便于上级部门对土地使用性质的监管。在全要素分级体系后，同时应对各级事权进行明示，各级政府在构建信息平台的过程中，重点监管属于自己事权的管控要素，其他区域可不予以细化。如省级层面信

息平台的构建中，对市县内仅需划定城市开发边界即可，不需对各市县的土地使用进行细化，可采用自下而上的方式予以落实，有效提高区域的监控管理能力。

2.以生态文明建设为基础，划定三区X线

规划提出以生态文明建设为基础，提升空间治理能力。国家发展改革委、国土资源部、环境保护部、住房和城乡建设部于2014年联合发布《关于开展市县"多规合一"试点工作的通知（发改规划〔2014〕1971号）》，明确提出空间规划要"划定城市开发边界、永久基本农田红线和生态保护红线，形成合理的城镇、农业、生态空间布局"，在之后的《省级空间规划试点方案》中明确要求以"三区三线"为载体，合理整合协调各部门空间管控手段，绘制形成空间规划底图。建议在三线中增加文物保护红线和矿产资源线。文物保护红线作为重要的管控区域，其文物保护线分为两个层面，一是位于城市非建设用地上，以陵墓、古迹等为主（如咸阳五陵园），对其进行严格保护，同时与文保部门共同划定文物保护范围和建设控制地带，对其区域进行严格管控，划定于生态空间内。在文物保护线范围内可适当开发建设，对文物进行保护，但必须明确建设规模和用途。二是位于城市建设用地内，一般为历史文化名城或文物建筑，应对其进行保护，结合与文保部门共同划定文物保护范围和建设控制地带。划定风貌协调区，对其周边区域建设进行严格管控，其历史文化管控要求在国土空间规划中予以明确。建议将历史文化名城保护纳入国土空间规划的专项规划中。在咸阳市城市总体规划中划定了三区四线，以保证历史文物古迹的安全性。矿产资源保护红线是主要针对资源型城市进行划定的一条重要管控线。矿产资源均位于非建设用地上，一般划定在生态空间内，矿产资源保护线应结合城市发展战略予以保护或开发，在划定后，应提出开发与保护的关系，同时对已开发建设的进行生态修复。文物保护红线、矿产资源保护红线对城市均有限定，不是每个城市所独有的，因此，作者认为应结合地方特色，来构建三区X线，以达到更好的保护要求，将其作为保障和维护国家重要资源与安全的底线。

第二节　国土空间规划编制的大数据应用方法

一、国土空间规划编制大数据应用的背景

2019年1月23日，中共中央在《关于建立国土空间规划体系并监督实施的若干意见》（下称《意见》）中指出，将土地利用规划、城乡规划、主体功能区规划等空间规划融合

为统一的国土空间规划。通过对现有研究的梳理，目前对于国土空间规划方法的研究还处于起步阶段，主要集中在对国土空间承载力评价和国土空间适宜性评价方法的探讨，对生态红线、基本农田保护线及城镇开发边界3类边界线的划定，且在国家、省级及区域层面重点对空间规划编制的思路进行探讨，在市县层面侧重规划编制的实证研究，但总体研究不足，尚未形成完整的国土空间规划编制方法体系。同时，现有研究更多利用统计、空间及调查等传统数据和归纳演绎、统计分析、空间分析等方法。

大数据出现之后，城市研究与规划实践迎来了"大数据应用"热潮，学者或规划师们聚焦于单个城市空间，对城市战略定位、城市空间边界界定、城市规模预测、城市空间结构分析、城市功能区划、城市土地利用等方面的城市规划编制大数据应用方法进行了大量探讨，但是随着自然资源部的成立和空间规划体系的改革，目前较少学者对大数据在国土空间规划编制体系中的支撑方法路径进行研究。有学者借助互联网人口迁徙和人口热力大数据，分别在宏观和微观两个尺度进行区域人口流动格局分析和城市存量建设用地潜力评估。研究发现，国土空间规划编制理念应从经验判断走向数据支持，其中人口活动大数据在宏观和微观场景中的实践应用有助于空间规划编制实现提升弹性、增强效率的目标。但是，该研究并未探讨人口活动大数据在国土空间规划其他方面的作用及多源大数据的应用方法。因此，本文重点探讨新时代国土空间规划大数据应用重点领域，并试图搭建具体规划编制环节中的大数据应用方法框架，以期为国土空间规划编制提供更为科学与全面的新方法或技术支撑。

二、大数据重点应用领域

从国土空间规划编制层级来看，可以分为国家、省、市县、乡镇4个层级，但这4个层级规划各有侧重，且规划编制内容也具有承接性。国家及省级空间规划更多为双评价基础上的3类空间划分及3类控制线的界定，市县与乡镇空间规划主要是在3类空间及管控线基础上的落实，更加侧重3类空间内部的规划与设计（包含各类专项规划）。在此过程中，国土资源承载力评价主要是测度各类自然资源为支撑自身功能运转和人类开发活动所能够达到的最大效用能力，侧重对自然资源自身属性的评估，通过采集土地、水资源、环境、生态、灾害等方面的基础数据和生物多样性维护、水土流失、土壤质地、光热条件、地形起伏度、地质灾害等反映自然资源承载能力的指标进行综合分析，较少涉及人类活动。然而，国土空间开发适宜性评价方面，传统方法主要通过对各类国土空间版块集中度、廊道重要性、区位条件等空间资源本身所适宜利用功能的潜力进行评估，但是对空间资源之上现已经发生的各类人类活动缺乏考虑，往往会导致诸如城市现状居民活动较多的公园绿地被划入禁止开发的生态红线以内，城郊人气极其缺乏的新城或产业园区被划在城镇开发边界以内。实际上，需要在进行国土空间规划适宜性评价时，一方面科学测度空间资源自身利用适宜性的同时，另一方面充分考虑现状社会经济活动对空间资源未来利用潜力的重要影响，通过采集人类活动位置、轨迹、情感意愿等大数据，建立包含活动强度、活动联系、活动偏好等社会经济活动适宜性指标体系，进而综合测度国土空间适宜性。

具体到生态、农业及城镇3大类国土空间的管控和规划，在国土空间开发适宜性评价基础上，需要利用自然资源开发不适宜性分析结果，划定生态红线和基本农田保护线。

同时，城镇开发边界的划定与人类社会经济活动密切相关，空间边界的扩张受人口规模增长、居民活动范围扩大、企业生产集群布局、基础或公服设施建设等多种因子的时空影响，需要统筹考虑城镇空间形态与人类时空活动之间的关系。关于生态、农业及城镇空间的具体规划，需要改变传统仅关注物质空间本身形态的经验式规划布局，重视人类时空活动对空间的影响分析，利用大数据从活动强度、活动联系及活动偏好等方面对社会经济活动特征及规律进行测度，进而更科学地指导3类空间的具体空间结构优化，功能分区及用地布局。此外，国土空间规划编制要求还包括国土空间管制、国土空间生态修复及各类专项规划等内容。但是，空间管制与生态修复强调对空间用途的强制性管理、工程性修复措施引导，倾向于管理制度与措施制定，较少涉及规划编制新技术的创新。

三、国土空间适宜性评价大数据应用方法框架

根据《双评价指南》，按照空间类型划分，国土空间开发适宜性评价主要包含了生态、农业及城镇3类空间的适宜性评价。对于生态空间适宜性评价：一方面，通过采集斑块矢量数据，利用生态景观指数等方法对生态斑块的集中度进行测算；另一方面利用生态安全评价等级数据，结合距离成本阻力分析等方法分析生态廊道的重要性，进而叠合评估生态空间的适宜性。对于农业空间适宜性评价，更多侧重对其地块连片度的分析，主要利用农业斑块矢量数据和生态景观指数等方法进行测算。对于城镇空间适宜性评价，主要包括城镇斑块集中度和城镇综合优势度的测量。前者可以通过采集城镇斑块矢量数据，利用城市形态指数等方法进行分析。区别于现有研究重点关注区位条件与交通路网密度两方面的物质空间优势，后者则应该是多维度的综合优势，既包含城镇物质空间优势，还包含城镇活动空间优势，进而降低因城镇物质空间与活动空间现状不匹配而对综合优势度测算精确性造成的影响。例如，很多城市的新城区建设较好，却人气不足，这类空间并不能被认为是综合优势度较好的区域。

（一）城镇物质空间优势测度

实际上，影响城镇物质空间发展优势的不仅仅包括区位条件和路网密度，产业布局、公服设施布局及共享性也是重要因素，是吸引未来城镇空间扩张和人口迁移的主要驱动力。关于具体计算方法，区位条件主要利用至中心城区、交通干线、交通枢纽的距离等

可达性数据和可达性分析方法进行测度；交通路网密度主要利用线密度分析方法对城镇路网矢量数据进行分析；产业布局可以采集各类企业POI（Point of Interest，兴趣点）大数据，利用核密度分析、强度公式等方法测算单个地块产业布局强度；公服设施布局的测度方法与产业布局测度方法类似，但公服设施共享性不但需要考虑设施布局的数量及密度对居民的辐射能力，还需要考虑设施服务的类型差异程度和服务质量对居民的吸引能力，主要通过采集公服设施POI和居民网络评论数据（如大众点评网上居民对学校、医院等公服设施的评价及打分），利用核密度分析、差异度分析、引力模型等方法进行设施共享性的测度，这也是测度城镇空间连片发展潜力的重要指标。

（二）城镇活动空间优势测度

按照活动的主体划分，城镇活动主要包括人口（居民）活动、产业（企业）活动及公共服务（政府）活动。按照活动维度划分，可以分为活动分布和活动联系两大类。城镇活动空间优势测度可以包含两个方面的指标：一是活动分布方面，主要包括人口活力，某地块人口活力越高，一定程度上代表该地块适合进行城镇开发的优势越明显；二是活动联系方面，主要包括人口活动联系和产业活动联系，某两个地块人口或产业活动联系越紧密，则这两个地块连片开发建设的优势越明显。具体来讲，人口活动分布可以利用手机、互联网等手段采集居民活动位置大数据，结合核密度分析等方法对其进行测度；人口活动联系可以利用社会网络分析方法对居民活动轨迹大数据进行挖掘；产业活动联系主要通过采集产业企业POI大数据和企业股权大数据（如天眼查等企业信息网站），利用文本分析识别产业类型、产业业态与资本关联度，利用社会网络分析模拟产业之间的关系网络及网络中心性。

四、生态空间规划大数据应用方法框架

现有生态空间规划主要包括生态空间评价、生态空间结构规划及生态用地布局规划3大部分。生态空间评价是建立在生态空间承载力评价和适宜性评价基础之上的，因生态资源自身所具备的特有自然属性，现有评价更多是利用生态资源数据对其空间的服务能力和质量进行综合测度，总体不涉及人类活动，并进一步为生态空间的结构规划和用地布局提供基础支撑。然而，生态空间结构状态和生态用地分布，不仅仅是生态资源本身的基础及发展变化，还是受人类活动影响后的结果，生态空间规划的好坏在某种程度上反映的是人类对生态资源保护或利用的需求。因此，在具体规划过程中，需要重点考虑生态空间与人类活动变化之间的关系，综合判断各类生态资源的等级，合理优化生态廊道网络，精准识别生态用地类型，科学界定生态用地的规模。

（一）生态空间结构规划

一般来讲，空间结构规划主要包含对空间等级体系的确定和空间网络体系的构建。生态空间等级体系一方面取决于生态资源自身规模体量和服务功能重要性，另一方面还应受到生态资源空间上的人类活动状态的影响。理论上，生态资源规模体量越大生态服务功能越重要，且在其容量范围之内的人类活动活力越高，其资源的等级应该越高。反之亦然。因为这些生态资源既体现了高质量的生态功能，同时能够实际服务于更多的人类活动，如游憩、疗养等。其中，空间规模及重要性主要通过斑块矢量数据和生态空间适宜性评价中的生态资源重要性评价结果进行综合判别。区别于传统方法仅对活力从空间规模层面的判断，空间活力的测度还应包含时间维度的活力，这样才能反映生态资源的全时段实际利用状况。首先，需要建立生态资源活力评价指标体系，可以从活动规模（单位时间与空间内的活动人数占比）和活动时序变化（工作日与非工作日人数占比差、人数时序波动、活动持续度等）两方面进行构建；其次，采集居民活动位置大数据，利用因子分析、核密度分析等方法进行空间活力测度与可视化；最后，将空间活力与空间规模及重要性结合进行生态资源空间等级的判别。

生态空间网络规划方面，传统方法主要在空间内的河流、山地、草地、林地、风等自然生态资源分布基础上，根据人类生态功能服务需求与城市开发建设目标等，经验归纳式地确定空间内的生态廊道网络，通常以"屏—轴—环—楔—廊—心结合模式"等进行布局构建①。但是，生态系统与外界其他系统之间、生态系统内部子系统之间各组成要素连接的中介应该是生态过程中发生的能量、物质及有机体的流动，因此生态空间优化需要结合生态流来构建连通稳固的生态空间网络。学者一般从水流、风流、生物迁移等自然生态流方面来构建生态网络；缺乏对人类活动流（人文生态流）的模拟与分析。实际上，人类活动流与生态网络的匹配度是衡量生态资源连通性和服务能力的重要指标。因此，生态空间网络规划，一方面需要利用水、生物迁徙廊道、风等数据和情景分析、仿真模拟等方法分析构建自然生态流网络，另一方面通过获取人类活动轨迹大数据和社会网络分析方法分析构建人文生态流网络，进而综合确定生态空间网络体系。例如，虽然两个生态地块相对独立，但地块间人类活动联系较为紧密，则适宜通过对林木、草、河流等的增加种植或拓宽河道来连通这两个地块，进而确保生态空间流动体系的完整与畅通。

（二）生态用地布局规划

生态用地布局规划重点确定生态用地的类型与规模，规划师主要是在遥感图像解译

---

① 陈君.生态安全约束下的城乡生态格局优化方法：以海南省文昌市木兰湾地区概念规划为例.规划师，2018（7）：65-70.

基础上，结合城镇人口与开发建设需求，估算生态用地规模，优化生态用地具体类型与范围。实际上，通过遥感对生态用地现状的判别和解译还存在较大的不精确性，且无法反映未来生态用地具体的利用需求、扩展方向等。这就需要，在用地类型规划方面，一方面利用遥感数据和解译方法识别现状生态用地类型；另一方面，可以通过采集人类对生态空间的主观感知大数据（如游客在社交网站上上传的生态空间照片与评论数据、百度或谷歌街景数据等），利用图片分析、机器学习、文本分析等方法，识别图片中反映出的生态空间具体现状类型，同时提取居民对这些用地类型服务功能质量的评价及对其改造提升的意愿，结合城镇开发建设目标与需求，进而合理优化生态用地具体类型。

在用地规模方面，除了利用遥感数据识别生态用地现状规模与范围，还可以补充利用照片数据测度生态用地的比例（如通过构建绿视率等指标，可以测度单个照片内绿化用地的比例），进而对绿化用地现状规模与具体范围（特别是位于用地范围边缘地区）进行优化修正。同时，采集居民对生态用地评论大数据，利用文本分析方法提炼居民对于生态空间现状规模方面的评论及需求（如居民集中认为某公园绿地规模较小，则表征可能需要在未来的用地方案中适当增加绿地规模），为新增生态用地的布局提供支撑。

第六章 城市与乡村的规划发展研究

第一节 城市发展战略与城市空间布局

一、城市发展战略

（一）城市战略规划

城市是承载经济、社会、空间发展的巨型系统，城市发展受到自身发展基础、内外环境的深刻影响，在发展过程中也面对着许多不确定性的因素。因此，对城市空间进行规划，必须首先研究城市发展战略，理清对城市发展中许多重大的、战略性问题的认识，并作出科学合理的判断和选择。从国际情况看，研究城市发展战略并编制城市发展战略规划，是城市空间规划中的重要前置性内容。

城市战略规划本质上是对城市长期发展具有重大影响的要素的综合协调和安排，兼具了引领性、综合性、协同性和及时应变的特点，能够成为地方政府落实保护责任、服务国家战略、优化资源配置的综合平台，是弥合、链接法定空间规划体系与地方治理诉求的重要工具。战略规划是以战略性和空间性为中心，在多层次的宏观分析对比基础上，以城市发展目标、城市发展定位和规模、都市区空间结构模式、交通框架以及当地突出的产业和环境问题为重点，提出空间发展战略和结构方案，为城市政府提供发展的思路、策略、框架并作为城市总体规划编制的指导。

战略规划核心内容包括两个层面：一是城市的长期发展目标和包括社会经济等各方面在内的发展战略，以及城市空间发展方向和空间布局等宏观长远问题；二是与城市近中期发展密切相关的问题研究，包括近中期土地开发策略、城市重大基础设施布局等方面。总之，战略规划关注的是城市整体和长远发展的战略问题。

（二）城市发展战略研究的方法

1.内外发展环境分析

审视环境是考察城市未来发展前景的重要步骤，其目的是寻找、确认对城市未来至关重要的若干问题。我们可以综合选择自然地理分析、历史分析、物流分析等多层次、多角度分析的方法，通过历史发展趋势、对标比较分析、经济发展预测、公众参与调查等分析方式，锁定城市发展过程中的关键性问题。在识别出这些战略问题后，有必要进一步分析，对城市所涉及的每个战略问题作出更为精确的图景预测。这一分析主要根据两个部分完成：①外部分析，指出外部环境所带来的关键性风险和良机；②内部分析，列明所涉及的每项战略问题的组织实力和薄弱点。

也可以从"纵向""横向"两个方面来解读城市："纵向"是以城市的"过去—现在—未来"为轴向，解剖所研究城市历史演变与发展的过程，从中找出它的某些规律和影响它发展的条件，从而推测和预见它未来的发展方向和途径；"横向"是指"比较"，即与区域内其他城市、与国内国外同类城市之间的比较，以找出自身的问题与差距。基于城市科学是一门交叉性学科的特点，决定了在研究方法上必须采取综合分析的方法，或者说是在分析基础上的综合。

2.SWOT分析

SWOT分析法是从企业战略制定方法中借鉴而来，用以系统确认城市所面临的优势（Strength）和劣势（Weakness）、机会（Opportunity）和威胁（Threat），并据此提出应对战略的方法。SWOT分析提供了一个有效的整体视角以诊断城市发展是否健康，战略的制定必须着眼于城市自身资源禀赋与外部形势的良好契合。优势和劣势的分析一般是围绕着城市的内部环境，对区位条件、自然条件、社会历史条件、经济条件、城市建设条件等方面进行分析比较；而城市发展的机会和威胁则多是从城市的外部环境进行分析。这些分析既要深入，又要全面，要采用系统的方法和整体的思维，对城市发展的方方面面进行考察。

3.多情景预测

城市的发展面临着复杂且不确定的内外环境，不能简单套用纯粹、线性的增长规划范式，缺少不同情景的发展预案，将可能给城市带来不可逆的经济社会成本和巨大的风险。因此，战略研究需要对城市发展的多种情景进行系统讨论，通过对多方案的得失、利弊权衡来明确城市发展的关键策略，并提出可供备选的应对方案。

情景规划通过分析影响城市发展的主要不确定性因素及其可能状态，构建在综合要素状态下城市发展的可能情景，对不同情景进行结果模拟及比较分析，继而得出控制性（或引导性）的城市发展策略，为城市发展保留战略性空间；通过对发展时机的识别，选择相应的空间方案，为城市依据发展时机及发展环境的不同，在不同情景下转换发展战略提供可能。

4.战略包方法

"战略包"方法是在严密的研究流程下，将城市发展的战略选择分解为若干个独立的子战略，每个子战略都不是孤立的一条措施，它们代表了城市发展的几个重要节点或对象，相互之间可能产生交集。子战略是总战略所选择的战略包的组成部分，而每个子战略之下都包含了相应的措施、手段或具体形象特征，构成了针对子战略的战略包。"战略包"方法强化了各个战略的操作性和实现率，摒弃了"点子集锦"式的战略规划编制方法，有效地强化了各种创造性思维火花之间的内在逻辑关系，将其组织成为有力的工具，具有明确的事务导向型和清晰的目标。

（三）城市发展战略的制定

城市发展战略的制定是一个综合而复杂的过程，涉及政治、经济、社会、文化等多个领域。一个城市的发展战略不仅仅是为了解决当前问题，更是为了确保长远可持续的繁荣和可持续发展。在制定城市发展战略时，需要综合考虑各种因素，制定明确的目标和规划，以确保城市在不同层面都能够实现全面发展。

第一，政府层面在城市发展战略的制定中起着关键作用。政府需要通过广泛的参与和咨询，确保制定出的战略符合市民的期望和需求。政府还需要考虑国家或地区的政策方向，确保城市的发展与整体国家发展战略相一致。此外，政府还需要设立明确的责任和监管机制，以确保城市发展战略的有效实施。

第二，经济层面是城市发展战略制定的重要方面。城市发展需要有稳健的经济基础，因此在制定战略时需要考虑到产业结构的调整和经济增长的可持续性。促进创新、吸引投资、培养人才是经济方面的关键策略，确保城市在全球经济竞争中具备竞争力。

第三，社会层面也是城市发展战略制定的重要考虑因素。城市发展不仅仅是经济层面的问题，还需要关注社会公平、教育、医疗、文化等方面的发展。社会层面的战略需要关注城市居民的福祉和生活质量，通过建设更好的社会基础设施和提供更多的社会服务来实现社会公平和可持续发展。

第四，文化层面也是城市发展战略制定的重要组成部分。城市文化的繁荣是城市软实力的体现，通过保护和传承本地文化，同时吸纳和融合多元文化，可以增强城市的文化吸引力，推动城市的发展。

第五，在城市发展战略的整个制定过程中，公众参与也是至关重要的。市民对于城市发展有着直接的利益关系，他们的声音和建议应当被充分听取。通过公众参与，可以增强城市发展战略的合法性和可行性，确保战略制定更加全面和民主。

二、城市空间布局

（一）城市总体布局的模式

城市总体布局模式是对不同城市形态的概括表述，城市形态与城市的性质规模、地理环境、发展进程、产业特点等相互关联，具有空间上的整体性、特征上的传承性和时间上的连续性。一般来说，城市总体布局主要有以下两种模式。

1.集中式城市总体布局

集中式城市总体布局的主要特点是城市各项建设用地集中连片发展，就其道路网形式而言，可分为网络状、环状、环形放射状、混合状，以及沿江、沿海或沿主要交通干道带状发展等模式。

集中式布局的优点是：①布局紧凑，节约用地，节省建设投资；②容易低成本配套建设各项生活服务设施和基础设施；③居民工作、生活出行距离较短，城市氛围浓郁，交往需求易于满足。

集中式布局的缺点是：①城市用地功能分区不十分明显，工业区与生活居住区紧邻，如果处理不当，易造成环境污染；②城市用地大面积集中连片布置，不利于城市道路交通的组织，因为越往市中心，人口和经济密度越大，交通流量越大；③城市进一步发展，会出现"摊大饼"的现象，即城市居住区与工业区层层包围，城市用地连绵不断地向四周扩展，城市总体布局可能陷入混乱。

2.分散式城市总体布局

分散式城市总体布局的主要特点是城市分为若干相对独立的组团，组团之间大多被河流、山川等自然地形、矿藏资源或对外交通系统分隔，组团间一般都有便捷的交通联系。这种发展形态是受到城市用地条件限制而产生的。

分散式布局的优点是：①布局灵活，城市用地发展和城市容量具有弹性，容易处理好近期与远期的关系；②接近自然，环境优美；③各城市物质要素的布局关系井然有序，疏而有致。

分散式布局的缺点是：①城市用地分散，浪费土地；②各城区不易统一配套建设基础设施，分开建设成本较高；③如果每个城区的规模达不到一个最低要求，城市氛围就不浓郁；④跨区工作和生活出行成本高，居民联系不便。

城市布局形式是在多种因素的共同作用下形成的，是随着生产力的发展、城市性质的演进、城市规模的扩张、城市发展阶段的演变而不断发展变化的。一般来说，中小城市总体布局模式以向心集中型为主，总体上趋于单中心、紧凑的空间结构；而大城市、特大城市更倾向于多中心、分散式总体布局模式，从而形成"中心城区+卫星城"的大都市区结构。

（二）城市空间布局的原则和内容

1.城市空间布局的原则

（1）点面结合，统筹安排城乡空间。要注重区域协调，把城市视为一个点，而将其所在的区域或更大的范围视为一个面，点面结合，分析研究城市在地区国民经济发展中的地位和作用。如此，城市与乡村、工业与农业、市区与郊区才能得到统筹考虑、全面安排。

（2）功能协调，统筹城市各类用地布局。城市中的用地类型众多，各自有着不同的区位偏好要求，但相互之间又会产生影响。要合理布置好对城市发展极其重要但又可能对城市生活、空间结构产生重大影响的各类产业用地，特别是工业用地的布局。统筹协调产业空间、居住空间、交通运输、公共绿地等用地之间的关系，根据具体实际，处理好空间功能分区与功能混合的关系。

（3）兼顾新旧，统筹旧区改造与新区的发展需要。新区与旧区要实现共融、协调发展、相辅相成，使新区为转移旧区某些不合适的功能提供可能，为调整、充实和完善旧区功能和结构创造条件。随着中国城镇化阶段的发展及国土资源空间约束的趋紧，需要越来越关注存量空间的再利用和城市的更新，努力让城市中衰退的地区实现复兴。

（4）结构清晰，交通支撑有力且内外交通便捷。要合理划分、组织城市的功能分区，使功能明确、规模适当，避免将功能不兼容的用地混淆在一起，造成相互干扰。但也不要片面追求单纯的功能分区，要避免将功能区划分得过于单一，导致空间联系离散。通过多层次、多类型的交通网络有机联系城市各功能区，实现市内交通与对外交通差异有序、方便衔接。

（5）时序得当，留有发展余地。城市需要不断发展、更新、完善和提高，要注重城市用地功能组织及其发展的时序，在各个阶段都能互相衔接、配合协调。特别要合理确定近期建设方案，加强预见性，在布局中留有余地，空间上适当"留白"。在定向、定性上具有可调整性，在定量上具有可伸缩性，在空间定位上具有可变动性。

2.城市空间布局的内容

为了满足各项城市活动的需要，就必须有相应的不同功能的城市用地进行承载。各种城市用地之间，有的相互间有联系，有的相互间有依赖，有的相互间有干扰，有的相互间有矛盾。这就需要在城市总体布局中按照各类用地的功能要求以及相互之间的关系，加以统筹组织，使城市空间成为一个协调的有机整体。因此，城市总体布局任务的核心是城市用地的功能协调组织，主要包括以下方面：

（1）按居住区、居住小区等组成梯级布置，形成城市生活居住区。城市生活居住区的规划布置，应能最大限度地满足城市居民多方面和不同程度的生活需要。一般情况下，城市生活居住区由若干个居住区组成，根据城市居住区布局情况配置相应公共服务设施的内容和规模，满足合理的服务半径，形成不同级别的城市公共活动中心（包括市级、居住区级等中心），这种梯级组织能更好地满足城市居民的实际需求。城市居住区根据人口规模和服务半径的不同，又分为居住区、居住小区和居住组团等不同的层次结构。

（2）按居民工作、居住、游憩等活动的特点，形成城市的公共活动中心体系。城市公共活动中心通常是指城市主要公共建筑物分布最为集中的地段，是城市居民进行政治、经济、社会、文化等公共生活的中心，是城市居民活动十分频繁的地方。如何选择城市各类公共活动中心的位置，安排什么内容，以及如何合理规划，就成为城市总体布局的任务之一。这些公共活动中心包括社会政治公共活动中心、科技教育公共活动中心、商业服务公共活动中心、文化娱乐公共活动中心、体育公共活动中心等不同类型，在一个城市中根据实际情况，这些中心可以单独设置，也可以若干类型中心进行组合设置。

（3）按组群方式布置工业企业，形成城市工业集中区。工业是城市经济发展的重要内容，发展工业是推动城镇化进程、保持城市经济社会可持续发展的必要手段之一。由于工业用地的选址要求不一、占地普遍较多，而且具有不同程度的外部影响效应，因此，合理安排工业区与其他功能区之间的位置，处理好工业与居住、交通运输等各项用地之间的关系，是城市总体布局的重要任务。

由于现代化的工业组织形式和工业劳动组织的社会需要，无论是新城建设还是旧城改造，都力求将那些单独的、小型的、分散的工业企业按其性质、生产协作关系和管理系统，组织成综合性的生产联合体，或按组群分工相对集中地布置成工业区。工业区要协调好与水陆交通系统的配合，协调好工业区与居住区的方便联系，控制好工业区对居住区、商业区、休憩区等功能区及对整个城市的环境干扰。

（4）结合自然资源禀赋条件与城市各功能要素，有机组织蓝绿系统与休憩空间。绿地、水面等自然资源基底是改善城市环境、调节小气候、构成城市休憩游乐场所的重要因素，应把它们均衡分布在城市各功能组成要素之中，并尽可能与郊野大片绿地（或农田）相连接、与江河湖海水系相联系、与城市总体特色风貌景观塑造相结合，形成完整、有机的城市蓝绿空间体系。居民的休憩与游乐场所包括各种公共绿地、文化娱乐和体育设施等，应将它们合理地分散组织在城市中，以最大限度地方便居民日常利用。在城市总体布局中，既要考虑在市区（或居住区）内设置可供居民休憩与游乐的场所，也要考虑在市郊独立地段建立规模较大的休憩空间，以满足城市居民的短期（如节假日、双休日等）休憩与游乐活动需要。布置在市区的休憩空间一般以综合性公园等形式出现，而布置在市郊的则一般为森林公园、风景名胜区、休闲营地、大型游乐场等。近年来，城市近郊的一些"美丽乡村"也逐渐扮演了郊野休憩空间的角色。

（5）按交通需求和不同交通性质类型，统筹协调组织，形成城市交通系统。城市交通系统是一个由人、货、车、交通设施、配套环境等组成的相当复杂的动态大系统，是对城市经济社会活动、空间要素配置的重要支撑。在城市总体布局中，城市交通系统规划占有特别重要的地位，它必须与城市居住区、商业区、工业区等各类功能区的分布相关联，它的类型及等级划分又必须遵循现代交通运输对城市本身以及对交通系统的要求；此外，还要考虑与城市对外交通方式的有机衔接等。因此，它是一个非常复杂的系统协调工作。

第二节　中国式现代化背景下城市发展质量提升

改革开放以来，中国实现了全世界城市人口增速最快、建成区面积增长最多的城市化进程。当前，随着我国经济发展迈入建设中国式现代化新征程，我国城市发展需要从数量增长阶段转向质量提升阶段。

一、城市发展质量提升对中国式现代化的促进

（一）实现"人口规模巨大的现代化"的前提

当前，中国已经拥有了全世界规模最庞大的城市人口，随着城市化进程持续推进，未来在城市生活的人将会越来越多，满足城市居民对美好生活的向往，也就满足了中国绝大部分人对美好生活的向往，因此，实现人口规模巨大的现代化必然要求提升城市发展质量。不仅如此，实现人口规模巨大的现代化前提是我国经济发展总量迈向新的台阶，才能在"做大蛋糕"的基础上实现更优分配。城市发展可以带动一个国家经济总量的增加。提升城市发展质量，不仅是因为城市人口占比较高，城市在资源配置、改进效率、扩大内需等方面的作用可以促进我国经济总量进一步增加，有助于实现人口规模巨大的现代化。

（二）实现"全体人民共同富裕的现代化"的重要保障

实现全体人民共同富裕的现代化，需要通过多种措施缩小地区差距、城乡差距、收入分配差距。事实上，提升城市发展质量可以通过4个方面的机制解决上述差距，并为全体人民共同富裕的现代化提供保障。

第一，城市中经济集聚的本质特征促使劳动力与就业岗位匹配效率的提升。经济集聚会促进匹配效率的提升以及城市工资水平增长，特定产业的集聚会使得城市出现劳动力

池，用人单位选人用人的效率将会得到提高。因此，城市高质量发展可以促进更充分就业，保障城市居民基本收入。

第二，持续向城市流动的劳动力在城市中学习技能的机会多，认知能力及其他技能都会得到显著提升，从而能提高农民工的工资水平。

第三，解决城乡差距要促进更多的要素资源进入乡村，而城市发展不仅可以为乡村发展提供技术、人才以及资金等资源，城市对农产品、乡村旅游等庞大的需求也可以促进乡村振兴。例如，大都市周边的民宿经济、康养经济的兴起极大地带动了乡村的发展，有效地增加了农民的收入。

第四，城市中较高的财政收入可以为低收入人群的民生保障提供托底。城市中还有一些因为身体或其他原因无法通过正常就业获得收入的居民需要政府为其基本生活保障提供托底服务，城市的财力相比乡村而言更加雄厚，能够更好地为特殊群体提供民生保障。

（三）促进"物质文明和精神文明相协调的现代化"

提升城市发展质量可以推动物质文明建设是显而易见的，城市内基础设施建设以及各类产业的快速发展都会提升城市居民的收入水平以及物质生活水平。城市公共基础设施体系的逐渐完善为城市经济运行效率提升以及城市居民的美好生活提供了有力支撑。

社会主义精神文明建设包含文化建设与居民道德建设两个方面，良好的物质基础也会促进城市精神文明建设。从文化事业发展的角度来看，城市经济的发展有利于文化传承。例如，城市居民较高的收入使得城市居民在文化产业领域的消费较多，文化产业的繁荣发展有利于文化行业集聚更多的人才，也有利于兴建更多的文化场所；城市中的财政收入较多，这有利于拨付更多的资金对文物设施进行更好的修复保护；城市中文化艺术类院校较多，能够培养大量的文化领域的人才；等等。

从城市居民道德建设的角度来看，提升城市发展质量有助于建设现代化的社会治理体系，促进形成友善和谐的社会氛围。首先，城市中的物业管理规范的住宅小区、商业设施以及企事业单位的办公楼宇为建立健全网格化的管理体系提供了支撑，有效地弥补了城市中基层街道工作人员人手不足的缺陷。其次，城市中较大的人口密度为数字技术在社会治理中的应用提供了较丰富的场景，各类数字治理手段发展迅速，社会治理效率大大提高。近年来，各地城市相继推出各类政务App、通过互联网技术推动政务服务集成改革，大幅提升了城市运行的效率。最后，城市人口集聚的特征为城市治理提供了较丰富的人力资源保障。城市居民中有大量的各个领域的专业人才，可以为城市管理提供较专业的建议；城市中大量的退休人员也可以通过再就业的方式参与社区管理。

（四）实现"人与自然和谐共生的现代化"的重要支撑

由于城市经济的本质特征是各种要素积聚，城市中的生产生活方式往往意味着能源消耗多、碳排放量多以及污染物排放量多。例如，城市中巨大的机动车保有量与严重的拥堵带来了大量的污染物排放；城市中写字楼密集且工业比重高，对电力、燃气等能源消耗多。因此，坚持绿色发展理念提升城市发展质量，促使城市生活生产方式低碳化，对实现"人与自然和谐共生的现代化"具有极其重要的意义。习近平总书记指出，坚持不懈推动绿色低碳发展，要抓住产业结构调整这个关键，支持绿色技术创新。这就意味着，推动城市产业结构升级尤其是推动绿色技术创新是提升城市发展质量的主要抓手。

事实上，城市是"革新的中心地"与"发展机遇的环境"，有助于实现技术创新与产业结构升级。城市发展能够推动创新的原因在于：一是与创新有关的要素资源在城市大量集聚，人才、大学以及各类研究机构在城市集聚为创新活动提供了最基础的要素；二是城市具有驱动创新的基础条件，城市中发达的基础设施可以为创新活动开展提供便利的通勤、城市中的金融机构尤其是创投机构能够为创新活动提供资金支撑等；三是城市中有许多企业总部，能够有利于科技成果转化。诸多研究也表明，城市发展通过马歇尔外部性与雅各布斯外部性促进了产业集聚并促进了城市中的创业创新。较大的市场规模、较强的知识溢出效应与较低的中间投入品价格提升了城市的创新创业活跃度。正是因为城市是实现创新发展的空间集合体，所以需要通过提升城市发展质量为绿色技术创新提供支撑。

（五）有助于实现"走和平发展道路的现代化"

具有竞争力的国际型大城市基本上都是在全球经济活动中能够实行"双向开放"与"文化交流"功能的知名城市，这些城市不仅在国际商业活动中扮演着重要的角色，也在文化交流与国际事务合作方面扮演着重要的角色。提升城市发展质量有助于实现"走和平发展道路的现代化"，原因在于以下四点：

第一，在国际贸易方面，沿海的大城市由于其区位优势，往往成为进出口贸易的聚集地，能够承担国际贸易中心的职能。

第二，在吸引外资与对外投资方面，大城市由于经济发展基础好、金融产业发达，往往也成为外商直接投资的首选地以及国内跨国公司的聚集地。

第三，在承担跨国治理责任方面，大城市由于其国际知名度高，往往成为国际组织的办公地或重要多边磋商机制的承接地。

第四，在文化交流方面，我国诸多城市能够与国外城市结成友好城市，助力我国与其他国家之间的文化交流，为传递中国声音、讲好中国故事提供了渠道与桥梁。

二、中国式现代化背景下城市发展质量提升的目标

中国式现代化的首要任务是高质量发展，就是能够很好满足人民日益增长的美好生活需要的发展，是体现新发展理念的发展，是创新成为第一动力、协调成为内生特点、绿色成为普遍形态、开放成为必由之路、共享成为根本目的的发展。因此，提升城市发展质量意味着要让参与城市发展的每个人都能够具有获得感与幸福感。在推进中国式现代化的进程中，提升城市发展质量必须"以人民为中心"，不断满足城市居民对美好生活的向往，不断服务于中国经济发展的大局，不断优化产业结构、分配结构与空间结构，不断解决发展中遇到的问题与挑战。中国式现代化背景下提升城市发展质量应当包含以下5个方面的目标。

（一）城市应成为人才中心与创新高地

科技创新不仅可以提高全要素生产率，也可以拓展生产可能性边界，从而能够提高老百姓的收入水平。因此，坚持创新发展的理念就要求城市在发展过程中建成人才中心与创新高地。

将城市建设成为人才中心，应当表现为城市中人才数量多、人才级别高、人才产出效益高等多个方面。具体来看，在科学研究体系方面，要有一流高校与知名科研院所集聚并配备先进科学基础设施，在某些领域能够成为全球性的研究高地；在产业体系方面，能够聚集国内外一流的大型企业，这些企业可以引领国内外产业发展的潮流，并且能够承接高端科技成果的转化；在创新服务体系方面，要有服务于人才集聚的创新平台和机构，各类支撑科技创新的金融机构活跃；在公共资源配套上，要为高端人才提供更加完善的生活、教育、医疗等保障。

将城市建设为创新高地，除要建成人才中心外，关键还需要推动建立多层级的创新体系。城市中建立多层级的创新体系首先表现为在部分城市建成国家战略科技力量，经济发展水平高、科教资源优势明显的大城市，应当主动作为，承建国家实验室等一系列创新平台。各类城市还应当通过多种优惠政策完善技术创新市场导向机制，形成以企业为主体、以市场为导向、产学研用深度融合的技术创新体系。

（二）坚持协调发展，注重城市内部与城市之间的区域协调

坚持协调发展的理念提升城市发展质量，要求在城市发展过程中注重两个方面：一是城市中不同区域之间的协调发展；二是城市与城市之间的协调发展。

重视城市中不同区域的协调发展就是要不断解决城市内部不同区域之间发展不平衡的问题。一方面，城市发展过程中，由于主城区或老旧工业区拆迁重置成本较高，地方政府

往往热衷于建设新城区，长此以往，使得城市内部区域之间出现发展不平衡，旧城区往往基础设施、公共配套发展落后，中心城区人口不断外迁，甚至出现犯罪率高等问题；另一方面，城市新城区发展不够充分，以"开发区"建设为显著特征的城市空间扩张模式使得很多城市的新城区出现"有城无产"或"有产无城"的现象。接下来，应当通过"城市更新"与"产城融合"促进城市内部不同区域之间协调发展。

重视城市与城市之间的协调发展需要不断解决城市与城市之间发展不平衡的问题。城市与城市之间由于行政级别、交通条件以及发展基础的差异，往往会出现相邻城市经济发展水平存在巨大差距的现象，也存在大城市经济发展水平越来越高而中小城市逐渐衰败的现象。促进城市之间平衡发展的关键并不是城市之间同质化发展，而是要通过城市之间要素的合理流动促进相邻城市形成有机联系、分工合作的整体，提升城市群或都市圈的整体竞争力。

（三）积极推动绿色城市建设

坚持绿色发展理念提升城市发展质量，需要大力推进绿色城市建设。绿色城市首先表现为城市中的绿色环境建设，在城市建设时注重绿色空间营造、环境保护及生态修复等工作。从霍华德的田园城市理论提出至今，城市发展领域的专家学者对绿色城市的建设提出了诸多理论与政策建议。虽然这些理论与政策建议着眼的角度不同，但都体现了城市居民对"人与自然"和谐发展的追求。当前，我国城市中处处可见各类公园绿地，我国城市中的环境保护工作也迈上了新的台阶。为了满足城市居民对美好生活环境的要求，各大城市应该继续重视规划建设各类公园绿地，在做好环境监测治理的同时，将生物多样性作为下一阶段的工作目标，打造人与自然和谐统一的生态城市。

绿色城市建设还表现为在提高各项资源使用效率基础上的集约化发展，尤其是在能源使用效率上积极推动低碳城市建设。一要提升城市中土地使用效率，需要继续规范城市规划建设工作，尽可能提高城市土地使用强度，及时推动城市低效用地改造；二要提高城市中能源使用效率，这需要推动形成低碳环保的生活方式以及节能高效的生产方式。城市管理者可以构建针对城市居民生活行为的碳积分体系，鼓励城市居民选择绿色生活方式。在生产活动方面，要根据城市产业发展的实际情况要求企业进行低碳生产，并在招商引资过程中选择碳排放较少的企业在城市落户。

绿色城市还表现在城市中绿色产业较为发达。我们在坚持绿色发展理念的同时，要注重城市的经济发展，这就需要培育绿色产业，通过提升城市的创新能力吸引创新型绿色产业在城市集聚。例如，城市在发展过程中可以规划建设低碳产业园，着力打造新能源、低碳建筑材料等战略性新兴产业。

（四）坚持开放发展，建设高水平开放型城市

坚持高水平对外开放是贯彻新发展理念和推动高质量发展的必然要求，城市作为资金、人流与物流的聚集地，在推进高水平开放过程中应当担任"桥头堡"角色，建设成高水平开放型城市。

高水平开放型城市首先表现为城市中各种外向型经济指标较高。我国处于国际贸易体系中的节点城市进出口总额较高，这不仅是因为此类城市拥有对外开放口岸，而且全国其他城市的国际贸易也可以通过城市之间较发达的交通基础设施在该城市实现。因此，要继续加强基础设施建设，促进沿海沿边内陆城市联动、东西部城市双向开放发展。外向型经济指标较高还体现在对国际要素的吸引力方面，这就意味着高水平开放型城市应该成为外商直接投资的目的地、国际消费的目的地及国际人才的聚集地。

高水平开放型城市还应当是世界文化交流的中心。作为世界文化交流中心，首先要与世界各地知名城市缔结为友好城市，通过民间互访传递合作的意愿，通过多种文化交流活动促进世界各国人民增进了解。高水平开放型城市还应当成为推动世界跨国治理的中心城市，比如，可以成为国际组织的办公地、成为国际论坛的举办地等。

（五）坚持共享发展理念建设包容型城市

城市发展的成果应该由全体市民共享，这包含了城市中的公共服务共享、就业机会共享以及对困难群众托底。在人口快速城市化阶段，教育、医疗等公共资源的供给速度无法赶上人口城市化的速度，也就无法满足人民群众的需要。如果不能提供足够的公共服务，就会加大城市居民的生活压力，迫使其离开城市，导致出现城市空心化等新的问题。所以，坚持共享发展理念建设包容型城市，就要不断推进公共服务均等化，提高人民群众的获得感。

坚持共享发展理念需要推动就业机会共享，这就需要城市管理者不仅重视吸引高层次人才，也要增强对流动人口的吸引力，让愿意为城市建设作出贡献的人都能够在城市安居乐业。由于户籍制度改革比较缓慢，很多农业人口仅仅是进城务工从事非农工作，但因为没有取得城市户籍，无法获得当地与户籍相对应的福利，这就使得许多农业人口很难在迁入地定居下来，而是在务工结束后返回乡村。所以，推动就业机会共享要不断完善户籍制度并为外来务工人员提供稳定的居所。

城市发展过程中，难免会有因为疾病、先天身体条件或重大变故等原因引致的困难人群，坚持共享发展理念推动城市高质量发展，还要对低收入人群提供托底服务，尽可能实现人民群众病有所医、老有所养、弱有所扶的美好愿望。

三、中国式现代化背景下城市发展质量提升的路径

围绕城市发展质量的目标内涵以及提升城市发展质量面临的挑战，提升城市发展质量可以从以下3个方面着手。

（一）优化城市劳动力供给

1.提升人力资本水平挖掘劳动力红利

优化城市劳动力供给还需要通过多种措施挖掘劳动力红利。

（1）通过鼓励人工智能发展等措施挖掘劳动力红利。人工智能可以通过智能化的生产活动使得各行各业提高全要素生产率，从而减少所需要的劳动力并提升资本的收益率。接下来，应当借助人工智能等新技术普及的机遇，出台相应的鼓励政策，在不同行业推动"人工智能+"工程并形成成熟的应用场景，不断提升劳动力的工作效率，从而挖掘劳动力的红利，应对人口老龄化带来的劳动力紧缺等问题。

（2）促进教育服务供给，提升人力资本水平。应对青年劳动供给乏力的情况，需要通过教育提升人力资本水平，从而让城市发展享受"人才红利"。例如，可以提高高等教育入学率，让绝大多数人接受高等教育，可以有效提升人力资本水平，提高行业全要素生产率。

2.建设人才中心城市培育创新动能

坚持创新发展理念需要培育城市创新动能，这就需要建设若干人才中心城市。

（1）强化人才中心城市建设组织构架。在坚持"党管人才"的总基调下，各大城市均应当尽快成立落实人才强国战略的领导小组，由城市主要领导直接兼任负责人。

（2）各大城市应当针对城市中已有的知名研究机构出台专项扶持政策，在某个或某几个领域打造国际知名的科学研究高地，促进高端人才在强势学科再集聚。

（3）全力打造"地标产业"，通过多种方式扶持或吸引新兴产业的头部企业发展壮大，从而带动该行业的发展，进而提升对人才的承载力。

（4）充分发挥金融机构对创新产业的支撑作用，鼓励实体企业设立创投基金，以便充分利用龙头企业在产业链上的优势推动高层次人才科技创新。

（二）创新资金来源渠道

1.城市建设领域向市场开放

长期以来，城市建设领域都是以地方政府或国有城建平台为投资主体，除了民生大型基础设施领域，创新城市发展资金的来源需要向市场资金开放更多的投资领域。在城市发展过程中，以下3个方面可以优先考虑向市场资金开放：

（1）城市轨道交通建设领域可以吸引更多的市场资金，轨道交通由于其运营状况好，市场资金关注的分红可以用运营产生的现金流进行覆盖。

（2）基层医疗机构建设可以吸引更多市场资金。推动城市高质量发展需要完善的、多层次的医疗体系，随着我国进入深度老龄化社会，社区基层医疗机构将会成为社区养老的重要载体，社区医疗机构往往存在投资额度小且现金流稳定的特点，可以吸引更多的市场资金参与。

（3）鼓励社区养老中心吸引更多市场资金参与。老龄人居家养老需要公共活动空间，可以鼓励市场资金参与社区中心的投资与运营，一方面可以缓解养老资金的压力，另一方面还可以通过运营社区中心给老龄人提供丰富多彩的精神文化生活。

2.吸引市场资金，参与产业发展

为了吸引更多的产业落地，地方政府往往采取的是"补贴换产业"的做法，虽然具有一定的效果，但往往会面临短期内财政资金压力过大的情况，解决该问题需要吸引市场资金参与城市产业发展。各类城市可以借鉴发达国家的成功经验，通过鼓励设立产业投资基金的手段，利用政府资金作为基石投资人的杠杆作用，撬动更多的市场资金共同组成产业投资基金、创业投资基金等，将投资的决定权与收益权交给市场，促进城市产业集聚。

3.创新融资手段，盘活存量基础设施

经过多年的高速发展，我国城市建设中留存了大量优质的基础设施，这些基础设施占用了大量的城市发展基金，需要通过创新融资手段盘活基础设施，为城市发展筹集增量资金。发达经济体的经验表明，推动不动产信托基金是盘活存量基础设施、向市场募集更多城市发展资金的有效方式。新的发展阶段，我国将大力推动新型基础设施建设，诸如物联网、大数据中心、航空枢纽、城际轨道、新能源充电桩等多个领域的新型基础设施建设均可以通过不动产信托基金的发行筹集更多社会资金，减轻地方政府在城市发展资金方面的支出压力。

（三）优化土地供给

城市的发展需要资本投入，土地投入显然是最大的资本，提升城市的土地使用效率是推动城市高质量发展的必然选择。优化土地供给促进城市高质量发展有以下3个方面的政策建议。

1.推动"产城融合"，提高新区土地使用效率

推动产城融合，需要加强规划工作的整体性与延续性，需要坚持以产城融合的理念推动新城区的规划工作，要从以下3个方面着手：

（1）在规划理念上强调功能融合。在规划工作中要树立"一盘棋"思想，不能草率就开发区论开发区，要在综合考虑生活、生产及生态的基础上，统一编制规划，统一进行

开发建设。

（2）在规划上要充分发挥不同部门之间的协同作用。一般情况下，新城区的规划由自然资源部门进行编制，但今后需要经济发展相关部门以及企业主体共同参与规划的论证与编制。

（3）规划工作要根据产业发展的形势适时进行调整。在经济迈向高质量发展的过程中，产业结构会随着科学技术的进步而发生变化，在规划编制过程中要及时根据产业发展形势变化及时调整相应的规划，使其适应产业发展的规律。

2.通过都市圈建设，推动城市间协调发展

城市之间发展的不平衡是我国经济发展中的客观事实，都市圈建设可以促进一定地理范围内城市之间的良性互动发展。推动都市圈建设需要从以下方面展开：

（1）提升1.5小时通勤圈内土地面积与人口数量。根据国际经验，城市之间通勤时间不超过1.5小时则连接较为紧密，因此，1.5小时通勤圈范围内的土地面积、人口数量以及其他资源的总量决定了都市圈发展的基本条件。所以，要通过建设立体化交通体系缩短都市圈范围内城市之间的通勤时间，提升1.5小时通勤圈的区域范围。

（2）打造完善发达的三次产业分工体系。随着城市的发展，制造业等对于地租敏感的行业会转移到都市圈内的中小城市，中心城市向都市圈的其他城市提供高端科技创新资源以及金融服务，制造业与生产者服务业在都市圈范围内形成良好的互动关系。因此，需要通过政策手段进一步提高中心城市高端服务业的发展水平，从而更好地服务都市圈内制造业企业的发展。同时，还需要在都市圈建设规划中统筹产业布局，形成不同城市分工合作的局面。比如，可以通过在大城市周边的中小城市规划若干主题产业园的方式促进相关产业集聚。

第三节　乡村发展与乡村建设规划

一、乡村发展

（一）乡村发展的意义

乡村发展具有深远而重要的意义，其影响涵盖社会、经济、文化等多个层面。

首先，乡村发展有助于实现社会的全面进步。乡村是整个社会的基础，其发展直接关系到国家的整体进步。通过加强乡村基础设施建设、提升农村居民生活水平，可以缩小城乡差距，促进社会的整体均衡发展。

其次，乡村发展对经济增长有积极作用。农业是乡村的主要产业，通过提升农业生产效益、发展现代农业科技，不仅能够提高农民的收入水平，还能够为国家经济注入新的活力。此外，乡村发展还能够促进农村产业多元化，创造更多就业机会，推动乡村经济的多层次发展。

再次，乡村发展对保护和传承传统文化具有重要意义。乡村是传统文化的重要载体，通过保护和挖掘乡村的历史文化资源，可以促使这些传统文化得到有效传承。同时，乡村的文化特色也可以成为吸引游客的重要因素，推动乡村旅游业的发展。

最后，乡村发展对生态环境的保护具有关键性作用。相对于城市，乡村通常拥有更为丰富的自然资源和生态环境。通过合理规划和管理乡村发展，可以实现农业可持续发展，保护乡村的生态环境，为后代留下更为宜居的自然环境。

乡村发展对于社会、经济、文化以及生态环境的全面进步都具有不可忽视的重要意义。政府、社会和个人都应该共同努力，通过科学合理的发展策略，推动乡村发展，实现全面、可持续的社会进步。

（二）乡村发展的多维举措

乡村发展是中国现代化进程中不可忽视的重要组成部分，为了实现全面建设社会主义现代化国家的宏伟目标，必须采取多维举措促进乡村全面发展。在这一过程中，政府、社会组织和居民等各方应积极参与，形成合力，实现全面发展的目标。

第一，产业结构升级是乡村发展的基础。通过调整和优化农业产业结构，实现由传统农业向现代农业的转变，推动乡村经济的升级和提质增效。此外，发展乡村特色产业，推动乡村经济多元化发展，有助于提高农民收入水平，增强乡村的经济韧性。

第二，基础设施建设是支撑乡村发展的重要保障。在这方面，要注重农村交通、水利、电力、信息等基础设施的建设和完善，提高乡村的生产、生活和交往条件。特别是要加强农村道路建设，解决交通不便问题，确保农产品能够迅速、安全地运输到市场。

第三，教育和技术培训是乡村发展的人才支撑。加强乡村教育体系建设，提高农民的文化素质和科技水平，培养更多的乡村人才，为乡村发展提供智力支持。同时，通过技术培训，使农民更好地掌握现代农业技术，提高农业生产效益，实现农村经济的可持续发展。

第四，生态环境保护是乡村发展的重要保障。在乡村发展过程中，要注重生态文明建设，推动农业生产方式的绿色化，减少农业对环境的负面影响。加强农村环境治理，保护好农田、水源、森林等生态资源，为后代留下良好的生态环境。

二、乡村建设规划

（一）乡村建设规划的作用

"城市的发展决定了社会体系的发展，决定了国家经济的发展。在我国社会经济飞速发展的背景下，要加强空间规划与空间治理，提升土地资源的利用率。"[①]乡村规划是实现乡村振兴的重要指引，也是实施乡村振兴的第一步。乡村规划是统筹乡村资源环境保护与利用、做好乡村地区各项建设工作的先导和基础，是各项建设管理工作的基本依据，对改变农村落后面貌、加强农村地区生产和生活服务设施与公益事业等各项建设、统筹城乡发展、推进乡村振兴、构建社会主义和谐社会，都具有重大意义。乡村规划有利于理清乡村发展思路，明确乡村振兴各项任务优先次序，做到发展有遵循、建设有抓手；有利于统筹安排各类资源，集中力量、突出重点，加快补齐乡村发展短板；有利于通过科学设计和合理布局，优化乡村生产、生活、生态空间；有利于引导城镇基础设施和公共服务向乡村延伸，促进城乡融合发展。

在国土空间规划体系中，乡村规划的法定名称是"村庄规划"，属于最基层的单元，是对乡村地区的详细规划，是整合原村庄规划、村庄建设规划、乡村土地利用规划、土地整治规划等形成的"多规合一"的法定规划，是乡村地区开展国土空间开发保护活动、实施国土空间用途管制、核发乡村建设项目规划许可、进行各项建设等的法定依据。村庄规划可以以行政村为单元单独编制，也可以根据实际需要组织若干行政村连片编制。

（二）乡村建设规划的关注重点

1.关注新型城镇，构建新型城乡关系

新型城镇化的核心是人的城镇化，要更加关注城镇化的质量，既要让"进城进镇"的农业转移人口实现真正的市民化，享受无差别的城市待遇，又要让依旧在乡村地区的人群生活富足、安居乐业，共享现代化成果。因此，要在城乡统筹的理念下，深入研究城镇与乡村在产业结构、功能形态、空间景观和社会文化等方面的客观差异，建立城乡互动、协调发展的新型城乡关系，构建城乡特色互补、城乡一体化发展的新格局。同时，要不断加大社会公共资源向乡村倾斜的力度，通过城镇基础设施向乡村延伸、社会公共服务覆盖乡村等手段，逐步缩小城乡差距。

2.关注布局，明确乡村发展空间载体

村庄布局是乡村地区空间规划的核心任务，对于推进乡村地区集约节约建设、引导社

---

① 宋宁.面向国土空间规划的乡村空间治理机制与路径 [J].城市建设理论研究（电子版），2024（3）：29.

会公共资源配置和公共财政投向、促进城乡基本公共服务均等化、加快农业现代化进程等具有重要的现实意义。村庄布局是在新型城镇化战略和城乡空间布局原则的指导下，统筹考虑乡村地区自然地理条件、产业布局、基本农田保护、基础设施和公共服务设施配套、历史文化传统等因素，对自然村落的规模、职能和设施等进行的空间安排。需要说明的是，中国城镇化进程尚未进入稳定阶段，许多乡村发展还处于不确定、变动过程之中，因此，村庄布局规划应该由"终极蓝图式"转变为"动态发展式"，以使其根据实际变化更具适应性，进而有利于规划实施。

村庄按其地位和职能一般分为行政村、自然村两个层次。在村庄布局规划中，要对自然村进行一定的分类，从而实施不同的对策。一般可根据村庄人口变化、区位条件和发展趋势，将自然村区分为不同的类型：将现有规模较大的中心村，确定为集聚提升类村庄；将城市近郊区以及县城城关镇所在地的村庄，确定为城郊融合类村庄；将历史文化名村、传统村落、少数民族特色村寨、特色景观旅游名村等特色资源丰富的村庄，确定为特色保护类村庄；将位于生存条件恶劣、生态环境脆弱、自然灾害频发等地区的村庄，或因重大项目建设需要搬迁的村庄，以及人口流失特别严重的村庄，确定为搬迁撤并类村庄。对于看不准的村庄，可暂不做分类，留出足够的观察和论证时间。村庄规划要根据村庄发展的未来分类进行差异化施策、差异化建设，引导公共设施优先向集聚提升类、特色保护类、城郊融合类村庄配套。

3.关注产业，引导农民就地就近就业

乡村产业崛起、农业现代化发展是新型城镇化的基础，是农民就地就近就业、安居乐业的重要保障。乡村规划应当综合考虑城乡差异、经济社会发展状况和历史文化传承等因素，关注乡村产业发展对乡村地区"三生"空间的影响，为农业现代化、乡村旅游、传统手工业等的发展提供适宜的物质空间，引导农民就地就近就业。在农业现代化的大背景下，通过合理的"1+2+3"产业发展策略，引导乡村产业合理布局，包括农产品加工业以及由此带动的产前、产中和产后服务业。"1+2+3"乡村产业体系，既是第一产业向第二、第三产业的深化、对接，又是第二、第三产业对第一产业的反向渗透，是现代农业与现代工业、商贸业有机融合的必然要求。

4.关注设施，实现城乡均等化服务

推进城乡基本公共服务均等化发展，让更多的村民享受到与市民均等的公共服务，是城乡一体化建设的重要内容与目标。乡村公共服务设施配置应当坚持主要原则：一是以共建共享为目标，优先考虑城镇基础设施和公共服务向乡村地区的延伸与覆盖，促进城市文明向乡村辐射；二是从构建健康、稳定的社会发展环境出发，结合村庄功能和需求，合理布局和配置各类相关设施，做到规模适度、效率最优，避免过度建设；三是根据村庄的区位条件、产业特征、人口规模与经济发展等差异，分类提出基本公共服务设施配置内容和建设标准，满足不同村庄的使用需求。

5.关注规划，指导乡村发展建设

乡村规划的实施有别于一般的城镇规划，其实施主体较为多元，且自主性很强，若采用城镇规划"统规统建"的方式，则会导致规划内容机械、深度难以把握、不能体现乡土特色等问题，在规划落实上也会有一定的难度。基于乡村规划实施主体多元的特殊性，乡村规划应特别强调实际指导作用。实用性、可操作的乡村规划，应根据规划实施主体、实施方式和实施时序，形成"规划引导"和"建设指引"两个方面的内容，从而使得规划内容在深度上具有明显的层次差异：在宏观方面，对乡村的长远发展进行"规划引导"，同时也对村民自主建设的内容提出相关建议；在微观方面，针对乡村急需解决的问题，提出具体的做法作为"建设指引"，以保障规划实施的成效。

与其他国土空间规划类型有所区别的是，乡村规划是直接面向村民、村集体的实施性规划，内容要简化、直观、实用并以问题为导向，便于实施。乡村规划的编制成果要避免长篇累牍、晦涩难懂的文本和图纸表达形式，确保村民易懂、村委能用、乡镇好管。

第四节　新时代乡村生态美的建构

一、乡村自然生态美的建构

乡村自然生态美是乡村生态美的重要组成部分，由于我国在现代化进程中，曾经施行过粗放型经济增长模式，虽取得了巨大成就，但也对乡村环境造成了大面积破坏，所以，新时代对乡村自然生态美的建构有其迫切性。当前美丽乡村建设正如火如荼地展开，开展乡村自然生态美的建构正当其时。下面将结合相关的实践案例来探讨乡村自然生态美的建构。

（一）理念支撑，厚植乡村生态底色

新时代的乡村既是村容村貌优良的乡村，也是按照美的规律来建造的，处处蕴含人与自然和谐相处的乡村。

首先，乡村的山水林田等自然生态要素被视为村庄聚落的生态基底和基本框架。这些自然要素不仅构成了乡村风貌的基础，更是整个建设的核心所在。通过合理规划和布局，我们可以实现乡村生态系统的良性循环，既满足人们的生活需求，又保护了自然环境的完

整性。因此，乡村自然生态美的建构需要在保护和维护这些自然要素的基础上展开，确保其不受过度开发和破坏。

其次，新时代乡村建设要注重构建人与自然的和谐协调。这不仅仅体现在建筑风格上，更是在整个村庄的规划和发展中贯穿始终。通过引入生态农业、可再生能源等先进理念，可以实现农业生产与自然保护的有机结合，使得农业活动与自然环境之间相得益彰。同时，要注重乡村文化传承，使得传统文化与自然生态相互融合，形成独特的乡村风貌，让人们在自然中感受到历史的底蕴。

（二）综合治理，稳步推进乡村生态治理现代化

生态文明素养和生态治理意识是乡村生态治理现代化的重要基础，面对当下乡村自然环境的生态问题，要多方面、多层次，系统、稳步地推进乡村生态治理现代化。

首先，政府人员要树立生态政绩观，同时要注重联系实际、因地制宜，不能只管自己的区域，将当前乡村自然环境生态化治理活动覆盖到乡村发展的全过程，同时对于政府人员的考核要实施多方协同评价。

其次，注重现代科学技术在乡村自然环境生态化治理方面的运用，实现科技促绿、科技复绿。

最后，构建乡村自然环境生态治理共建共享制度，政府部门要搭建相应的平台，落实相关责任，明确政府主导作用和乡民主体地位，解决乡村自然环境生态化治理体制机制不健全的问题，同时让广大乡民参与乡村自然环境生态治理当中，推动乡村自然环境生态治理。

（三）活化要素，促使审美自由化

乡村自然生态美的建构其根本在于人与自然环境的关系，乡村自然生态美建构的要素：一是未经人类改造的自然要素；二是人类直接改造或直接创化的人化自然要素。乡村自然要素所构成的景观所具备的美的必然性是人化自然要素所构成的景观无法替代的，而乡村中人化自然要素构成的景观是按照乡民的审美意识所创造的，蕴含着自然美的同时，亦包含着艺术美。在当下乡村自然生态美的建构过程中要从节律感应性、动态平衡性和整体和谐性来活化乡村自然环境生态美的构成要素，把握自然生态美在乡村生态美的基础性地位，促进人与自然之间生态审美的自由或准自由化。

具体而言，在乡村自然生态美的建构中要活化乡村各类自然构成要素，发挥乡村自然景观的美；也要活化乡村各种人化自然要素，彰显乡村人化自然景观的美。在当下乡村具体建设实践中，自然要素和人化自然要素总是紧密结合，共同展现着乡村的自然生态美。

二、乡村社会生态美的建构

乡村作为构成社会的基础单元，是国家治理的基石。数千年的乡村生活以小农经济为主导、以农民为主体，在现代化近百年的乡村发展演进中，我国乡村社会生态有其特性，而新时代乡村社会生态美建构亦有其特性。

（一）守护乡村根脉，构建具有历史底蕴的乡村

随着时代的发展，浓郁的"乡愁"情结已经成为当代人心中难以割舍的情感纽带。在乡村社会生态美的建构中，这种情感在物质层面上表现为对过去的深厚向往。所谓"乡愁"，实际上是对过去常见的物品和景象的一种情感追溯，这些在时光推移中渐行渐远的事物，如今成为对曾经生活的怀念和向往的象征。传统器物与乡村现代化建设中基于需求和目标而创造的物品不同，承载着乡村历史与文化的沉淀，对其美的建构不仅使乡村呈现外在的形象美，更蕴含着一种超越功利的情感美。

在当前乡村社会生态美的建构过程中，理性而创造性地处理传统因素是至关重要的。保护整体古村落或保留村落中的传统元素，都是为了赋予乡村社会生态美以丰富的历史底蕴。这种历史底蕴不仅是对过去的敬畏，更是对传统文化的珍视。通过对古老村落的整体保护，可以将历史建筑、古老街巷等保存下来，让它们在新时代的乡村建设中发挥独特的作用。

在保留传统因素的同时，也需要注重其创造性的改造与融合。这并非简单地复制过去，而是在传承中进行创新，使传统与现代相互交融。通过合理融合现代科技与设计理念，让传统建筑在功能性、美学性上更好地适应当代乡村的需求，实现乡村社会生态美的双赢。

因此，乡村社会生态美的建构需要在传统因素的保护和创新融合之间取得平衡。只有在这样的平衡中，乡村才能在建设中既保有深刻的历史底蕴，又能适应现代社会的发展需求，从而真正实现乡村社会生态的可持续发展。

（二）坚守乡村本色，建构具有在地性的乡村

新时代乡村社会生态美建构过程中景观同质化的现象在乡村的建筑景观和人造自然景观中体现较为明显。我国乡村分布范围广，各地乡村自然环境、社会环境各异，每个乡村都有其地域性特色景观，而当下乡村建设中，若要使得其社会生态美呈现出地域性的特色，展开乡村社会生态建设时就要注意避免"千村一面"，突出在地性建设。

"在地"之"在"，不是抽象的概念表达，而是强调场地环境中真实的物质存在，是此时、此地、此境的乡村建设。同时，"在地性"也指一种具有导向性、独特性、开放

性的设计实施策略和方法。当下乡村建设突出在地性，就是要立足于当地实际。乡村是由人文、经济、资源与环境相互联系、相互作用构成的空间，乡村的地域性承载了乡村特定的历史，乡村的建筑景观和人造自然景观要素，通过符号化的方式，将其地域特性传达出来，使其具有较为明显的可辨识性的同时也使得乡村的社会生态美呈现出鲜明的在地性特点。

三、乡村精神生态美的建构

乡村精神生态美是乡村生态美的一个重要的组成部分，它的建构属于乡村的内在建设，是在为乡村"铸魂"，重要性不言而喻。

（一）夯实基础，重构乡土精神生态美

乡村精神生态美建构的基础薄弱，在乡村思想、精神文明建设队伍的数量和质量上，对于乡村精神生态美的建构要夯实基础，合理整合、重构乡土精神生态。

首先，培育农村村民的现代公民意识。现代公民意识的核心内容是国家民族意识、权利义务意识、主体参与意识、民主法治意识、自由平等意识、公平正义意识和文明道德意识。在当下乡村，社会主义核心价值观的弘扬和践行广泛而深入地展开，一方面是通过宣传横幅、墙体印刷、村干部入户宣传等，为社会主义核心价值观奠定了广泛的群众基础；另一方面是结合乡村自身文化遗产而展开，乡村在社会主义核心价值观的实现上做到了理论联系实际。

其次，充分发挥乡村文化治理社会基础性力量。乡村文化是维持乡村秩序不可或缺的内生动力。乡村自治作为一种维持乡村稳定的社会治理制度延续至今，作为乡村文化治理社会基础性力量而形成的乡贤文化是根植于中国传统村庄社会的一种文化现象，曾对社会的稳定、中华民族的传承起到了重要作用。在新时代乡村精神文明建设中，这一乡村文化治理社会基础性力量被称为"新乡贤"，他们心系乡土，有知识、财富、能力、声望、公益心，可能长居乡村，也可能是从乡村出去的精英，他们能在乡村建设上发挥重要作用。新时代的乡贤主要包括乡村的优秀基层干部、农村道德模范、农民身边好人等先进典型。当下乡村建设要充分发挥乡村文化治理社会基础性力量，为乡村人文环境生态美的建构提供现代的生机与活力。

最后，提高乡村文化生产力。在乡村思想、精神文明建设基础夯实的基础上，现代化的不断推进，乡村逐渐形成了以市场经济为导向的乡村文化治理结构，现代产业的运行对于乡村社区文化领域的发展及乡土公共性的重建具有极为重要的意义。对乡村文化生产力的提升，成为当下乡村精神生态建构的新方向。要依托乡村文化，推动乡村经济的发展。

（二）"活化"要素，建构意蕴深厚的乡村精神

第一，践行节律感应原则。对于生态宜居乡村的建设，在乡村公共空间的精神建构上，注重乡村公共空间中自然与人文的关联性建构，这就要求在当下美丽乡村建设中，对于乡村精神生态构成要素要注重"物"与"物"之间的节律感应，通过对乡村人文环境生态构成要素的内在生命力的激发，实现乡村生态活动的延续。当下乡村中的美食、服饰、工艺、古迹、习俗、信仰等是乡村文化的重要组成部分，在乡村现代化进程中，激发其内在生命力，对于乡村精神生态美的焕发具有重要意义。

第二，促进乡民主体性的回归。在乡村精神生态美建构中形成的乡村公共空间须是得到乡民广泛认同的空间，这就要求在乡村建设中，要充分发挥"物"或空间所蕴含的精神文化意蕴，构建一个具有认同感和归属感氛围的空间。一方面，在乡村精神生态美的建构中要保留乡民相对独立的主体性；另一方面，面对当前介入乡村精神生态美建构的多元主体，要超越介入，达至融合，形成具有新认知的村民社群。

对于乡村精神生态美构成要素的活化，深刻把握其符号化或语义化的象征性意味，在乡民的主体性、主动性得到体现中，实现对意蕴深厚的乡村精神生态美的建构。

第七章 景区规划的体系构建

第一节 景区规划的类型与模式

一、景区规划的类型

景区规划一般分为三类，即景区总体规划、景区详细规划和景区专项规划。

（一）景区总体规划

景区总体规划是指为了保护、开发、利用和经营管理景区，使其发挥多种功能和作用而进行的各项旅游要素的统筹部署和具体安排。

景区总体规划的主要任务是：①在旅游资源调查评价的基础上，根据国家的方针政策和国民经济发展的需要，综合分析景区资源特点和社会经济技术条件，提出景区发展战略；②确定景区的性质；③划定景区的范围及外围保护地带；④划分景区的功能区；⑤制定保护和开发利用风景名胜资源的措施；⑥确定景区的接待容量和游览活动的组织管理措施；⑦对景区的总体布局绿化、交通、水电、旅游服务设施进行统筹安排、全面规划；⑧进行总体投资预算和效益分析；⑨进行环境经济及社会影响评价分析。

景区总体规划也常包括某些专题规划（或称部门规划）的内容，如：①旅游资源调查评价和开发；②客源市场调查、分析和规划；③旅游线路设计和规划；④旅游商品设计规划；⑤旅游环境保护规划；⑥旅游管理和人才培训计划等。

景区总体规划的核心内容是解决景区的发展定位、规划布局和旅游产品建设，是对景区未来10~20年的宏观规划安排，为景区的各项建设提供规划指导。景区总体规划具有宏观性、前瞻性、协调性、创新性的特点。

（二）景区详细规划

景区详细规划又可细分为控制性详细规划和修建性详细规划。

1.景区控制性详细规划

景区控制性详细规划是在总体规划的指导下，对特定建设区域编制控制性详细规划，供景区行政管理者对景区开发进行控制与引导。

景区控制性详细规划的任务是：①以总体规划为依据，详细划定所规划范围内各类不同性质用地的界线；②规定各类用地内适建、不适建或者有条件地允许建设的建筑类型；③分地块规划，规定建筑高度、建筑密度、容积率、绿地率等控制指标，并根据各类用地的性质增加其他必要的控制指标；④规定交通出入口方位、停车泊位建筑后退红线、建筑间距等要求；⑤提出对各地块的建筑体量、尺度、色彩、风格等要求；⑥确定各级道路的红线位置、控制点坐标和标高等。

景区控制性详细规划作为景区规划体系的关键组成部分，其核心任务在于为规划区域内的所有建设活动提供合适的用地，并设定合理的土地开发强度要求，以维护和保护景区的整体环境和生态特色。其具体内容涵盖了多个方面，包括但不限于用地分配、土地利用、建设强度、生态保护等方面的细致安排。

景区控制性详细规划必须严格遵循景区总体规划的要求，确保整体建设与景区的宏观发展目标相一致。这涉及对景区功能分区、游览线路、主题定位等方面的要求，使得各项建设与规划目标相互协调、相互支持，形成有机整体。

景区控制性详细规划对具体项目的设计、施工提出具体要求。这包括建筑物的布局、风格设计、色彩搭配等方面，旨在确保建设项目符合景区整体风貌，与周边环境和谐共存。此外，规划还要关注基础设施建设、交通流线设计等方面，以保障游客流动、安全有序。

景区控制性详细规划还具有指导性，为相关管理和监测提供了明确的依据。通过规定土地利用强度、生态保护标准等具体数值，使得相关管理部门在实际监管过程中能够有明确的依据和标准。这有助于实施阶段性评估，及时调整规划方案，确保景区的可持续发展。

根据景区的不同特点和用途，景区控制性详细规划一般分为游览区控制性详细规划、建设区控制性详细规划和城镇控制性详细规划三类。这种分级规划有利于更精细地管理不同区域的建设，更好地平衡景区的保护和利用之间的关系。

2.景区修建性详细规划

景区修建性详细规划是对景区当前计划建设的具体地段进行编制的规划文件。其任务在于在总体规划或控制性详细规划的基础上，进一步深化和细化，以指导各项建筑和工程设施的设计和施工。该规划的制订涵盖了多个方面，主要包括景区综合现状与建设条件分析、用地布局、景观系统规划设计、道路交通系统规划设计、绿地系统规划设计、旅游服务设施及附属设施系统规划设计、工程管线系统规划设计、竖向规划设计、环境保护和环境卫生系统规划设计等。

在景区修建性详细规划的编制中，必须进行景区综合现状与建设条件的深入分析。这一步骤旨在充分了解景区的自然和人文资源、地形地貌、气候特点等，以及各项基础设施和现有建筑的状况。通过对这些信息的全面梳理，可以为后续规划提供科学依据，确保规划的实施与周边环境的协调性和可行性。

用地布局是景区修建性详细规划的重要组成部分。通过科学合理地规划用地，确保各个功能区域的合理分布，如景点区、休闲区、服务区等，以最大限度地提升游客体验和景区运营效益。同时，也要考虑到环保和生态保护的要求，合理规划开发区域，保留自然生态，实现可持续发展。

景观系统规划设计涉及景区的整体景观布局，包括植被设置、水体规划、景观道路设计等。通过合理设计景观，可以打造独特的景区形象，提升游客体验，同时注重生态平衡和环境美化。

除此之外，道路交通系统规划设计、绿地系统规划设计、旅游服务设施及附属设施系统规划设计等方面也都需详细考虑，以确保景区的各项基础设施和服务设施的完备性、便捷性和高效性。同时，工程管线系统规划设计、竖向规划设计等方面也需要充分考虑工程实施的可行性和效果。

环境保护和环境卫生系统规划设计是景区修建性详细规划中的重要环节。通过科学合理的规划，保障景区的环境质量，防范和减轻开发对自然环境的影响，确保景区的可持续发展。在规划中注重环保，有助于提升景区形象，吸引更多游客，实现可持续发展的目标。

景区修建性详细规划的细致制订，有助于确保景区建设的科学性、可行性和可持续性。通过深入分析现状、合理规划用地、科学设计景观和设施，可以为景区提供有力的指导，实现景区的全面发展和可持续管理。

（三）景区专项规划

景区专项规划是景区为满足具体建设内容深度要求而进行的专业规划设计。这种规划涵盖多个方面，其中包括景区旅游产品策划、景区道路规划设计、景区绿化规划设计、景区环境整治规划、景区指示标牌规划以及景区资源保护规划等多个类型。

第一，景区旅游产品策划是景区规划的一个关键领域。通过对景区的独特资源和文化底蕴进行深入挖掘，制定合理的旅游产品策划，能够吸引更多游客，提升景区的知名度和吸引力。这需要结合市场需求和景区自身特色，设计出具有独特竞争力的旅游产品，满足不同游客群体的需求。

第二，景区道路规划设计是确保景区内交通流畅的重要环节。合理的道路规划可以有效分流游客流量，避免交通拥堵，增强游客的出行体验。通过科学的交通规划，可以最大限度地保障游客的安全，同时确保景区内部各个景点之间的便捷连接，提高游览效率。

第三，景区绿化规划设计是为了打造宜人的游览环境。通过科学的绿化规划，可以合理配置植被，创造出美丽、清新的景区氛围，增强游客的游览体验。同时，良好的绿化规划还能够保护自然生态环境，实现可持续发展。

第四，景区环境整治规划是为了提高景区整体环境质量。这包括对景区内部的水体、空气、土壤等环境元素的治理，确保景区的环境质量符合相关标准，为游客提供一个清新、健康的游览环境。

第五，景区指示标牌规划也是景区规划中不可忽视的一部分。通过科学合理的指示标牌规划，游客能够更加方便地找到各个景点、服务设施，提高游览效率，减少迷路的可能性。

第六，景区资源保护规划是为了保护景区独特的自然和文化资源。通过明确规划，可以制定科学的保护措施，确保景区资源的可持续利用，同时防止不必要的开发破坏。

综合来看，景区专项规划是一个综合性的过程，需要在多个方面进行科学规划和设计，以确保景区的可持续发展和增强游客的满意度。

二、景区规划的模式

（一）资源导向模式

资源导向模式产生于旅游规划与开发的早期。此时，旅游尚未成为人们生活的重要组成部分，旅游活动的开展也还不普遍。这一阶段大致相当于我国20世纪70年代末期，由于该时期旅游活动的开展不频繁，对旅游规划与开发的研究也就不太为人们所重视。

由于资源导向模式的局限性，使得地理学的一些相关理论成了旅游规划与开发初级阶段中唯一的也是最重要的理论基础。地理学作为一门积淀深厚的基础理论学科，在我国旅游业发展之初就开展了系统而广泛的研究，特别是积极参加了全国各地旅游资源的普查和旅游规划与开发的一系列实践工作。

1.资源导向模式的主要内容

（1）资源导向模式关注的焦点。旅游规划与开发的资源导向模式关注的焦点集中体现在旅游资源的调查、分类评价以及对这些旅游资源的开发规划等方面。这一关注的焦点是由当时的旅游业发展水平及其在国民经济和社会发展中的影响所决定的。

（2）资源导向模式的规划思路。旅游规划与开发在不同类型的旅游区域内，其规划的内容和重点是不同的。对于那些旅游资源赋存丰富、旅游业发展较为成熟，或那些具有潜在旅游发展条件的地区，其规划与开发必然会涉及对区域旅游发展战略的研究，必然要包括旅游发展的战略目标和相应对策的研究。毋庸置疑，在制定区域旅游发展战略时，必须以旅游资源结构为基础，充分考虑社会经济条件的影响，从而确定该区域的长期发展规划。因此，该导向模式下的规划思路就是从本地旅游资源的基础情况出发，制订适合本地旅游发展的开发计划和进行旅游业发展战略的研究。

2.资源导向模式的一般特征

（1）基础性特征。众所周知，旅游资源是旅游业发展的基础性要素，在旅游资源导向开发模式中，旅游资源被置于十分重要的位置，旅游规划和开发工作都必须紧紧围绕旅游资源的分类、评价以及特色分析而展开。

（2）主观性特征。主观性特征是指旅游规划与开发仅从本地旅游资源的赋存情况出发，而不考虑旅游市场需求以及周边地区的竞争，实行的是从资源到产品的开发路线而非现在的从市场到产品的开发路线。主观性的主体不是旅游规划工作者而是旅游地的实际情况。

（3）局限性特征。局限性特征主要表现在区域上，即对旅游资源的深入细致研究会导致旅游规划和开发时以单个旅游资源类型为出发点来强调旅游产品的优化和组合，而忽略区域内各种类型旅游资源的综合开发以及区域外部的合作开发缺乏整体综合开发的观念。

（二）市场导向模式

市场导向模式产生于旅游规划与开发的发展时期。随着旅游业的迅猛发展，人们对旅游业的关注程度逐渐提高，训练有素的旅游专门人才也开始大量涌现，旅游规划与开发人员的专业背景也呈现出多样化趋势，其中旅游、地理、历史、经济、管理、工程等方面的专业人才都被融合进旅游规划与开发的研究之中。在这样的背景情况下，旅游规划界研究的问题出现了一些变化，其中一个明显的变化就是研究问题的范围有了很大的扩展。这些研究范围的扩展极大地丰富了旅游规划与开发的研究内容，并且逐渐显示出其重要性。旅游开发的市场分析与定位已成为旅游规划与开发中必不可少的内容，市场导向成了这个时期旅游规划与开发的重要特征。

进入20世纪90年代之后，随着旅游业的发展，全国各个地方都意识到发展旅游业的必要性，特别是一些地方政府开始感到发展旅游业与增强地方的开放性和投资吸引力有着十分密切的关系。于是，在一些旅游资源特色并不突出的地区，地方官员也非常乐于提倡发展旅游业。从理论上来讲，发展旅游业必须以一定的旅游资源特色为基础进行综合开发才能获得成功。然而事实上，一些地区尽管本身没有什么具有特别吸引力的旅游资源，但它们就是凭借其拥有的区位优势和广阔的客源市场，通过创造性的开发也获得了较大的成功。

1.市场导向模式的主要内容

（1）市场导向模式关注的焦点。市场导向模式所关注的内容就在于旅游市场，并且整个旅游规划与开发都要以市场为研究核心，一切规划都要以市场的需求分析为前提。实际上，关注市场分析的基础仍然是注意本地的旅游资源赋存状况和特色，其规划与开发是将旅游市场的需求与当地的旅游资源组合相结合，针对市场上各种需求类型，开发出相应的旅游产品以满足不同旅游消费者的需要，以获取最大的经济效益、社会效益和生态效益。

（2）市场导向模式的规划思路。以市场导向模式为指导的旅游规划与开发的思路不是有什么资源便开发什么，而是市场需要什么便开发什么。于是，客源市场分析作为一项重要的内容出现在旅游规划的报告中。但是，要真正理解市场导向的含义，则必须在实际的旅游规划与开发工作中以市场需求为中心。所谓的市场导向模式主要体现在通过市场分析为旅游地提供开发方向，让旅游资源的开发与市场需求进行有效的对接。旅游地的规划与开发有了市场需求的引导就可以最大限度地发挥区域规划的综合优势，通过满足旅游消费者的需要而获得最大的经济效益和实现区域旅游的可持续发展。

2.市场导向模式的一般特征

（1）敏感性特征。市场导向模式是在对本地旅游资源进行科学认识的基础上，兼顾旅游市场需求的一种旅游规划与开发模式，旅游市场的变化性决定该模式不可避免地具有敏感性特征。在旅游市场中变化是常态，多变的市场环境、多变的市场需求决定了不同时期开发出的旅游产品是各异的。为了满足旅游消费者的多变需求，旅游规划与开发工作者必须对需求的趋势十分敏感。

（2）客观性特征。市场导向模式的客观性特征是与旅游规划与开发的资源导向模式的主观性特征相对的。这里的客观性包括两层含义：其一是该模式下的旅游规划和开发工作仍然是在科学评价旅游资源的情况下进行；其二是旅游产品的设计和开发是以客观实际的旅游市场需求为依据。

（3）组合性特征。市场导向模式对市场的强力关注决定了旅游规划与开发工作者眼界较资源导向模式更为广阔。市场导向模式下的旅游规划与开发不仅注重本地各种旅游资源的组合开发，而且对区域间的经济联动性有了一定的思考，规划时能将区域市场中的竞争与合作有机结合，在竞争中求合作，以合作促竞争。

（三）形象导向模式

在旅游规划与开发的演进发展阶段，大众化旅游的普及度越来越高，可供旅游者选择的旅游目的地数量也在增多，旅游市场上呈现出异常激烈的竞争态势。在这种激烈的市场竞争环境中，各旅游企业或旅游目的地均遭遇旅游增长乏力、经济效益不佳的困境，这一状况与世界旅游业的迅猛发展形成了一定的对比。面对这种状况，人们开始寻求旅游规划与开发的新模式来推动旅游业的可持续发展。

在形象导向模式出现之前，旅游规划与开发的实践通常都是依靠高质量的旅游资源以及满足旅游者消费需求的旅游产品来进行的。但是，随着旅游规划的进一步发展，旅游规划工作者认识到，一流的旅游资源和迎合市场需求的旅游产品并不是一件易于做到的事情，而且他们发现旅游者对旅游目的地的选择并不总是取决于上述因素。旅游规划与开发工作中应当优先解决待开发地区的旅游综合形象定位问题。为此，在进行旅游规划之前，应研究旅游者对旅游目的地的认知状态，并设计出一整套能有效地传播旅游地目标形象的方案，只有这样的规划与开发才能适应不同类型旅游开发地的要求。

1.形象导向模式的主要内容

（1）形象导向模式关注的焦点。形象导向模式是从系统开发的角度，对旅游目的地进行整体的形象策划和旅游业发展规划，它通过对目的地旅游形象的塑造与提升来达到区域内旅游资源的有效整合和可持续开发利用的目的。该模式中关注的焦点问题包括旅游地的综合开发以及旅游地的整体形象的塑造与提升。

第一，旅游地的综合开发。一般来说，旅游规划与开发是将旅游地系统的各个部分按照其内在的功能联系组合成一个开发的整体，并对该旅游地综合体进行包括市场、资源、产品、形象、营销、环境、人力、资本等内容的全面综合开发，使旅游地的开发和其今后的经营与管理达成一致，并促进旅游地产业结构的调整和升级。这就是旅游开发地今后能够保持持续稳定发展的关键所在。

第二，旅游主题形象塑造与提升。从旅游心理学的角度来看，旅游者对旅游目的地的认识首先要通过感觉器官形成一定的初始印象，然后才有可能进一步进行考察和研究，进而选择其作为旅游目的地。可见，在旅游地的发展过程中，旅游者对旅游目的地的选择不是受制于客观环境本身，而是由于旅游地对旅游者认知形象的影响。因此，旅游规划与开发中要使旅游开发地取得良好的经济效益就必须对旅游地的旅游主题形象进行统一的设计策划和传播规划，这是形象导向模式下旅游规划与开发工作的另一个关注焦点。

（2）形象导向模式的规划思路。在旅游地深入开发研究中，系统开发理论和综合开发理论成了指导旅游规划与开发的重要理念。它要求旅游规划工作者从整体的角度对旅游地进行深入的思考，即将旅游地的资源评价、主题选择、形象塑造、市场定位、营销策划等作为一个有机的系统来进行考量，使上述部分围绕着一个共同目标发挥作用。这样一种旅游规划与开发的理念必然会使旅游地形成一个完整统一的旅游形象并通过适当的渠道在旅游市场中传播，而鲜明的旅游形象将更能获得人们的关注。这样的旅游地也就能在激烈的市场竞争中占据有利的竞争地位，迅速摆脱低速发展的态势，进入下一轮高速增长的时期。因此，形象导向模式下的旅游规划与开发思路是以旅游地的综合形象来满足市场需求，走的是"资源—形象—市场"的发展思路。

2.形象导向模式的一般特征

（1）系统性特征。形象导向模式的系统化特征主要包括两层含义：①把旅游地的规划与开发作为一个整体系统来看待。旅游规划与开发的对象不只局限于旅游资源，而且包括旅游地的企业和人，即在旅游规划与开发时，要对旅游地内为旅游活动提供食、住、行、游、购、娱等服务的旅游企业和部门进行统筹规划，为其发展制订一个中长期规划，同时为了保证旅游系统发展的可持续性，还必须对旅游地的旅游人力资源开发制订长期规划。可见，旅游地的规划与开发是一个繁杂的系统工程。②旅游地形象的塑造也具有较强的系统性。从形象的塑造上来看，旅游地形象塑造要综合考虑其历史形象、现实形象以及随着旅游地的发展可能出现的未来形象，并且旅游地主题形象需要一系列的辅助形象和活动予以支持，这些均体现出旅游地形象的塑造是一项系统化的工作。

（2）稳定性特征。旅游规划与开发对旅游地形象的塑造是经过综合考虑，在充分分析了区域内外环境之后进行的，因而其设计的形象要在规划期内通过适当的手段不断强化，并在今后的一段时期内努力维持并促进形象的提升。所以，在形象导向模式中，旅游规划和开发所制定的旅游地形象塑造战略具有相对的稳定性特征。

（3）主题性特征。由于形象导向模式是从旅游地的主题形象塑造入手来进行旅游规划与开发的，因此主题性特征就成为形象导向模式的重要特征。该特征最为突出的表现就是在塑造旅游地形象时要充分体现该旅游地的主题和特色，并在推广形象时紧紧围绕该主题形象，使旅游消费者能切实感受到其鲜明的旅游形象。

（四）产品导向模式

产品导向模式是旅游规划与开发演进到成熟发展阶段时出现的一种旅游规划与开发模式。该阶段的旅游活动已经成为人们日常生活的一个重要组成部分，并且成为人们休闲活动的首选方式。与此同时，旅游规划与开发意识也深入人心。在旅游资源富集的地区，经过旅游资源的初步开发，旅游区的建设已粗具规模，此时面临的主要问题是如何提升该区域的旅游竞争力和旅游吸引力。而那些旅游资源赋存状况不甚理想的地区也出于发展的考虑，立足于制订起点较高的旅游发展规划。

从旅游消费者方面来看，由于旅游活动已成为一种大众化的消费行为，旅游者对旅游活动的认识和要求都得到了相应的提高，旅游消费行为也日趋成熟。人们已不再满足于自然旅游资源的初级开发和陈列观光式的基础层面旅游产品，他们需要具有一定主题的旅游产品和系列化的旅游活动，希望能通过互动式的相互交流和沟通来深入体验旅游活动所带来的乐趣。这是该阶段所表现出来的旅游者的新的消费需求。

在旅游规划与开发的实践过程中，有许多开发成功的旅游地都是依靠人造景观获得成功的。例如，迪士尼乐园就是完全依靠人们创作的可爱的动画人物形象和高、新娱乐设施产生巨大的旅游吸引力来实现的。

1.产品导向模式的主要内容

（1）产品导向模式关注的焦点。产品导向模式是从景区旅游资源赋存状况和开发现状出发，开发出具有地方特色的旅游产品，并引导旅游者进行消费的一种开发模式。该模式与市场导向模式相比具有更强的主动性，其关注的焦点主要有如下三个方面：

第一，景区的综合开发与利用问题。一般来说，旅游规划与开发是将景区系统的各个部分按照其内在的功能联系组合成一个开发的整体，并对该景区综合体进行包括市场、资源、产品、形象、营销、环境、人力、资本等内容的全面综合开发，使景区的开发与其今后的经营管理达成一致，并促进旅游地产业结构的调整和升级。这是旅游景区未来能否保持持续稳定发展的关键所在。

第二，对景区旅游产品进行市场推广的问题。如何把景区开发出来的旅游产品推广出去，是产品导向模式的一个关键环节。在这种模式的指导下，需要有充足的实力将旅游产品推向市场，让消费者对旅游产品有所感知并选择它。如何针对目标市场，选择恰当的营销手段和营销工具进行市场开发和推广是景区产品开发规划成败的关键。

第三，如何使景区产品开发获得效益的问题。任何景区旅游产品的开发都要获得经济、社会和生态环境效益的统一。在以旅游产品为导向的开发模式下，对景区旅游项目的投资可行性分析是任何一个旅游投资商都会非常看重的，这也是这种开发模式关注的重要焦点之一。

（2）产品导向模式的规划思路。景区规划与开发从单纯关注旅游资源的分析与评价，转向重视旅游市场的需求，进而又聚集于旅游产品。特别是人工创造的旅游景区（如主题公园）开发所获得的高额经济效益，使旅游规划与开发者和旅游投资商意识到，那些并不具备传统的自然旅游资源和人文旅游资源优势的景区，也可以发展成旅游目的地。产品导向模式所关注的是旅游项目和产品的设计，走"市场—资源"相结合的规划道路。

2.产品导向模式的一般特征

（1）综合性特征。旅游地的开发需要旅游规划与开发工作者策划出独具吸引力的旅游产品，而旅游产品的开发是一项综合性极强的工作。从旅游者的需求角度来看，旅游消费者对于旅游的经历有各种不同的要求，这就决定了旅游产品的开发在横向和纵向上要有层次性。例如，在横向上，旅游规划与开发工作者要尽量策划出类型丰富的旅游项目和节庆活动；在纵向上，规划者要注重不同层次旅游项目和活动的有机组合。从旅游产品的供给角度来看，旅游地在进行开发时会推出主导型的旅游产品、辅助型的旅游产品以及支撑型的旅游产品。因此，旅游规划与开发的产品导向模式体现了较强的综合性特征。

（2）创新性特征。既然产品导向模式是立足于利用本地资源实际开发的旅游产品，那么在设计产品时必定要与其他旅游地的旅游产品形成差异。如果每个旅游地开发出的都是同质旅游产品，则这些同质旅游产品在市场上的认可度一定不高，因为旅游者追求的是旅游产品的个性化。因此，旅游规划工作者在对旅游地进行综合规划开发时必须注重创新性，不断推出差异性的旅游产品，展现旅游开发地所独有的个性特征。

（3）经济性特征。产品导向模式由于是与具体的旅游产品或项目相关联的，因此，其必然会具有较其他规划导向模式更明显的经济性。该经济性主要是通过对旅游项目的投资分析来体现的。在具体的规划文本中，会包含各个具体旅游项目的投资年限、回收期、建设规模、预期收益等经济指标，并且会附有旅游项目的投资可行性分析报告。

（4）动态性特征。由于产品导向模式是通过旅游项目和旅游节庆活动的策划来达到吸引旅游者的目的。因此，旅游规划和开发工作者在进行旅游项目和节庆活动设计时，创意要富有前瞻性、产品形式要不断变化，体现出旅游产品常新常异的特点，达到创造旅游需求、吸引旅游消费者的目的。

第二节　景区空间布局与景区土地规划

一、景区空间布局

景区空间布局是通过对土地及其负载的旅游资源、旅游设施分区划片，对各区进行背景分析，确定次一级旅游区域的名称、发展主题、形象定位、旅游功能、突破方向、规划设计、项目选址，从而将旅游要素的未来不同规划时段的状态，落实到合适的区域，并将空间部署形态进行可视化表达。

（一）景区典型的空间布局

景区的空间布局对于增强游客体验和提升旅游资源利用效率至关重要。在景区规划中，常见的空间布局方式有放射式布局、核心式布局、扇形布局和带状布局。

第一，放射式布局是一种适用于旅游资源分布较为分散的情况的布局方式。这种布局的特点是将旅游服务中心区位于诸多游览区的中间位置，形成以服务中心为核心向外辐射的结构。通过这种布局，游客可以更便捷地在不同游览区之间流动，同时确保游客服务的集中化和高效性。

第二，核心式布局适用于旅游资源高品位且集中分布的情况。这种布局通过核心景区的带动，推动周边功能区和项目的发展。核心景区成为吸引游客的中心，周边区域则通过配套设施和服务不断增强游客体验，形成一个整体完善的旅游体系。

第三，扇形布局则适用于景区因明显带状隔离或资源分散分布而需要灵活布局的情况。在这种布局下，旅游服务中心建设在交通便利的区域，服务功能辐射到周边游览区。这种布局形成了一个扇形状的结构，使得游客可以便捷地在不同方向的景区之间游玩。

第四，带状布局适用于旅游资源呈带状、连续分布的情况。这种布局模式以旅游服务区为龙头、以道路为纽带，将沿线的景点有机地连接起来。通过建设与带状景区相匹配的基础设施和服务设施，形成一个沿线畅游的旅游体验。

综合而言，不同的景区空间布局方式具有各自的适用条件和特点。在实际规划中，需要充分考虑景区内部资源分布、地形地貌特征以及周边发展条件，选择最合适的布局方式，以实现景区的可持续发展和增强游客满意度。

（二）景区空间布局的原则

空间功能布局决定了旅游景区的内部结构，对于景区内的景观设计、交通游线设计等都会产生深远影响。所以，景区在进行空间功能分区布局的时候，应遵循以下6个原则。

1.科学性原则

旅游景区空间功能布局是一项综合性极强的工作，涉及方方面面，科学合理是前提。在布局中要满足人的需求，使景区布局真正达到符合人们生活环境的高度，使人们从景区旅游活动的参与中得到某种身心益处。同时，旅游景区空间功能布局应满足美学上的需求，利用形状、线条、质感、色彩效应等创造一种实质的经历。另外，要保证技术上可行、管理上方便、经济上实惠。

2.突出分区特色原则

突出分区特色是旅游景区空间功能布局的核心原则。旅游者在游玩过程中感触最深的往往是景区中最具特色之处。因此，景区中各分区的特色是否突出是判定景区空间功能布局成功与否的基础性标准。旅游景区空间功能布局的突出分区特色原则主要体现在以下两个方面：

第一，旅游景区的空间功能布局应以一定的自然资源条件为基础，空间的划分和区域特色的确定不能凭空想象，而是应该以实际资源和环境条件为依据。

第二，旅游景区空间功能布局的特色化原则要求景区各分区内的景观和项目设计应与该区域的功能和形象保持高度一致。旅游景区规划与开发中，景区旅游形象的塑造必须以提供的各种产品与服务为媒介，最终通过自然景观、建筑风格、园林设计、服务方式、节庆事件等来塑造与强化景区形象。

旅游景区空间功能布局中应强调各分区中景观、项目、活动、服务的特色与分区主题和形象定位的一致性，以此来实现区域的特色化设计。

3.功能单元大分散、小集中原则

功能单元的空间布局应体现大分散、小集中的特征。所谓大分散，是指景区内各分区的功能及主要项目的相对分散化分布，小集中则指在区域范围内旅游服务配套设施的布局采用相对集中式。旅游项目是景区的主要吸引物，因此，旅游项目如果在景区空间内过于集中不利于景区内空间上的平衡发展，同时也可能会因旅游者人数过多而导致超出环境承载能力，对景区环境造成破坏。此外，旅游项目在功能和特色上也不尽相同，旅游项目的集中分布将大大弱化功能分区的作用，而使各区域特色产生趋同。所以，从旅游景区空间均衡发展、环境保护以及突出景区各分区特色的角度来看，旅游项目的空间功能布局应该实行相对分散的布局模式。

对于景区中不同类型的服务设施如住宿、娱乐、商业设施等应实行相对集中布局。游客光顾次数最多、密度最大的商业娱乐设施区域，宜布局在中心与交通便利的区位，如饭店、主要旅游项目附近，并在它们之间布设方便的路径，力求使各类服务综合体在空间上形成集聚效应。

4.协调功能分区原则

所谓景区功能分区的协调，主要是指处理好旅游景区内部各分区与周围环境的关系、功能分区与管理中心的关系、功能分区之间的关系以及景区内主要景观结构（核心建筑、主体景观）与功能小区的关系。

在旅游景区规划设计时，有些功能分区中拥有某些具有特殊生态价值的旅游资源或景观环境，应将这些区域划定为生态保护区。对于那些环境容量大、环境的自然恢复能力强的区域则可以规划设计为景区中的娱乐接待区。总之，旅游景区开发规划时要根据不同区域的资源和环境状况来对其使用导向进行适当的划分，并通过相应的项目和设施的设置来促进其达到最佳的利用状态。

从旅游景区内功能分区与景区管理中心的关系来看，各功能分区都要与景区管理中心保持空间上的相互呼应。一般而言，管理中心应位于各功能分区的几何中心位置，以便对景区内的事务进行管理和协调。

另外，协调功能分区还应对各种旅游活动进行相关性分析，以确定各类旅游活动和分区功能与形象间的协调性以及旅游活动与环境之间的协调性，从而更加有效地划分功能分区及布置各种项目和设施。例如，在规划野餐区时，要考虑其对环境的依赖性——必须在具备良好的排水条件、浓密的遮阴、稳定的土壤表层和良好的植被覆盖及方便的停车位的区域设置。

5.合理规划交通线原则

景区内的交通是联结各个功能分区的关联性因素，因此，景区的空间功能布局应与交通路线的规划结合起来，考虑游客旅游过程中的心理特征，以制订出符合人体工程学的合理交通规划。

景区内部的交通网络应高效且布局优化。路径与园林景观有效配置，并建立公共交通系统，采用步行或无污染的交通方式，限制高速行车，使行走与休息均成为一种享受。在相距较远的景点之间配备公共汽车，邻近景点间设置人行道、缆车或畜力交通方式，可使景区内部实现低污染的交通优化。

6.保护旅游环境原则

景区环境保护的目的是保障景区的可持续发展。具体而言，旅游环境主要包括3个方面的内容：①保护景区内特殊的环境特色，如主要的吸引物景观；②使旅游景区的游客接待量控制在环境承受力之内，以维持生态环境的协调演进，保证旅游景区的土地合理利用；③保护景区内特有的人文旅游环境和真实的旅游氛围。因此，旅游景区空间功能布局应对不同类型的功能分区在空间上形成一定的间隔，以更加突出各个区域的旅游特色。另外，实施景区环境保护时，还要充分体现以人为本的原则，实现人与环境的协调。

二、景区土地规划

土地利用规划亦称土地规划，是指在土地利用的过程中，为达到一定的目标，对各类用地的结构和布局进行调整或配置的长期计划。这是根据土地开发利用的自然和社会经济条件、历史基础和现状特点、国民经济发展的需要等，对一定地区范围内的土地资源进行合理的组织利用和经营管理的一项综合性的技术经济措施。

土地利用规划是融自然性、社会性、技术性与法律性为一体的综合性经济管理手段，是对土地利用的组织、协调和监督。旅游景区土地利用规划应包括土地资源分析评估、土地利用现状分析及其平衡表、土地利用规划及其平衡表等内容。

景区空间布局最终要通过土地安排实现，在确定景区的空间布局之后，还应在土地利用上体现出来。景区土地利用规划应与上级土地利用总体规划相衔接，景区用地规划得到国土部门等相关部门认可后，进行土地利用调整后，景区规划才能真正实施下去。

（一）景区用地的类型

景区用地根据其功能性质，大致可以分为旅游专项设施用地、公共设施用地、管理和居民用地、其他用地。

1.旅游专项设施用地

旅游专项设施用地主要是服务于旅游活动和旅游者的用地类型，主要包括以下方面：

（1）游憩用地，是指供旅游者观光游览和休闲娱乐的用地，主要有自然景观游览用地、人文景观游览用地、游乐设施用地、文化和体育设施用地等。

（2）接待用地，是指满足旅游者在景区的基本需要的用地类型，主要有饭店宾馆用地、度假村、疗养用地、野营地、家庭旅馆等。

（3）旅游商业用地，主要有景区商业中心、服务中心、商品销售摊点或店铺等。

2.公共设施用地

公共设施用地是指既服务于当地居民，又服务于旅游者的公共基础设施用地，主要是指景区的交通用地、给排水设施用地、电力及能源设施用地、邮电设施用地等。

3.管理和居民用地

（1）管理用地，主要有景区行政管理办公用地、公共安全机构用地（消防、公安、护林车辆监管等用地）等。

（2）居民用地，主要有居民起居生活用地、居民教育文化用地、居民社区道路绿化等内部空间用地等。

4.其他用地

其他用地主要是指间接服务于旅游者的一些用地类型，如旅游加工业用地、蔬菜基地、畜禽养殖基地、工艺品、日用品生产基地等。

（二）景区土地规划的原则

旅游景区土地利用规划应该将旅游景区内的土地依据资源开发状况进行分类划分。对于已开发的土地，应尽量提高土地利用效率和质量，确保景观生态环境不受破坏，充分发挥其环境效益和旅游效益；对待定用途的土地，要十分慎重地比较选择，不能盲目利用，宁可不用，也要保持其自然性与完整性；对利用价值不高的土地，可放弃不开发，维持其原来面貌；对保存完好的未开发利用的土地，不得随意开发利用，不允许任何人为破坏。具体原则如下：

第一，突出景区土地利用的重点与特点，扩大风景游赏用地。

第二，保护各类风景游赏用地、林地和水源地。

第三，因地制宜地调整土地利用，发展符合景区特征的土地利用方式。

第四，满足现状需求并留有发展空间。

（三）景区土地规划的内容

景区土地利用规划是在对景区土地利用现状、旅游基础设施和公共设施接待能力及布局、旅游环境总体分析的基础上，对景区未来土地利用空间和布局的一个科学构想，是景区未来发展的科学指导。景区土地利用规划主要包括以下方面的内容：

第一，确定土地利用的总体布局，进行土地利用分区。

第二，各类农业用地的结构确定、用地配置和调整。

第三，城镇和农村居民点的用地布局。

第四，交通的用地配置。

第五，水利工程的用地配置。

第六，其他大型骨干工程的用地配置。

第七，提出实施规划的政策和措施。

第八，土地利用专项规划（森林公园规划、观光农业区规划、水域利用规划等）。

第九，土地利用的控制性详细规划。

第十，编制土地利用规划图（总体规划、专项规划和控制性详细规划）。

第三节　景区规划的流程、方法与技术

一、景区规划的工作流程

旅游景区规划的编制是一项任务繁重、内容复杂的系统工程。为了使规划工作有条不紊地进行，应该在进行规划工作开始之前确定编制步骤，为从事规划工作的相关组织或个人提供统一的行动安排。旅游景区规划的编制过程分为任务确定、前期准备、规划编制、征求意见和规划实施与控制5个阶段。

（一）任务确定

1.确定编制单位

委托方应根据国家旅游行政主管部门对旅游规划设计单位资质认定的有关规定确定旅游规划编制单位。在选择规划编制单位时，可参考这一管理办法。一般来说，委托方确定编制单位有以下方式：

（1）公开招标。委托方以招标公告的方式邀请不特定的旅游规划设计单位投标。

（2）邀请招标。委托方以投标邀请书的方式邀请特定的旅游规划设计单位投标。

（3）直接委托。委托方直接委托某一特定旅游规划设计单位进行旅游规划的编制工作。

2.制定项目计划书，签订合同

委托方应制定项目计划书并与规划编制单位签订旅游规划编制合同。该合同对委托方和编制方都具有法律约束力，一般包括以下内容：

（1）规划编制的内容和要求。

（2）中期评估时间、地点和方式。

（3）规划成果及其提交时间、地点。

（4）评审时间、地点及方式。

（5）规划经费及其支付方式。

（6）编制工作的启动。

（7）违约金或损失赔偿额的计算方法。

（8）规划编制过程的要求。

（9）规划成果的提供和分享。

（10）争议的解决。

（11）名词和术语的解释。

（12）其他事项（包括中介方的权利与义务、服务费及其支付方式，定金、财产抵押、担保等）。

3.组建规划机构

选定承接方并签订有效协议后，旅游规划工作流程的主要执行者由委托方变成了承接方。承接方要做的第一件事，就是组建规划机构与班子。

（1）成立规划编制领导小组。为便于协调各部门配合旅游规划的编制工作，为规划编制小组的工作提供各方面的方便条件，须成立规划编制领导小组。一般由规划区所在地上一级政府主管领导任组长，所在地政府和承接方单位领导任副组长，政府有关职能部门领导和承接方单位分管领导作为成员，进入领导小组。

领导小组的职责是：集体审议旅游规划大纲、文本和图件，要从草稿到定稿全过程审议，并由领导小组反复征求相关部门的意见。这样编制出的规划，既能较好地体现委托方的意图，又可全过程监控，把建设方的意见尽早反馈给编制者，避免大规模的返工，还有利于当地各部门和社区组织达成共识，使旅游规划成为共同认可的行动纲领。

（2）组建规划班子。规划班子的人员构成直接关系到旅游规划的质量。根据实际旅游规划经验和规划成果要求，规划班子学科构成至少应包含：旅游资源与其他背景条件分析与评价人员（大多由地理学家担任）；旅游市场调研人员（大多由经济学家担任）；土木建筑专业人员；制图人员。职业构成上，规划班子应包含：规划学者；通晓当地历史与民俗的居民；旅游管理干部。在地域构成上，规划班子应该包含本国专家与外国专家、本地人士与外地专家。

（二）前期准备

在前期准备阶段，主要应完成一些基础性的调查研究工作，其技术性较强，这些工作归纳为以下4个方面：

第一，政策法规研究。政策法规研究工作的主要任务是：对国家和本地区旅游及相关政策、法规进行系统研究，全面评估规划所需要的社会、经济、文化、环境及政府行为等方面的影响。

第二，旅游资源调查。旅游资源调查工作的主要任务是：对规划区内旅游资源的类别、品位进行全面调查，编制规划区内旅游资源分类明细表，绘制旅游资源分析图，具备条件时可以根据需要建立旅游资源数据库，确定其旅游容量。

第三，旅游客源市场分析。旅游客源市场分析工作的主要任务是：在对规划区的旅游者数量和结构、地理和季节性分布、旅游方式、旅游目的、旅游偏好、停留时间、消费水平等进行全面调查分析的基础上，研究并提出规划区旅游客源市场未来的总量、结构和水平。

第四，旅游业发展竞争性分析。旅游业发展竞争性分析工作的主要任务是：对规划区旅游业发展进行竞争性分析，确立规划区在交通可进入性、基础设施、景点现状、服务设施、广告宣传等方面的区域比较优势，综合分析和评价各种制约因素及机遇。

（三）规划编制

规划编制阶段是规划编制最核心的阶段，也是最见成效的阶段。在这一阶段，要确立具体的目标，提出可操作的方案并展现编制成果。这一阶段应完成的工作包括：①在前期准备工作的基础上，确立规划区旅游主题，包括主要功能、主打产品和主题形象；②确立规划分期及各分期目标；③提出旅游产品及设施的开发思路和空间布局；④确立重点旅游开发项目，确定投资规模，进行经济、社会和环境评价；⑤形成规划区的旅游发展战略，提出规划实施的措施、方案和步骤，包括政策支持、经营管理体制、宣传促销、融资方式、教育培训等；⑥撰写规划文本、说明和附件的草案。

（四）征求意见

在征求意见阶段中，原则上应针对规划草案广泛征求各方意见，并在此基础上，对规划草案进行修改、充实和完善。

（五）规划实施与控制

旅游规划草案编制完成之后，还要经过评审、报批等严格的程序，才能付诸实施。旅游规划实施涉及众多相关执行部门及利益群体，也是旅游地长期的工作任务。为了确保旅游规划的顺利实施并达到预期的效果，还应加强旅游规划实施的日常管理。另外，由于旅游市场环境和旅游者的需求处于不断变化之中，编制旅游规划绝不是一劳永逸的事情。规划的实施状况如果与原定目标发生偏差，还应该根据客观情况对旅游规划进行修编，以适应新的变化。旅游规划实施与控制的主要程序包括以下5个步骤。

1.旅游规划评审

旅游规划的评审是政府旅游管理部门行使职能的表现，也是旅游规划草案获得权威认可的必经阶段。旅游规划的评审工作应具有客观性、科学性和综合性。规划完成后，要邀请相关业内专家进行评审，召开旅游规划评审会。评审专家需要对各项规划方案进行专业或者专项评议，给出综合评审意见，写出综合技术鉴定报告。

（1）旅游规划的评审。旅游规划的成果包括旅游规划文本、说明书、图件（包括旅游区区位图、综合现状图、旅游市场分析图、旅游资源评价图、总体规划图、道路交通规划图、功能分区图等其他专业规划图、近期建设规划图等）及附件（包括规划说明和其他基础资料等）。这些图文的草案完成后，规划委托方提出申请，由上一级旅游行政主管部门组织评审。

（2）规划评审人员的组成。旅游发展规划的评审人员由规划委托方与上一级旅游行政主管部门商定；旅游区规划的评审人员由规划委托方即当地旅游行政主管部门确定。旅游规划评审人员应由经济分析专家、市场开发专家、旅游资源专家、环境保护专家、城市规划专家、工程建筑专家、旅游规划管理官员、相关部门管理官员等组成。

（3）规划评审重点。旅游规划评审应围绕规划的目标、定位、内容、结构和深度等方面进行重点审议。规划评审重点包括：①旅游产业定位和形象定位的科学性、准确性和客观性；②规划目标体系的科学性、前瞻性和可行性；③旅游产业开发、项目策划的可行性和创新性；④旅游产业要素结构与空间布局的科学性、可行性；⑤旅游设施、交通线路空间布局的科学合理性；⑥旅游开发项目投资的经济合理性；⑦规划项目对环境影响评价的客观可靠性；⑧各项技术指标的合理性；⑨规划文本、附件和图件的规范性；⑩规划实施的操作性和充分性。

2.报批

旅游规划文本、图件及附件，经规划评审会议讨论通过并根据评审意见修改后，由委托方按有关规定程序报批实施。

3.落实

旅游规划经审批通过和批复后，由政府有关部门组织贯彻落实，规划由此开始转入具体开发阶段。这一环节是将旅游发展思想转化为现实的必经阶段，起着承上启下的重要作用。

4.管理

旅游规划所涉及的人、事、物是很复杂的。为了保证旅游规划工作的顺利进行以及旅游规划目标的实现，需要使用管理手段对旅游规划的整个过程进行有效的引导和控制。

从旅游规划经历的阶段来看，规划管理分为前期管理、中期管理和后期管理。前期管理主要涉及目标的确定、规划方案的选择、规划合同的制定、调查研究的实施等方面；中期管理主要涉及规划方案的提出；后期管理主要涉及规划的贯彻落实以及修编工作。

从旅游规划的管理内容来看，规划管理包括组织管理、经营管理、建设管理、行业管理、统计管理以及资源和环境保护管理等很多方面。

简而言之，旅游规划管理能够利用计划、组织、领导和控制的基本职能协调整个规划过程并使规划具有可操作性，因此，管理工作在规划过程中尤为重要且必不可少。

5.修编

在规划执行过程中，要根据市场环境等各个方面的变化对规划进行进一步的修订和完善。经过审批的旅游规划，随着旅游市场环境和旅游者需求的变化，会逐渐暴露出从未预见到的问题，先前提出的一些方案可能不符合形势发展的需要，因此，对旅游规划进行调整和修改是必要的。一般来说，旅游规划的总体目标和战略计划等具有宏观指导意义的内容变化不大，通常最需要定期调整和修改的是与市场变化联系紧密的具体方案。

二、旅游景区规划的理论方法

（一）系统性方法

旅游景区规划理论长期以来都是以旅游资源为主，景区开发规划也就等同于旅游资源开发，这种理论具有一定的局限性。实际上，旅游景区发展到现阶段已经成为关联性和带动性十分明显的经济主体，其系统性特征日益明显。

系统规划法的雏形是综合动态法，这种方法认为规划的过程是一个周期性的重复过程，每隔一定的时间要重新做一次总体规划。总体规划包含4个步骤：确定目的、目标；收集和分析市场与资源数据；制定策略；决策。

系统规划方法将系统论和控制论的方法应用于旅游规划中，通过制订旅游规划及其实施来控制旅游系统。系统规划法由4部分构成，即开发计划、监控系统、反馈和校正系统、重新规划过程。这种系统规划思想奠定了系统规划理论的基础。所以，对于景区规划而言要注意两个方面的系统安排：一方面，从景区构成要素上看，其系统性明显；另一方面，景区系统要素之间关联繁杂，食、住、行、游、购、娱等都要相互协调和配套系统安排。

（二）利益相关者参与方法

旅游景区开发规划的利益相关者是指与旅游景区开发和发展有一定利益关系的个人或组织群体。其主要包括景区投资方、景区管理方、景区所在社区、景区目标市场、景区内资源、规划审批部门。规划编制过程就如同一架天平，以上6大利益群通过某种纽带联系在一起，并置于天平之上，旅游管理者此时所要做的就是将天平始终保持在水平状态。只有保持这种动态平衡，景区规划才能得到各方的认可。

三、旅游景区规划的技术解析

（一）遥感技术

遥感是指利用装载于飞机、卫星等平台上的传感器捕获地面或地下一定深度内的物体反射或发射的电磁波信号，进而识别物体或现象的技术。遥感主要可分为光学遥感、热红外遥感和地面遥感3种类型。此技术具有观察范围广、直观性强、能实时客观地获取信息、反映物体动态变化特征的特点。此技术可以应用于军事、林业、旅游等多个领域。

遥感技术在旅游景区开发规划中的应用主要表现在：探查旅游资源；提供制图基础；动态规划管理。

（二）地理信息系统

地理信息系统是采集、存储、管理、描述和分析空间地理数据的信息系统，它以计算机软硬件环境为支持，采用地理模型分析方法，以地理坐标和高程确定三维空间，将各种地学要素分别叠加于其上，组成图形数据库，具有有效输入、存储、更新、加工、查询检索、运算、分析、模拟、显示和输出空间数据等功能的技术系统。

地理信息系统技术在景区开发规划中的应用表现在：为景区开发和管理提供相关信息；构造求知型和互动型导游系统。

（三）全球定位系统

全球定位系统是一种卫星无线电定位、导航与报时系统，由导航星座、地面台站和用户定位设备3部分组成。我国从20世纪80年代初开始利用国外导航卫星，开展卫星导航定位应用技术的开发工作。全球定位系统在国防、军事行动、大地测量、船舶导航、飞机导航、地震监测、森林防火、城市交通、区域规划、旅游规划等方面得到广泛应用。

全球定位系统在景区规划与开发中的应用表现在：①定点。即通过野外考察时利用全球定位系统手持机，确定某个旅游资源（景点）的精确位置，包括其三维坐标和地理空间坐标，在景区详细规划中能够发挥重要作用。②定线。即为景区规划者的游线设计提供指导；同时，在旅游者的应用上，可以为旅游者提供导航服务。③定面。该系统可以精确计算出旅游景区内某个区域的面积大小。

（四）虚拟现实技术

虚拟现实技术融合了数字图像处理、计算机图形学、多媒体技术、传感器技术等多个信息技术分支。虚拟现实系统就是要利用各种先进的硬件技术及软件工具，设计出合理的硬件、软件及交互手段，使参与者能交互地观察和操纵系统生产的虚拟世界。

虚拟现实技术是用计算机模拟的三维环境对现场真实环境进行仿真，用户可以走进这个环境，控制浏览方向，并操纵场景中的对象进行人机交互。

旅游规划设计的虚拟现实技术流程主要包括以下步骤：

首先，收集各种数据，建立背景条件数据库和目标条件数据库。

其次，把背景条件数据输入虚拟现实技术处理系统进行处理，生成具有沉浸感和交互能力的虚拟背景。

再次，把目标条件数据输入虚拟现实技术处理系统进行处理，生成具有沉浸感和交互能力的虚拟建筑物、游线、服务等旅游产品。

最后，把虚拟背景与虚拟旅游产品叠加，通过人机对话工具，让游客、业主或规划设计人员进入虚拟旅游环境中漫游和亲身体验，提出意见并不断进行修改，最终生成最佳规划设计方案。

在景区规划中，可以通过虚拟场景向规划委托方展示景区规划的最终效果。同时，还可以通过虚拟实景并结合信息网络为旅游者提供景区景观的远程欣赏。

（五）信息网络技术

信息网络技术主要是指以计算机和互联网为主要依托的技术方法。在当今社会，全球旅游业受到迅猛发展的信息通信高新技术的强烈冲击，使现代旅游业成为具有相当高技术含量的服务业。随着互联网高新技术应用的大规模普及推广，名目繁多的在线旅游网站应运而生，许多旅游服务竞相"上网"涉及各个方面，包括旅游新闻、景点景区介绍、娱乐节目、旅游天气预告等，互联网逐渐成为人们获取旅游信息的重要工具。因此，运用网络信息技术对旅游业进行宣传促销，可以加大对旅游业的宣传力度，拓宽促销的范围、渠道，提高促销效果。特别是针对西方国家，它们的电脑普及率和联网程度大多比较高，而运用互联网促销可以大大节省成本（只需要花很少的入网费），并能深入每个互联网单位和个人；可以通过对旅游信息的补充和更新，增加其对我国旅游发展现状的及时了解，由此产生更大的吸引力。这对于我国日益发展的互联网事业和日渐增多的互联网用户来说也是极具吸引力的方式，可以大大促进旅游业的宣传。

信息技术在旅游业中的应用，主要表现在以下方面：

第一，旅游行政管理部门。目前我国已建立了旅游管理信息系统，主要是对旅游业进行管理。例如，对旅行社、旅游饭店的年检管理、导游员的评定及档案管理等，在文化和旅游部以及下属各省、自治区、直辖市旅游局统一使用该系统，实现了网络管理功能。

第二，旅游饭店。尽快实现旅游饭店的自动化管理，运用信息技术改变旅游饭店管理和营销的方式，降低管理成本，提高管理效率，通过互联网建立良好的企业形象，大大提高在国内外的知名度。尤其是建立客房预订系统、饭店查询系统等，尽快与国内、国际旅馆业联网，方便国内国外游客进入旅游饭店。

第三，旅行社。通过互联网推销旅游线路等旅游产品，建立自己的网站，打响自己的品牌，并实现网上预订旅游服务项目，实现网络营销。例如，中国国际旅行总社等在国际互联网上建立了自己的网站。

第四，旅游交通运输业。实现对航空、铁路等的网络化管理，建立网上售票系统，给游客提供网络查询业务，为旅游交通的准确、及时和高效管理提供技术支撑。

第五，在旅游地的应用主要有计算机管理业务、信息服务等。实现计算机管理业务可以提高管理效率，降低管理成本。信息服务可以借助互联网宣传、促销自己提高知名度，从而产生更大的经济效益。

在旅游景区规划中，信息网络技术大量应用于市场推广以及市场调查方面，通过景区网站的建设可以为旅游者提供更多的服务，同时可以吸引更多的潜在旅游者。

第四节　景区商业服务配套设施的规划管理

近年来，随着旅游业的蓬勃发展，对旅游景区商业服务设施的研究成为发展旅游业不可或缺的需求。这些商业服务设施主要包括分散的饮食服务和旅游商品网点，以及更为集中、完善、标准的商业服务中心，如旅游购物商店和旅游宾馆。

旅游业作为支柱产业，其发展潜力巨大，扩展空间广阔。对于地方经济而言，旅游景区商业服务设施的发展不仅提供了就业机会，还促进了本地经济的繁荣。因此，对这些商业服务设施的规划和管理显得尤为重要。目前，旅游景区商业服务设施的规划与管理受到越来越多的关注。

在当今社会，人们普遍认识到，如果对旅游景区商业服务设施的规划和管理不当，将可能导致旅游景区受到不同程度的破坏，丧失吸引力和竞争力，从而损害旅游地形象，对整个旅游业的发展产生负面影响。

因此，加强对旅游景区商业服务设施的管理变得尤为紧迫。通过有效的管理，可以保护旅游景区的环境，提升美化观赏效果，为旅游景区树立起文明、高雅和谐的旅游环境。这不仅有助于增强游客的满意度，还为旅游景区的可持续发展奠定了基础。

对于旅游景区来说，不能只着眼于眼前的经济利益，盲目建设宾馆和购物商店。相反，需要进行统一规划，制定合理的经营条件，充分重视旅游景区周边对核心景区的保护作用。在建设项目方面，必须确保不损害旅游景区的独特风貌和文化遗产。仅通过良好的经营管理和优越的环境，旅游景区才能真正具有吸引力，并为游客提供难忘的体验。

一、合理规划景区商业服务设施

为了使旅游者安全、放心、愉快地游览景区，建设规划人员应注意对旅游商店、宾馆、饭店确定相应的位置、面积、用地和风格。规划阶段的管理是在原有旅游景区进行新的项目建设时，要进行认真全面的可行性研究，避免只顾眼前的利益，盲目开发的行为，要从长远出发，考虑景区的可持续发展。合理的旅游商业服务设施规划安排，有利于优化产品，保护当地环境的视觉形象，并体现自然和人文景观的美学特征。所以说，各类功能的旅游服务设施建设，一定要严格遵循与景观相协调，而不破坏和削弱旅游景区的美感。

对新建的旅游购物商店进行规划是为了保证旅游景区的环境，旅游景区商业店铺的建筑和布局要做到统一规划、统一布局，成为富有特色的旅游商业街，最好能将这些旅游商店统一规划，周密设计，位置适当，数量合理。

旅游景区的商店往往融入旅游景区中，和景区风光构成一体，因而允许每个店铺具有不同风格的同时，必须保证店铺和旅游景区风光的和谐一致性。要通过店铺的建筑使景区锦上添花，增加旅游景区的魅力，而不能破坏旅游景区的风光。

对旅游区内的文物古迹要认真保护，要保持其历史特点，维持其原有面貌，不得随意改建、拆迁。文物古迹及古典园林风景点的周围不准建设高度、体量、色彩、格调不协调的建筑物及其他设施。

二、充分利用当地资源，提高旅游商品质量

随着社会物质生活水平的不断提高，人们对于旅游体验的要求也日益提升。尤其是在国内旅游者中，纪念性和观赏性的中档旅游商品逐渐成为热门选择。我国拥有丰富的历史

文化和多样的民族特色，因此，旅游商品经营商有责任积极推广本土特色的土特产品和传统工艺品，以展示景区及民族的独特魅力。

为了不断提升旅游商品的文化和艺术品位，我们需要充分利用当地资源，让商品具备更深层次的文化内涵。这包括通过设计、包装和宣传等方面的努力，使商品更好地体现当地的历史、风土人情和地域特色。与此同时，购物街的建设也应该成为一个重要环节，提供更为便利和愉悦的购物环境，使游客在体验当地文化的同时能够愉快地购物。

在这一过程中，政府的角色不可忽视。政府应当高度重视旅游产业，组织各相关部门形成全方位整治旅游商业市场的共识。通过建章立制、集中培训等手段，制订旅游发展规划和有关政策，为旅游商品提质增值创造有利条件。此外，政府还应当完善商业服务设施，发挥其在旅游环境中的功能。通过提供优质良好的商业服务，政府可以引导形成健康、文明、向上的旅游风尚，有助于提升整个旅游产业的素质和形象。

三、优化旅游市场环境，规划市场秩序

为了推动旅游业的健康发展，必须通过专项整治措施有效地制止违法违规活动。在这一过程中，工商部门需与旅游景区商业服务设施的经营管理紧密合作。这包括取缔无证宾馆、饭店、商店和摊点等不合规的经营实体，同时限制旅游景区商业经营服务的数量和商品销售区域。为了确保市场秩序的规范，经营者必须出示有效的经营执照，所售旅游商品应明码标价，杜绝假冒伪劣现象，并符合卫生要求。

对于宾馆、饭店、饮食和娱乐等商业服务设施，在旅游旺季不得随意提高价格，以打击欺骗行为，维护旅游商业市场的信誉，并保护消费者的权益。通过建立规范的价格管理机制，确保消费者在旅游高峰期能够享受公平合理的价格，促进市场的稳定发展。最终目标是创造一个让旅游观光者吃得舒心、住得安心、行得顺心、游得愉快、玩得尽兴的旅游市场环境。通过以上措施，建立起一个健康有序的旅游市场，促使旅游业在可持续的基础上蓬勃发展，从而实现市场主体、消费者和整个社会的共赢局面。

四、加强对旅游商业服务设施的管理

第一，在各旅游景区设立举报岗亭和举报电话，以建立有效的监督机制，旨在打击不法经营行为并制裁违规行为。此举旨在遏制旅游景区内的拦客、围追强拉游客、欺骗等行为，确保旅游者的基本权益。在此基础上，应与工商部门合作，共同对不法商业经营行为进行调查并给予相应的行政和经济处罚，以维护旅游市场的公平和有序。

第二，建立旅游消费告示牌，通过公示投诉电话等方式，增强旅游者的自我保护意识。这一措施的目的在于让游客能够更好地了解自身权益的保护途径，使其在面对不当行为时能够迅速采取行动。透明化的信息公示也有助于塑造旅游市场的良好形象，增强旅游

者对目的地的信任感。

第三，对景区内的流动摊点数量应予以限制，并对其进行严格管理。此外，对于抬轿、挑包、摄影等个体工商户的经营人员，需要制定具体的管理措施，并合理安排其在各景点区域内的位置。通过这些措施，旨在保障旅游者的人身安全，防范不法行为，同时防止对旅游者经济利益的侵害。通过对流动经营的合理规划和监管，可确保旅游商业服务设施的有序运营，为游客提供更加安全、舒适的旅游环境。

第四，宣传教育。通过多种宣传媒介，如报纸、广播、电视、标语等，对当地居民进行服务意识、环保意识、商业道德意识及法制观念的全面宣传。这一步骤的目标是改善旅游景区从业人员、经营者及周围居民与游客之间的关系，以促进旅游业的可持续发展。通过增强社会各界的意识，期望在整体上形成对旅游行业积极发展的共识，从而创造更加和谐的旅游环境。

第五，建立新闻监督机制。特别是在遗址景区，应设立新闻监督机制，通过报纸、电视等媒体公告不良商业服务设施的情况，以唤起人民群众对整治旅游环境的积极性和主动性。这种公开宣传不仅有助于形成社会监督的力量，也对不良商业行为形成强烈的警示，提升旅游行业的整体素质。

第六，提高旅游工作人员的工作效率和职业道德素质，确保他们能够及时处理旅游投诉并解决相关问题。通过培训和教育，加强旅游从业人员的服务意识和职业道德，以提高他们在处理客户投诉时的专业水平。这一举措有助于改善游客体验，增强他们对旅游服务的信任感。

第七，完善旅游法规。旅游行政管理部门应加强对旅游法规的制定和完善，以切实保障游客的合法权益不受侵害。特别是针对导游人员的违规行为，如随意增加购物时间和次数、接受经商者的回扣等不良行为，应制定明确的处罚措施，并进行严厉处罚，以维护旅游市场的公平和健康发展。通过法规的完善，可为游客提供更加安全、公正的旅游环境，进而稳定客源，赢得游客的信任。

第八章　城乡融合发展与智慧景区规划策略

第一节　城乡融合发展的内容与路径

城乡融合发展的核心在"融"。基于马克思主义城乡关系的科学指引，我国城乡关系政策经历了从"统筹城乡发展"到"城乡发展一体化"再到"城乡融合发展"的转变，城乡关系逐渐协调，把工农、城乡放到同等地位，进行通盘考虑、统筹发展，实现了城乡关系理论的又一次飞跃。近年来，我国农业人口市民化的进程加快，城乡之间要素自由流通渠道畅通，各项体制机制和政策体系逐步健全，城乡融合发展成效显著。进入新发展阶段，全面推进城乡平衡、充分发展，实现城乡融合，最艰巨、最繁重的任务依然在乡村，最广泛、最深厚的基础依然在乡村。发展壮大县域经济，增强县域综合实力，使广大农民看得见、摸得着，真真切切享受到发展成果，落实落细城乡融合发展。

一、城乡融合发展的内容

（一）推动城乡经济发展互利互惠

城乡二元经济结构的长期存在使工业呈现高速增长的态势，农业发展缓慢落后，各种经济要素无法进行自由流动，差距拉大。进入新时代后，我国重新审视了工业和农业、城市与乡村之间的关系，提出在坚持工农互促、城乡互补的城乡关系下，推进城乡各种经济要素双向流动，促进乡村振兴与新型城镇化建设协同发展，实现城乡经济发展互利互惠。

（二）坚持城乡互补的城乡关系

生产力的发展对城乡关系的发展有着至关重要的作用。在人类社会发展初期，生产力水平低下，城乡之间相互依赖；在大工业化生产发展时期，生产力得到发展，城市开始侵占乡村资源发展，导致城乡分割；在经济社会高速发展的时期，社会生产力十分发达，城乡逐渐走向融合。

（三）推进城乡要素配置合理化进程

城乡融合发展要求打破城乡二元结构，推进城乡要素配置合理化。但现阶段我国城乡要素资源依然存在不平衡、不协调的问题，影响了乡村的发展，制约着城乡融合发展的进程。受城乡二元体制的影响，城市发展较为成熟，处于优势地位，资本总是朝着城市流动来获取更高的利益，导致农村发展缓慢，市场发育迟缓，吸引力不够，生产要素流向城市，造成资金、技术、人才大量短缺，农村已有资源得不到开发与发展，农民生产要素的权益也得不到保障，逐渐拉大与城市之间的差距。公共财政对城市的倾斜也造成了城乡公共资源配置不合理。要通过改革制度，健全机制营造公平的城乡环境，推动城乡要素、公共资源合理化配置。

（四）协同推进乡村振兴和新型城镇化水平

新时代的乡村振兴更加强调城乡之间的有机联系，既要尊重城市与乡村的差异性，也要注重城市与乡村的有效衔接，实现资源要素在城乡之间的自由流通。新型城镇化的目的是要转变"以物为本"的传统发展观念，确立"以人为本"的新型城镇化理念。协同推进乡村振兴和新型城镇化，需要将其作为一个整体放在全局的高度进行科学规划，在保证人民群众根本利益的基础上，建立健全城乡融合发展的体制机制，推进空间、经济、社会3方面的协同治理，优化资源配置，形成各具特色的城乡均衡发展模式。

（五）城乡文化发展和谐共融

随着市场经济的快速发展，各种社会思潮对我国主流价值观形成了强烈的冲击，影响着我国城乡居民的思想观念。要坚持社会主义核心价值观，对消极的、错误的社会思潮进行辨识和防范，健全城乡公共文化服务体系，使城乡居民共享优质文化。

（六）全面保障和改善民生

社会民生是城乡融合发展的关键内容之一。保障和改善民生需要认真听取城乡居民的最真实的诉求，从实际出发，从城乡居民最关心的问题出发，切实维护好城乡居民的根本利益。首先，改革城乡户籍制度，促进农业人口市民化。我国城乡二元户籍制度制约了城乡融合发展的推进，导致了一系列的问题。其次，加强城乡基础设施建设，提高公共服务水平，保障民生发展质量。政府可以从基础设施、教育、医疗等多个方面进行工作的开展，加大对城乡基础设施建设的财政投入，加强和完善乡村基础设施的建设，实现统一规划、统一建设、统一管护，促进城乡公共资源和基础设施均衡化发展。

（七）城乡生态发展共谋生存

进入新时代，我国在城乡生态建设上取得了重大突破和成就，城乡生态建设的统筹推进机制不断完善，城乡居民生态环境保护意识日益增强，城乡人居环境也在不断改善，推动了城乡生态融合发展。但是，这一融合发展不是自然而然形成的，而是"绿水青山就是金山银山"的发展新理念以及城乡生态环境共同治理形成的结果。

二、城乡融合发展的路径

（一）加快乡村基础设施建设进度

乡村基础设施建设是县域经济发展的坚实基础，要改善乡村基础设施的薄弱的局面，加强乡村道路、水利、信息网络等基础设施的建设。

加强乡村传统基础设施的建设。要增加对乡村传统基础设施建设的财政支持，解决乡村在交通、水电、通信等方面存在的问题，对不足之处进行完善。

第一，构建覆盖广、质量高的乡村交通路网。科学规划乡村道路网络，加强与城镇道路、国道以及省道之间的交通连接，打通乡村公路的"最后一公里"，保证乡村居民出行的顺畅，方便农产品的运送和销售工作的开展；加强对乡村道路的日常巡检，定期对乡村道路进行排查，出现问题及时进行维修和养护，避免产生安全隐患。

第二，是完善乡村供水保障工程。重视乡村水库的建设和乡村水源的保护，确保乡村居民生产生活用水供应充足；提高城乡供水一体化水平，推进农村供水工程建设改造，实现乡村自来水的全覆盖，并加快净化消毒的设施的配备，保障乡村居民喝到既干净卫生又安全的饮用水；进一步完善乡村水价水费的收取标准，保障每家每户都能用上水、用好水。

第三，是保障电力的稳定供应，对乡村年久失修的电网进行改造，巩固提升乡村电网的供电能力，定时筛查废旧、锈蚀严重以及损害程度高的电杆、电线等基础电力设施，保证村民的供电、用电安全。

第四，是对乡村房屋情况进行数据登记，健全乡村住房建设的标准规范，对乡村危房进行改造，加强地震多发区房屋的抗震能力，提升乡村房屋的质量安全。

（二）推进城乡产业深度融合程度

为更好地推进乡村经济发展，激活乡村发展的内在动力，必须不断深化农业供给侧结构性改革，加大城乡产业统筹发展的力度，加深城乡各产业之间的联系与合作。通过搭建城乡产业协同发展平台，提高乡村承接城市要素的能力，促进乡村经济发展多元化，推动城乡经济的协调发展。

1.农业供给侧结构性改革

农业供给侧结构性改革触及"三农"方方面面，是一场全面的、艰巨的改革，要正确认识和把握"三农"发展实际情况，保证改革方向的正确，实现中国农业健康、长远发展。继续推动农业产业结构改革，促进农业转型升级，实现农业高质量发展。

（1）抓好粮食生产，端好中国饭碗。要在保证粮食安全的基础上，确保稻谷、小麦等主要粮食的种植面积和产量的稳定，攻坚克难扩种大豆，重点抓好油菜、油茶等油料生产，严格粮食安全责任考核制，提高粮食的综合生产能力，提升畜牧业和渔业发展质量。加大农业防灾减灾救灾的投入，加快推进农村应急广播系统的建立，守住粮食安全，实现粮食稳中有增。

（2）加快补齐农业基础设施短板，强化现代农业基础支撑。多渠道加大农业基础设施建设的资金支持，重点完善乡村道路的规划，提升道路质量，形成内畅外通的交通道路网络；加快完成以先进水利技术灌溉的高标准农田建设，提升粮食综合产量；推进智能化农机装备的研发制造，提高农业机械化效率。利用现代生物和信息技术加快发展设施农业，根据各县域农业生态类型、产业基础条件和市场需要，科学、合理地配置设施类型和种植品种，推动农产品供给由一元生产向多元供给转变。

（3）以绿色和科技理念为导向，结合自身优势发展生态农业、休闲农业、精细农业等，严格认证"三品一标"，打造具有影响力的新兴农业特色品牌，促进我国农业高质量发展。

2.统筹做好重要农产品调控

（1）调整优化农产品供需结构。优化农业产品供应结构，适应市场环境，减少低端产品的供应，消除低效供应和无效供应，增加优质、个性、绿色和高附加值产品等优质产品的有效供应。面对市场波动的挑战，要运用好现代信息技术，完善农产品产前、产中、产后的监控和预警机制，建立城乡统一的农产品信息平台，及时更新和发布企业、个体经营者、农户等主体对农产品的供应和需求，规范管理、有效调控各类农产品，做好农产品应急保障工作，加强风险管控。

（2）注重农产品的质量和安全。政府要健全相关法律法规，建立统一的农产品质量安全标准体系，严格规范农业产业生产，对农产品的生产、销售的全过程进行监督，对于以次充好、制假贩假等行为进行严厉打击。农产品生产企业和农民也要加强环保意识，以优质、安全、绿色为导向进行农业生产活动，禁止违规使用和处理农药、化肥、食品添加剂等化学用品。

3.推动一、二、三产业融合发展

政府应加强统筹规划，合理分配布局城市、县域产业结构，合理引导传统的技术含量低、劳动密集型的制造业以及与农业相关的优质二、三产业等从城市转移到周边县域，既节约了企业转移成本，还为县域内的剩余劳动力以及闲置劳动力提供了就地就近就业的机会，提高县域居民的收入，促进县域经济的发展，推进县域内产业发展与新型城镇化建设有机结合，完善城乡产业分工协作关系，促使城乡产业进行有效衔接。在顺应农业产业发展的规律之下，当地政府要落实好一、二、三产业融合发展用地的相关政策，规范乡村产业融合发展用地的各项规章细则，严格管理土地用途，对于产业融合发展用地的合理需求予以批准，定期审查、监督土地用途，防止违规违法行为的产生，保障企业、农业合作社以及农户等群体的利益，促进县域经济的发展壮大。完善产业融合的利益联结机制，不仅鼓励龙头企业承担起社会责任，解决农民就业问题，带动农户和农民合作社的发展，增加其收益，还要注重发挥政府监管职能，健全风险防范机制。

4.搭建城乡产业协同发展平台

通过建设特色小镇、现代农业产业园等空间载体，可以有效地吸纳农村要素，使农村经济发展多样化，缩小城乡产业发展差距，实现城乡产业协调发展。利用乡村特色资源资产，打造特色小镇。

（1）特色小镇的特色在于产业，其建设也重在培育和发展特色产业。乡镇要根据区位条件和产业基础深入挖掘当地历史人文、建筑艺术、传统民俗等优势资源，明确特色产业的定位和优势，通过打造具有明显竞争优势的特色产业，转化发展好乡村特色资产，优化升级地方传统产业，推动特色小镇成为一个重要集聚平台，吸引多样产业入驻形成产业集聚，为县域经济发展注入新的活力，尽力避免过大过全的传统发展模式。

（2）特色小镇作为城乡要素融合的重要载体，其活力在于创新。要积极引进先进技术和人才等高端创新要素资源，吸引相关企业、服务机构、科研基地等入驻，构建以企业为主体的产学研融合创新模式，推进产业技术水平的创新，深化产业链与创新链的融合，完善特色农产品产业链，畅通供应链、提升价值链，引导产业向乡镇集聚。

（三）健全城乡要素合理配置化

1.深化农村土地制度改革

城乡二元户籍制度造成了城乡二元土地制度，严重阻碍了城乡要素的顺畅流动。只有深化农村的土地制度改革，才能拓宽城乡产业发展空间，促进高质量发展。进一步完善农村承包地的相关政策。农村承包地的确权和颁证工作的顺利进行，保证了农民对承包地的各项权利，但还需要对农民承包土地的范围与面积、限制条件以及土地变化调整等方面进行进一步的细化规定，增加对农民和土地监督的内容，完善好土地收回再利用的程序，并根据农村承包地的最新情况及时进行合理的修正并补充其他相关内容。落实好土地承包关系"长久不变"的原则，对即将进行的二轮延包试点范围逐步扩大，在试点的过程中总结经验教训，形成相应的更为详细的相关规定和政策。在此基础上，建立健全土地的流转机制。

2.完善乡村振兴金融服务体系

为改变农村长期处于劣势地位的状况，就要不断完善乡村振兴金融服务体系，保障乡村享有与城市相等的优质金融服务。加强乡村金融基础设施的建设，提高乡村金融发展的深度和广度。要增加乡村金融服务网点以及多元化地方法人的金融机构，并进行优化布局，确保村民可以快速便捷的金融服务。各个大银行也应设立普惠金融部门，推进业务下沉，为乡村小银行提供资金、技术方面的支持与帮助。乡村金融机构要创新服务模式，利用信息技术发展数字金融，提供线上、线下双通道的金融服务，并且通过大数据、云计算等数字技术实现村民金融信用数据库共享，提高金融服务的效率与水平，增强金融产品的个性化推荐。同时，定期组织银行人员及乡镇工作人员对村民进行金融知识的宣传教育，利用微信、抖音、快手等新媒体平台不断普及金融知识，增强村民对银行基础业务以及理财产品的认识，提升村民基础金融知识水平，对于频繁发生的金融诈骗能进行有效的辨别，加强自我保护的能力，防止上当受骗。

3.完善乡村的人才建设

在新时代城乡融合发展中，实现乡村的振兴与发展的关键就在于人才。留住并吸引人才为乡村建设增砖添瓦，实现乡村的蓬勃发展，需要不断完善乡村人才队伍的建设。加强培育乡村本土人才。

（1）提高乡村人才开发培养理念。乡村基层宣传部门要做好乡村学习宣传工作，利用广播、主题活动、新媒体等多种方式使村民真正从思想上发生改变，树立终身学习的观念，主动参与农业知识学习和专业技能培训。

（2）培育高素质、懂农业的农民。加强乡村农业职业技术教育，支持涉农高校定制定向教育，设立农业实训基地，支持和鼓励农民继续学习，培养乡村振兴带头人；主抓农业能手、家庭农场主、合作社带头人等本土人才培育，与科研院所、职业院校等教育资源开展合作，结合当地特色设置培训课程，利用课堂教学、实习实践、线上培训等手段培养懂技术、会经营的乡村产业领军人才；扶持高素质农民发展，树立典型并总结经验做法进行示范推广。

（3）建强乡村基层人才队伍。通过建立乡村人才信息库或本土人才孵化基地等激发村民建设乡村的热情，根据实践能力来任用人才，选优配强村级领导班子，加强对驻村干部的教育培训，为乡村振兴服务。

（四）加强城乡基本公共服务供给水平

推进县域内融合发展的重要内容之一就是建立健全城乡普惠共享的基本公共服务，要求合理配置城乡教育资源，推动教育均衡发展；推进县域医疗共同体建设，加强医疗卫生互助；健全社会保障体系，扩大社会保障范围，这是县、镇、村各级政府必须履行的职责。

1.促进城乡教育水平均衡发展

城乡教育公平是城乡协调发展过程中需要重点关注的领域，特别是乡村教育。因此，要解决好乡村教育中存在的不平等问题，弥补乡村教育薄弱环节，推动城乡教育发展的平衡。

（1）加强乡村学校基础设施建设。政府要进一步增加对乡村教育的财政支持，积极落实并完善好乡村小规模学校和寄宿制学校的建设，完善乡村学校基础设施，如教学楼进行修缮和翻新，置备教学器材，增设学校图书馆等，为老师教学和学生学习提供良好的环境。

（2）健全乡村教师培养相关制度。为满足乡村教师需求，国家应在培养常规师范生的基础上制定培养乡村教师的专项政策。一方面，放宽公费师范生的招收条件，扩大招生规模，加大培养力度；另一方面，实施公费师范生的定向培养，加强师范高校与定向就业地之间的联系与交流，在学习期间开展假期教学实践和实习实践等活动。同时，国家应重视在职乡村教师科研素质的培养，出台相关政策，改善乡村教师福利，扶持乡村教师发展，吸引更多人才加入乡村教师队伍。

2.紧密加强城乡医疗卫生互助

目前，乡村地区医疗卫生服务的发展非常缓慢，有必要通过县域医疗共同体建设，利用信息平台加强与城市医疗卫生服务的互动和交流，逐步缩小与城市地区的差距。

（1）加大对县域内医疗卫生服务事业的资金倾斜力度。政府要确保每年对县域医疗卫生事业投入相应的财政资金，并根据不同地区发展状况来适当调整资金投入的比例，确保资金落实到位，完善县城、乡村医疗设施，改善陈旧、落后的医疗设备和简陋的设施条件。

（2）加强乡村医疗卫生人才队伍建设。当地政府应与医学院校开展合作，为医学院校学生提供实习机会，进行定向招录，鼓励就近就地就业。制定专门的人才引进标准，对高层次人才和紧缺急需人才予以更好的福利待遇。完善人才激励机制，畅通乡村医疗卫生服务人才晋升通道，同时加快推进空编补齐，加大对乡村医疗卫生服务人才的保障力度。

（3）加强县域医疗共同体信息化建设。依托互联网和大数据，对村民就医、健康状况进行统计，建立信息共享平台，实现县级医疗卫生机构间的信息互联，进行远程会诊和数据传送，节约就诊时间和医疗费用，提升县域医疗服务质量。

3.健全完善城乡社会保障体系

社会保障对于推动城乡经济可持续发展以及城乡社会稳定具有重要作用。现阶段，我国乡村社会保障体系还不完善，与城市居民的社会保障存在一定的差距。要健全城乡社会保障体系，让城乡居民享有平等的社会保障服务和福利待遇。

建立城乡统一的基本养老保险制度，使城乡居民"老有所养"。政府需要根据经济社会发展实际情况对养老金进行合理调整，增加对多缴费、长期缴费的城乡居民的财政补贴，以增强其参保意愿。充分发挥市场的功能作用，动员企业、个人与政府共同分担养老责任，共同努力，提高城乡居民的养老保障水平，增强其可持续性。各个地区应出台有关法律、法规，以明确各地养老保险的缴费标准、养老金领取方式以及政府、企业、居民等主体之间的权利与义务，加强养老保险经办机构的管理，提高经办人员的理论知识与操作技能，精简、规范经办程序，及时公布和更新养老保险资金运行情况，并利用信息化网络平台和电话热线解答人民群众的疑问，接受人民群众建议，做到全方位监管。

第二节 "互联网+旅游"对景区空间规划的影响

"互联网+旅游"概念的提出为传统旅游业的发展开辟了新途径，传统景区则面临着向"智慧景区"转变升级的重要机遇期。景区发展变革受思潮引领，互联网思维与传统旅游思维的碰撞势必引起景区空间规划的又一次变革。

"智慧旅游是对旅游服务、旅游行政管理、旅游产业链发展等进行智能信息处理，成为新型的旅游形态。通过以一体化、智能化的信息管理体系对资源进行开发和整合，以旅游者互动体验为基础，促进旅游行业整体的创新发展进入新的领域，实现旅游行业科学化、精细化、便捷化的管理和服务模式。"[①]

一、互联网思维与旅游思维

（一）互联网思维

作为一种新的媒介方式，互联网改变了信息的传递模式和传播速度，也改变了商业模

---

① 李潇璇.互联网思维下的智慧旅游创新发展研究 [J].佳木斯职业学院学报，2018（9）：437.

式甚至空间形态。与此同时，这种信息传播模式和商业组织模式也在深刻改变人们的思维方式。通过互联网思维，让一些原本看似天方夜谭的需求成为可能，也让原本可以满足的需求在实现的质量和速度上得到升级。在互联网创新高速发展的今天，此种创新手法不失为一条有效抢占市场的良策，于是"创新型企业"如雨后春笋般在各行各业涌现。

互联网思维的特征可以总结如下：用户体验、产品更新和信息传播。用户体验注重研发，产品更新侧重于大数据云计算的运用，而信息传播的重点在于宣传销售。总结说来，互联网思维是将20世纪工业革命所带来的"福特制"即规模经济在依托信息技术和其他高科技基础上的知识经济中复ла了。但与"福特制"规模经济不同的是，互联网思维及互联网技术可以完美实现规模经济难以做到的"个性化定制服务"，正是因为有了互联网技术，实现了搜寻成本大大降低，个性制定可以通过互联网技术的应用实现有效的分类和聚集，进而实现规模化生产，有效降低成本，实现工业经济时代无法企及的成本领先。通过互联网实现规模经济从而达到成本领先，所有人的个性化需求都可以得到覆盖，即所谓"互联网思维"。

（二）旅游思维

我国旅游业的发展势头正劲，公众对旅游及互联网的热潮日益高涨，但相较互联网思维，"旅游思维"对于大众来说完全是一个陌生概念。概括来说，旅游思维是一种创新与整合，如何对各类旅游资源进行整合与创新，是对旅游业如何发展做出思考的一种解决办法。旅游思维的具体特征主要有下两点：

第一，旅游需要强调参与感。所谓参与感，19世纪60年代美国建立数座儿童博物馆，正因为其摆脱了传统印象中单纯的陈列式博物馆，创造性地融入带有互动参与性的各种主题活动，因此深受儿童及家长厚爱。孩子们在这里不仅可以玩得尽兴，还可以学到有关科学、文化、历史、艺术等各方面的知识，正所谓寓教于乐，使用户参的参与感发挥到了极致，真正做到了"身临其境"，因此得以经过数次经济时代变迁而顽强地存活。

第二，旅游思维崇尚"小是美好的"理念。这也是旅游未来发展的趋势之一，未来旅游的发展必然更多会走小众路线，而此处所谓的小众并不是单纯少数人去冷门地区游玩的含义，而更多的是注重旅游过程中的互动模式，必须凸显出其独特的用户体验，也就是说未来旅游和度假的概念将逐渐模糊。

（三）互联网对旅游思维的影响

旅游业与传统商业交易具有明显不同点，旅游业并不需要输送产品到世界各地去，绝大多数旅游产品具有不可转移性。旅游产品不同于一般物质产品可以运输并在交换后发生所有权转移，消费者购买旅游产品，得到的并不是旅游资源的所有权，而只是去感受和经历的权利。旅游产品的不可转移性也说明了旅游产品的信息传播速度越快、效率越高，对游客的旅游需求刺激影响越大，它的价值也就更容易实现。互联网发展为全球信息传递与沟通创造了一个极为广阔的平台，也为旅游市场的发展提供了一个新的契机。互联网的种种天然特性正好也是旅游发展所需要的，所以旅游思维对互联网思维的作用之大便不言而喻。互联网思维改变了旅游业原有的运作模式，提高了旅游服务产品的交易效率，降低了交易过程中的成本，传递了旅游信息资源，更加深入地刺激了该领域的竞争。

为了适应互联网思维带来的变化，旅游景区在未来发展过程中必须做到资源整合优化，运用新技术、新管理理念和新的运作方式为游客提供更多的"大众化的小众服务"的旅游体验，才能谋求可持续发展，即景区的"智慧化"建设阶段，势必以重视满足游客个性制定等个性化需求为基本原则，走创新、协同发展之路。

二、互联网时代对景区空间的影响

（一）互联网时代的空间特征

"互联网"开放、平等、交互、个性，它以去中心化扁平化和自组织的特性，解构并重构着社会结构，创造新的组织方式和组织形态。一是社会体系扁平化，在互联网世界里人人都是平等的；二是在这个时代里每个个体的表达都会形成非常强大的自下而上的力量，形成了一个大互联时代。正如农业技术与小生产对应，工业技术与大生产对应一样，信息技术对应的是大规模的定制，"互联网+"意味着一种新的经济与社会形态，"跨界融合，连接一切"是"互联网+"的时代特征，与工业时代相比，人类因互联网实现了充分、即时的彼此连接、相互影响，让传统社会组织呈现出自组织、扁平、多元和碎片化的趋势，以无所不在的形式，以爆炸式的力量将地球上的人与人、人与物、物与物进行连接和互动，改变了人类活动的组织结构与运行方式，重新定义了时空关系，城市空间也随之发生着变化。

（二）互联网对空间影响层面

1.空间组织多元

"互联网+"时代是以信息技术的广泛应用为基础的。信息技术弱化了空间相互作用与距离之间的关系，因此工业时代的地理学规律——"集聚—扩散过程遵循空间距离递减规律"在信息时代的适用性有所下降。信息技术使空间结构发展呈现出集聚与扩散并存的态势，经济社会活动日益依赖于信息网络进行，在很大程度上削减了距离的障碍，区位的影响力被削弱，传统空间发展格局被打破并形成多中心网络化的发展格局。与此同时，信息技术对于空间组织的影响，并不仅仅在于分散了空间活动，更在于支撑了中心区的聚集与高强度开发。

2.功能复合兼容

"互联网+"以"连接一切"的形态实现了技术、场景、参与者的即时联系网络，"互联网+"表示的含义为互联网可以与一切行业产生关系，诸如旅游这类与居民生活联系密切的行业将受到较大影响。

首先，随着区位影响因素地位的降低，功能区选址问题所受影响条件降低，原本对自然资源拥有较强依附关系的业态功能区便拥有了更多选择余地，各地区之间联系加强，孤立发展的态势将被打破，区域间协同发展成为可能。

其次，休闲空间、居住空间与就业空间兼容。随着居家办公、远程服务和电子商务的普及，以及城市基础设施和公共服务设施网络的智能化连接，供需方可以很好地解决信息不对称的问题，生产功能和流通功能的兼容化也将越来越突出，休闲、娱乐、生活及工作的场所边界和空间概念变得更加模糊，功能空间更多地转化为相互依赖与融合发展的关系。

最后，公共空间将成为空间体系中的关键节点。通过互联网使人们离开网络、回归生活，人们以社会交流为目的聚拢在一起，是智慧化空间的真正应用。公共空间的重要性不仅在于它的实体特征形态在空间形态中的作用，还在于它使人们在空间的体验过程中产生特定的感知和记忆，正是这些记忆的集合形成了空间的整体意象，使人能与空间产生超越物质环境的深层次联系，并进一步成为文化和精神价值的承载物。因此，在"互联网+"时代，尽管生活、生产的空间已模糊，但以体验为空间特性的公共空间的重要性将不断加强，它将成为装载文化、体验交往需求的容器。

3.注重人本思想

"互联网+"时代的到来，为促进个性化定制、公众参与带来了新的机遇，促使空间的塑造尊重人本身的活动需求。公众参与及个性诉求的表达突破了时空的限定和依赖，通过互联网进行扁平化、裂变式传播，并以建设服务于多方信息共享及知识交换的参与共享平台为新的趋势，空间发展有了更多来自民间的力量，影响了城市空间的构成。互联网时代信息的自主、参与的自主化及创造的自主化推进，改变了公众的参与意识，也改变了社会力量、政府力量和规划师群体的组织、交互及博弈方式。"互联网+"时代，依托微信群、公众号、微博、豆瓣和知乎等在线社区，社会自组织力量大幅提升，众包、众筹及众创等小规模自组织形式的活动大量涌现。参与的形式从主动参与变成无须意识的被动参与，城市空间的引导更基于对人本身行为及其交互规律的理解。IC卡刷卡记录、GPS轨迹、手机信令、带位置的微博和照片数据等被称为"数字脚印"的大数据，使规划可以对人类的行为进行大规模、客观、连续及实时的感知、观测和计算，这种手段在一定程度上替代了以往以收集资料为目的的调查类公众参与方式，体现了"感知即参与"。

（三）"互联网+旅游"影响下的景区空间演变

传统景区空间以主要旅游资源及路线为依托形成线性结构单元，现实旅游活动进行过程中人流、物流等"物质流"皆按照既定的路线往返流动，构成传统意义上的动态平衡状态。在智慧化环境当中，由于新兴"虚拟旅游资源"的开发而形成的信息流、资金流等非物质形态的"虚拟流"具有很强的渗透作用，可实现对物质空间的突破，与"物质流"形成互补关系，共同作用下逐渐向周边扩散，将更多旅游路线融入原线性单元结构中来，共同组合成网络化的空间结构，而"网络"中各个节点则构成若干单元组团，具有一定功能。至此，以互联网及智慧管理系统为基础的虚拟体系逐渐从景区空间体系中分化出来，形成全新空间形态，景区空间逐渐划分为物理与虚拟两类，物理空间的发展在传统旅游景区空间模式基础上结合互联网思维特征有所变化，虚拟空间则以一种平等地位正式比肩于物理空间，共同构成完整的智慧景区空间体系。

（四）"互联网+旅游"影响下的景区物理空间演变

景区物理空间的发展演变基于原有空间结构，受旅游活动参与者需求变革而呈现出空间形态的演化，具体体现为结构的灵活化、景点的分散化、功能的复合化等方面。

结构灵活化体现在随着景区可挖掘资源的不断深入、种类的不断增加、体验形式的不断变化，相较于传统景区中功能单一的住宿、餐饮等环节皆可演化出多种主题体验类型，使以往仅可作为主景区配套服务功能的区域"升级"为景区旅游吸引物之一，地位的提升亦可使其对应空间布局灵活性逐渐增强，不再受制于主景区的"服务半径"制约。如特色民宿体验、特色餐饮体验、乡土农事体验等功能的深入开发使其相应空间布局具有更大的自主灵活性。

景点分散化体现在景区内旅游吸引物的种类多元、地点随意的发展趋势，景区逐渐摆脱了以往"山区只看山，滨海只看海"的单一旅游吸引物发展模式而朝着吸引物多而散的方向发展。随着公众猎奇心态和"小众化"观念的逐渐增强，体验层次不断升级，追求意境的感知等精神层面的体验成为主流。"一草一木一世界，一池一藻一华年"，精神境界的追求对环境的要求并非十足苛刻，氛围塑造得当，随处皆可为景点。

功能复合化体现在景区功能的多元发展。借助互联网时代物流、信息流快速高效高度发达的发展背景为依托，旅游活动参与者对景区内功能需求亦提出不断推陈出新的要求，这决定着景区功能必然朝着多元复合化发展。在传统观光旅游功能基础上，旅游景区逐渐融入休闲养生、康养居住、商务办公、创意创作、科学研发等多种功能形式。昔日的"到此一游"型观光景点，如今更像是可供"短期居住""养生栖居""产居结合""创科空间"的风景秀丽之场所。

第三节　智慧景区空间规划的策略构建

在当前智慧旅游占据旅游业发展主潮流的趋势下，我国传统旅游景区遇到了发展瓶颈。传统资源导向型和市场导向型景区规划模式存在一定程度的局限性，最集中突出的问题在于对旅游市场和旅游资源的理解较为片面，挖掘不够深入，导致资源的粗放式开发及环境的破坏，从而在景区后期发展中逐渐降低市场竞争力。与此同时，互联网因子为景区带来区位影响因子、游览体验方式、生产生活方式、所需空间形态的巨大变革，推动着旅游功能的提升和互联网功能的拓展，使景区未来形成两大核心发展动力，即以推出特色智慧旅游体验为主的游览空间的升级，发掘融合了互联网技术的创新创业功能，实现空间形式的嬗变、传统与现代的融合、旅游和创意的碰撞，助力旅游业和互联网产业的深度融合协同发展。

一、智慧景区空间规划思路

智慧景区空间的规划必须紧扣当前市场的需求与未来产业发展趋势，即旅游用户群体对旅游功能提升的基本要求及景区未来发展寻求产业多元化的夙愿。旅游功能提升方面，由传统观光型景区向智慧化深度体验型、主题化精神文化型、无景点化全域探索型升级。把塑造多元旅游体验、提供个性需求作为旅游功能升级的根本目标，对其空间规划设计时须遵循一系列合理原则，通过对规划区的旅游资源和市场需求进行详细调查分析，挖掘当地资源中具有体验性价值的部分，借助智慧化手段实现深度开发。功能拓展方面，重点聚焦景区拓展的商务办公、会议会展、智慧应用、创新创业等类型空间的建设，以多元产业协同发展为长远目标，在空间规划设计时需满足一定基本条件，对规划区的产业发展状况及发展前景作出评估和预测再合理有序进行。于此，两类主要方面建设目标指引下，景区空间为承载多样化需求亦应呈现多元发展状态，网络虚拟空间的不断发展正在不断丰富空间形态类型及功能，未来景区空间发展应呈现物理空间与虚拟空间齐头并进的态势。

（一）规划前提

打造多种类多层次丰富旅游体验，改变景点为中心的设计理念，实现"无景点"式体验空间网状覆盖是智慧旅游最为核心内容之所在。旅游体验的丰富决定了对旅游资源的评价不能再以旅游观光价值作为唯一的衡量标准。为游客提供高质量、多种类旅游体验的前提是需要建立在对基础资源价值的深入性评价基础上，了解资源对游客构成体验的价值所在。深入认识资源价值，从体验的角度进行旅游规划设计和开发是规划的前提条件。

（二）规划背景

在景区规划设计中对空间处理包括3方面。首先，传统景区注重区位因素的重要性，功能空间设置均以区位优先为重点参考，智慧景区得益于互联网作用，区位因素影响作用大大降低；因此，景区选址应打破传统"景观优先""圈地造景"的束缚，让旅游地成为更为开放、自由的旅游空间；其次，传统旅游景区的关注点往往集中于景区内的各个片区，景区功能设置根据景点分布划分片区，旅游活动也局限于"片式"的活动范围内，从提供多元体验的角度来出发，可提供特别体验内容的地方皆可作为旅游活动涉及的空间，因此规划的目的也从打造观光景点转变为营造网络化、分散化的整体氛围；最后，传统旅游景区对外围拓展区域较少有所涉及，利用景区外围空间发展延伸产业，丰富景区功能业态格局，打破传统景区单纯依靠门票等消费收入的局面，塑造以创新创意产业为主导的新兴外围产业区，体现智慧景区复合功能、网络化发展、线上线下互动的特征特色。

（三）设计载体

解析互联网时代思维模式及空间组织逻辑构建合理物理空间体系，搭建智慧旅游服务平台完善便捷的虚拟空间体系，形成"虚拟"对"物理"的线上与线下融合互动的综合性景区空间系统，是智慧景区空间升级的代表性特征。旅游活动的种类、新鲜程度决定了旅游体验质量的高低。跳出单一物理空间形式的局限，向虚拟旅游空间方向转变，借助高科技设备增强体验度，将虚拟游览过程转变为真实度极高的体验过程，满足旅游者多样化、个性化的旅游需求，为景区注入活力。

（四）理念精髓

互联网时代的到来给个人活动提供了更多选择，终究使得个体的个性得以更全面彰显。自主性、个性化旅游体验设计和营造应当贯穿整个景区旅游活动的方式、内容和组织中。将传统依靠景点为吸引物转变成为满足游客个性化需求的旅游体验为吸引物，使游客获得高质量的旅游体验，正是顺应了休闲时代旅游者的旅游需求。

二、智慧景区空间规划原则

（一）指引原则：资源市场

"资源—市场"二者互相依存，资源因市场需求而改变，同时市场又因资源独特性而更具发展潜力。旅游资源通常以自然资源、人文资源等为主导的可利用因素，包括地形地貌、历史建筑景观、特色物质文化、特色非物质文化、生产生活形态、创新业态集群等。在对旅游市场的需求筛选后，将这些要素加以遴选和组合，进而设计成各种具有主题特色的旅游活动体验产品。旅游市场对所需旅游行为活动具有指引性作用，具体包括旅游过程中的参与性、娱乐性、知识性、归属性、解脱性等体验活动。

（二）主旨原则：精神文化

文化的融合与挖掘，是景区规划开发的灵魂。充满历史厚重感的场所探寻具有趣味性的故事，是文化与旅游相结合的最高境界。对于文化而言，旅游是其商业化、活化的最佳载体，而对旅游而言，文化是其产业升级、提升游客体验的核心路径。文化在景区的渗透，不但要充分尊重传统，更要寻求面向未来面向智慧化社会的多元需求才是景区规划开发所要突破的关键。作为景区文化最佳展现方式，文化主题的策划便成为未来景区吸引游客的重要手段之一，是景区增强体验感的有效途径和灵魂基调，具有特色、个性化的文化主题能充分调动起游客视觉、听觉、触觉等多种感官，使之产生前所未有又难以忘怀的深刻的情感体验。

（三）核心原则：活动策划

文化体验式旅游最为核心的内容则为通过设置极具参与性的活动，使游客得以从精神、亲身参与到旅游活动中来，增强游客对旅游吸引物的感知和理解，以在旅游活动中得到更丰富的知识、美感和情感交流。游客在游览过程中，清除脑中的杂念，暂时忘却日常琐事，运用感觉和知觉等使自己沉迷于眼前的景物和活动中，从而获得深度的旅游体验。以此为原则，要求景区能从宏观至细微、从环境氛围到具体服务配套，从建筑到景观等各个环节都需要以一条清晰明确的主线贯串起来，向游客展示景区的环境氛围、文化氛围。主体性的线索中，辅以视觉、听觉、嗅觉、味觉和触觉等多层面的体验设计，多角度立体式地为游客营造整体、统一的美好感受，形成难以忘怀的记忆。

（四）根本原则：传承原真

景区规划要尽量保持旅游资源的原始性和真实性，包含自然及文化的真实性。规划开发过程中不仅要保持大自然的原始韵味，还应当注意保护和传承当地特色传统文化，避免设计的内容对当地文化造成破坏性负面影响，避免文化侵吞现象出现。旅游基础设施应当与当地自然和文化特征相协调，能够让游客借助智慧化基础设施在景区所创造的环境中品味最纯真的旅游吸引物的内涵。

（五）蹊径原则：智慧应用

规划引导传统特色产业与互联网融合发展，为景区"复合化"发展拓展途径，开发"传统+现代"的智慧型产业形态。对具有文化特色、对环境和景区风貌无不良影响及现状具有一定发展基础的特色传统资源，采取融合或注入文化创意、旅游体验和互联网基因，实现由低附加值的生产环节向高附加值的"研发设计—销售"的转变；通过生产技术升级，提升研发和自主创新能力，建设自主品牌；对与景区特色相矛盾、对环境和风貌存在影响及现状发展情况较差的产业，予以腾退置换，并在原有空间植入文化旅游、会议会展和创新创业等多元新型复合功能。

三、智慧景区空间规划的要点

智慧景区空间规划是旨在提升景区管理效能、提供更优质游客体验的一项复杂而重要的任务。其要点涵盖多个方面，需要综合考虑景区的自然环境、文化背景、游客需求以及科技创新等因素。

第一，智慧景区空间规划应充分考虑景区的自然环境特征。这包括地理地貌、气候条件、生态系统等因素。合理利用自然资源，保护生态环境，使规划的空间与景区原有的自然特色相协调，实现可持续发展。

第二，文化背景是规划中的重要考虑因素。景区应当注重保护和传承本地文化，使规划空间能够融入地方传统与历史。通过合理安排景区内的文化场所、展览馆、文物保护区等，使游客能够更好地了解景区的历史和文化底蕴。

第三，满足游客需求是智慧景区空间规划的核心目标。通过合理规划游客服务区、休息区、餐饮区、购物区等功能区域，确保游客能够便利舒适地享受景区的各种服务。借助智能科技手段，提供个性化的服务，提高游客体验水平。

第四，科技创新也是智慧景区空间规划中不可忽视的因素。引入先进的信息技术、物联网、大数据等智能手段，实现景区内设施的智能化管理。例如，通过智能导览系统、虚拟现实技术，为游客提供更便捷、精准的导览服务，提升景区的智能化水平。

第五，智慧景区空间规划需要充分考虑安全问题。在规划中应设置安全通道、紧急出口，配备监控系统，确保游客在景区内的安全。此外，还需考虑应急救援设施，提高景区的应急处理能力。

第九章　国土空间规划与地理信息系统

第一节　地理信息系统的特征与组成

"国土空间是国民生存的场所和环境，包括陆地、陆上水域、内水、领海、领空等。国土空间的规划是在目前国土空间的现状之上对环境资源的承载力和开发力等深入了解，而进行的科学合理的规划设计，其目的是能够通过科学合理的规划实现国有土地的协调发展和高效运用，从而促进社会和国家的可持续性发展战略目标。以地理信息系统（GIS）在国土空间规划中的应用研究为框架，分别从我国国土空间规划公众参与中存在的问题分析、土地利用总体规划的实际需求和GIS在国土空间规划中的应用等方面进行深入研究，希望能够切实提升我国国土空间的可应用性，为我国以后的发展夯实基础。"①

一、地理信息系统及其发展

地理信息系统是信息化的核心技术。地理信息系统的概念和技术发展证明它是以需求为驱动、以技术为导引的。地理信息系统技术的应用不是孤立的，需要与其他相关技术进行集成和协同运行。

地理信息系统的概念含义和组成内容不断发生变化，作为信息应用科学，证明其与需求和技术发展的密切关系。

（一）地理信息系统的认知

地理信息系统（GIS）是对地理空间实体和地理现象的特征要素进行获取、处理、表达、管理、分析、显示和应用的计算机空间或时空信息系统。

---

① 温庆敏.地理信息系统（GIS）在国土空间规划中的应用研究 [J]. 农业灾害研究，2021，11（4）：103.

第一，地理空间实体。地理空间实体是指具有地理空间参考位置的地理实体特征要素，具有相对固定的空间位置和空间相关关系、相对不变的属性变化、离散属性取值或连续属性取值的特性。在一定时间内，在空间信息系统中仅将其视为静态空间对象进行处理表达，即进行空间建模表达。只有在考虑分析其随时间变化的特性时，即在时空信息系统中，才将其视为动态空间对象进行处理表达，即时空变化建模表达。

第二，地理现象。地理现象是指发生在地理空间中的地理事件特征要素，具有空间位置、空间关系和属性随时间变化的特性。需要在时空信息系统中将其视为动态空间对象进行处理表达，即记录位置、空间关系、属性之间的变化信息，进行时空变化建模表达。这类特征要素如台风、洪水过程、天气过程、地震过程、空气污染等。

第三，空间对象。空间对象是地理空间实体和地理现象在空间或时空信息系统中的数字化表达形式，具有随着表达尺度而变化的特性。空间对象可以采用离散对象方式进行表达，每个对象对应于现实世界的一个实体对象元素，具有独立的实体意义，称为离散对象。空间对象也可以采用连续对象方式进行表达，每个对象对应于一定取值范围的值域，称为连续对象，或空间场。

第四，离散对象。离散对象在空间或时空信息系统中一般采用点、线、面和体等几何要素表达。根据表达的尺度不同，离散对象对应的几何元素会发生变化，如一个城市，在大尺度上表现为面状要素，在小尺度上表现为点状要素；河流在大尺度上表现为面状要素，在小尺度上表现为线状要素等。这里尺度的概念是指制图学的比例尺，地理学的尺度概念与之相反。

第五，连续对象。连续对象在空间或时空信息系统中一般采用栅格要素进行表达。根据表达的尺度不同，表达的精度会随栅格要素的尺寸大小变化。这里，栅格要素也称为栅格单元，在图像学中称为像素或像元。数据文件中栅格单元对应于地理空间中的一个空间区域，形状一般采用矩形。矩形的一个边长的大小称为空间分辨率。分辨率越高，表示矩形的边长越短，代表的面积越小，表达精度越高；分辨率越低，表示矩形的边长越长，代表的面积越大，表达的精度越低。

地理空间实体和地理现象特征要素需要经过一定的技术手段，对其进行测量，以获取其位置、空间关系和属性信息，如采用野外数字测绘、摄影测量、遥感（GIS）、全球定位系统（GPS）以及其他测量或地理调查方法，经过必要的数据处理，形成地形图，专题地图、影像图等纸质图件或调查表格，或数字化的数据文件。这些图件、表格和数据文件需要经过数字化或数据格式转换，形成某个GIS软件所支持的数据文件格式。目前，测绘地理信息部门所提倡的内外业一体化测绘模式，就是直接提供GIS软件所支持的数据文件格式的产品。

（二）地理信息系统的相关系统

计算机制图、计算机辅助设计、数据库管理系统、遥感图像处理技术奠定了地理信息系统的技术基础。地理信息系统是这些学科的综合，它与这些学科和系统之间既有联系又有区别，以下将它们逐一加以比较，以突出地理信息系统的特点：

第一，地理信息系统与数字制图系统。数字制图是地理信息系统的主要技术基础，它涉及GIS中的空间数据采集、表示、处理、可视化甚至空间数据的管理。

第二，地理信息系统与计算机辅助设计系统。计算机辅助设计（CAD）是计算机技术用于机械、建筑、工程和产品设计的系统，它主要用于范围广泛的各种产品和工程的图形，大至飞机小到微芯片等。

第三，地理信息系统与数据库管理系统。数据库管理系统一般指商用的关系数据库管理系统，是银行系统、财务系统、商业管理系统、飞机订票系统等系统的基础软件。

第四，地理信息系统与遥感图像处理系统。遥感图像处理系统，是专门用于对遥感图像数据进行处理与分析的软件，主要强调对遥感栅格数据的几何处理、灰度处理和专题信息提取。

二、地理信息系统的综合特征

（一）基本特征

第一，以计算机系统为支撑的GIS。GIS是建立在计算机系统架构上的信息系统，由若干个相互关联的子系统构成，包括数据采集子系统、数据处理子系统、数据管理子系统、数据分析子系统、数据产品输出子系统等。

第二，空间数据是GIS的操作对象。在GIS中实现了空间数据的空间位置、属性特征和时态特征3种基本特征的统一。

第三，GIS具有对地理空间数据进行空间分析、评价、可视化和模拟的综合利用优势，具有分析与辅助决策支持的作用。GIS具备对多源、多类型、多格式空间数据进行整合、融合和标准化管理的能力，可以为数据的综合分析利用提供技术支撑。通过综合数据分析，可以获得常规方法或普通信息系统难以得到的重要空间信息，实现对地理空间对象和过程的演化、预测、决策和管理能力。

第四，GIS具有分布特性。GIS的分布特性是由其计算机系统的分布性和地理信息自身的分布性共同决定的。计算机系统的分布性决定了地理信息系统的框架是分布式的。地理要素的空间分布性决定了地理数据的获取、存储、管理和地理分析应用具有地域上的针对性。

第五，地理信息系统的成功应用强调组织体系和人的因素的作用。一个良好的组织体系可以确保地理数据的准确性和完整性，促进数据共享和交换，进而提高GIS的综合分析和管理能力。而拥有GIS相关知识和技能的人员则是实际应用GIS技术的关键。组织体系和人的因素的协同作用将推动GIS技术的广泛应用，为决策者提供准确、全面、可靠的空间分析和管理支持。

（二）技术特征

GIS的广泛应用基于其技术特色，与一般的制图技术不同，GIS技术在信息表达、数据组织、信息分析等方面，都有独特的技术特色，这种技术特色使其适应应用需要并且得到快速发展。

三、地理信息系统的关键组成

地理信息系统在技术发展导引和应用驱动两大动力因素作用下，得到了快速发展。这主要归因于3个因素：一是计算机技术的发展；二是空间技术（特别是遥感技术）的发展，驱使着GIS的发展；三是对海量空间数据处理、管理和综合空间决策分析应用牵引着GIS向前发展。由于空间遥感技术的发展，人们获取空间数据的能力大大增加，人们急需一种技术对这些海量数据进行处理、管理和分析利用。而具有大容量、快速计算能力的计算机系统才可满足这种需求。因此，GIS技术的发展与计算机技术的发展紧密相随，计算机技术的发展史基本上反映了GIS的发展史。GIS至今经历了5个发展阶段：①GIS的开拓时期；②GIS的巩固时期；③GIS专业化发展时期；④GIS的大发展时期；⑤GIS的广泛应用和深化时期。

（一）信息系统的种类

信息系统是具有采集、管理、分析和表达数据能力，根据信息系统所执行的任务，信息系统可分为事务处理系统、决策支持系统、管理信息系统、人工智能和专家系统。

（二）组成GIS的硬件

计算机硬件系统是计算机系统中的实际物理设备的总称，是构成GIS的物理架构支撑。根据构成GIS规模和功能的不同，它分为基本设备和扩展设备两大部分。

基本设备部分，包括计算机主机（含鼠标、键盘、硬盘、图形显示器等），存储设备（光盘刻录机、磁带机、光盘塔、活动硬盘、磁盘阵列等），数据输入设备（数字化仪、扫描仪、光笔等），以及数据输出设备（绘图仪、打印机等）。

扩展设备部分包括数字测图系统、图像处理系统、多媒体系统、虚拟现实与仿真系统、各类测绘仪器、GPS、数据通信端口、计算机网络设备等。它们用于配置GIS的单机系统、网络系统、集成系统等不同规模模式，以及以此为基础的普通GIS综合应用系统、专业GIS系统、能够与传感器设备联动的集成化动态监测GIS应用系统，或以数据共享和交换为目的的平台系统。

（三）组成GIS的软件

GIS的软件组成构成了GIS的数据和功能驱动系统，关系到GIS的数据管理和处理分析能力。它是由一组经过集成，按层次结构组成和运行的软件体系。一般而言，一个商业化的GIS软件，提供的是面向通用功能的软件，针对用户的具体和特殊需要，需要在此基础上进行二次开发，对商业化的GIS软件进行客户化定制。根据GIS的概念和功能，GIS软件的基本功能由6个子系统（或模块）组成，即空间数据输入与格式转换子系统、图形与属性编辑子系统、空间数据存储与管理子系统、空间数据处理与空间分析子系统、空间数据输出与表示子系统和用户接口。

第二节　国土空间规划中地理信息技术的类型

第一，云计算技术。在现代社会的各个领域，数据分析和处理已经成为一项极为重要的任务。在此过程中，地理信息的价值也越来越被人们重视。现在，用户需要更加准确、全面地共享空间信息。传统的地图地理信息服务已经逐渐演变为一种依托互联网的综合性地理信息服务。例如，在城市规划、土地评估等各个领域，都需要对空间信息进行深入分析，同时还要考虑到生态保护、耕地保护等一系列因素。这些工作都要依靠测绘地理信息平台完成，而这些平台的开发则会涉及信息处理、异构数据、空间多样性分析等多方面。此外，由于地理信息的数据量迅速增长，已经达到了PB级的海量数据，为了确保国土空间规划的顺利进行，有关单位要依靠云端运算技术为规划提供数据处理和其他技术支持，以实现空间制图信息的有效应用。目前，中国地球数字公司、超级地图公司等众多企业，都依靠云计算技术为用户提供各种空间地理信息服务。用户可以通过私有云、公有云等多种方式获取技术服务，从而提高工作效率。

第二，倾斜摄影技术。倾斜摄影技术属于一种航拍技术，需要利用飞行设备，在不同角度对目标区域进行数据收集。国家空间规划需要以测绘地理信息为基础，以航拍、云计算、大数据等相关技术为支撑的倾斜摄影可视化，图形与计算机视觉的融合，可实现多传感器快速采集海量地理信息数据、监控国家空间规划的目标。例如，规划管理者在安排企业进行矿山生态恢复时，倾斜摄影可以助其获得多角度、高精度的图像信息，为矿山生态恢复提供真实反馈，为地域空间规划者提供实时、准确的现场信息。在开放空间和蓝绿网络的规划设计过程中，斜向摄影可以帮助规划者精确控制水体和绿地的蓝绿线。斜摄法建立的三维模型可很好地恢复真实场景的视觉感受，为规划者提供准确的坐标信息和地形特征，并进行相应的测量和计算。这对测绘地理信息在国家空间规划中的应用具有重要意义。

第三，VR/AR技术。VR/AR技术也被称为虚拟现实技术，具有模拟和仿真的特点。虚拟现实技术可以创建虚拟和真实环境之间的交互。地域空间规划者可以依靠这两种技术，将以前抽象的地理信息转化为新的视觉信息内容，使工作人员更容易理解与地图有关的信息。城市规划师可以利用虚拟现实技术，将地理信息抽象和映射到接近真实世界的场景中，进行行业内部的城市空间布局规划和城市建设规划，通过加强未来场景与当前场景间的交互式可视化模型，迅速发现规划中潜在的隐患。例如，在建设防灾减灾系统的过程中，规划者可以使用倾斜摄影生成三维地理信息，以恢复城市的真实面貌。在此基础上，利用AR和VR技术对灾后场景进行模拟，为防灾减灾规划和建设提供指导。

第四，RS技术。在现阶段的国土空间规划中，RS技术得到了广泛应用。该技术有很多应用优势，具有较大的探测范围，可获取更多的数据资料；获取信息资料的速度快、及时性强、收集周期短；不容易受外界因素和自然条件的影响，即使在恶劣条件下仍能不受地面条件限制，正常开展工作；获取信息的手段多，信息总量大，可根据不同的任务，合理选择手段获取信息，并全天候作业。如果无法直接接触目标或与目标存在较远的距离，就可以使用RS技术有效判断、测量、分析目标的性质，并实时传送直观、形象、真实的遥感图像，为国土空间规划提供宝贵资料。

详细来说，RS技术在国土空间规划的数据获取、数据更新等方面发挥着不可取代的作用。一方面，RS技术可通过遥感手段高效、妥善地处理各项数据信息，并构建4D产品，为国土规划底图和专题图件的制作提供重要参考；另一方面，RS技术具有多元化的数据获取功能和时态分析功能，可动态监测国土空间，使相关人员全面掌握土地的使用情况，并以土地空间变化规律为依据，在遥感手段的支持下，获取真实、可靠的土壤、水质、环境污染等监测数据。

第三节　地理信息系统在国土空间规划中的应用

地理信息系统是一种能够有效整合和分析地理信息的工具，被广泛应用于各种领域，其中包括国土空间规划。国土空间规划是指对国土空间资源进行科学规划和有效管理，以实现国家发展和社会进步的目标。GIS在国土空间规划中的应用具有重要意义，可以帮助规划者更好地了解国土资源的分布、利用和变化情况，从而为国土空间规划提供科学依据和决策支持。

一、运用GIS整合国土空间数据

（一）采集数据

GIS在国土空间规划中的应用主要包括地形分析、资源管理、环境保护等领域，其中数据采集是GIS应用中非常重要的内容。数据采集的目的是获取有关地理空间信息的数据，并将其输入GIS系统中进行处理和分析。

（二）整理数据

数据整理是GIS整合国土空间数据的重要环节。

第一，数据清洗和去重是对采集的数据进行清洗和去重处理，删除重复或不必要的数据，保留重要的数据和属性信息。

第二，数据格式转换和重投影是将数据转换为标准格式和投影，确保数据在GIS系统中的兼容性和一致性。GIS整合国土空间数据时，数据格式包括shp、dxf、dwg，投影包括WGS84、UTM。要对数据进行拓扑处理和编辑，消除拓扑错误和不一致性，确保数据在GIS系统中的正确性和准确性，拓扑处理包括节点合并、边界匹配、自动化拓扑修正。

第三，要按照国家和行业GB/T分类标准、ISO分类标准对数据进行分类和编码，方便数据查询、分析和管理。

第四，对数据进行质量评估和修正，使用各种质量指标的精度、完整性、一致性标准，以及各类质量控制方法，确保数据质量达到要求。在数据整理过程中，需要注意数据的质量和精度，确保数据的一致性和正确性。同时，需要根据数据用途和要求进行整理和优化，提高数据的可操作性和可视化效果。

二、运用地理信息系统绘制地图

（一）整合地图资源

在地理信息系统（GIS）中进行地图资源整合是GIS在国土空间规划中的一个重要应用。绘制地理信息系统地图需要确定整合目标和范围，因此，地图资源整合首先需要确定整合的地图资源范围和目标，如城市地图、交通地图、土地利用图等。

（二）多维度展示地图

资源整合后，在地理信息系统（GIS）中进行地图多维度展示，以方便国土空间规划工作的推动。采集和整理需要展示的地图数据，包括矢量数据和栅格数据，对数据进行清理、去重和格式转换处理。对采集的地图数据进行处理和计算，生成交通流量、人口密度、土地利用类型等多维度数据。使用ArcGIS中的拼接和叠加工具将投影和配准后的地图数据进行拼接叠加，生成整合后的地图，包括底图、标注、符号等元素。

将整合后的地图输出为各种格式，包括图像格式、矢量格式、Web格式等，进行发布和共享，掌握分辨率、颜色深度、压缩比例等输出参数的设置和调整。在地图多维度展示过程中确保数据的准确性和可靠性，同时需要根据展示的目标和维度选择合适的数据处理、可视化和展示方法，提高地图信息的可读性和实用性。

第十章 地理信息系统综述

第一节 地理信息科学的提出与发展

地理信息系统与地理信息科学和地球空间信息科学密不可分，二者为地理信息系统的发展和应用提供了理论、方法和技术基础。地理信息科学为地理信息系统提供了对地理特征要素及其相关关系的认知理论、建模理论和地理分析方法。地球空间信息科学为地理信息系统的地理空间数据的获取、处理、表达、制图和显示等提供技术方法，而地理信息科学又与地理学存在密切联系。

一、地理信息科学的提出

地理学是研究地球表面地理环境的结构分布、发展变化的规律性以及人—地关系的学科，已经经历了近代地理学和现代地理学两个发展阶段。地理学是研究地理环境的科学。地理环境可以划分为自然环境、经济环境和社会文化环境。

地理学按照研究的对象可以分为自然地理学、人文地理学、系统地理学、区域地理学、历史地理学和应用地理学。自然地理学研究自然环境或其组成要素的特征、分异及其变化发展的规律。人文地理学研究人—地关系的规律性。系统地理学研究地理环境或人—地关系的整体或某一地理要素的结构、分布及其发展变化的规律性。区域地理学以一个区域为研究对象，探讨各类地理要素之间的关系，以揭示区域特点、区域差异和区域关系。历史地理学研究历史时期地理现象和人—地关系的地理分布、演变及其发展规律。应用地理学研究某一特殊问题的地理因素、分布、演变规律及其规则，具有边缘学科的性质，如环境地理学、医学地理学、经济地理学、行为地理学等。

（一）地理学的3个发展阶段

地理学的发展经历了3个阶段：第一阶段以地理学定量分析为特点（Geometry）；第二阶段以图形学为特点，注重数量的空间关系（Graphics），进一步由大地测量、遥感、摄影测量、GPS的融入发展到Geomatics；第三阶段开始引入GIS，借助GIS来研究地理问题，以至于产生"地理信息科学"的概念，即Geographic Information Science。

随着信息技术的发展，地理学的概念、内涵、研究对象、学科特点发生了重大变化，取得了一系列重大研究成就，如地域分异性规律和区域系统研究、地表自然过程的综合研究、人—地系统与区域发展研究、GIS的建立和应用研究等。现代地理学正从静态的定性描述向动态的定量分析、由理论向实践、由宏观向微观发展。从发展来看，需要把握地理空间认知模型、地理概念的计算机实现和信息社会的地理学3大战略领域。地理科学更加注重与现代科学技术的融合，如高分辨率的对地观测系统、高灵敏度和高准确度的分析测试系统、不同条件下的实验模拟系统等。

之后，地理学的理论框架体系和地理学的计量化有了很大的发展，如学者提出的计量地理学、理论地理学、系统地理学、应用地理学、实验地理学等。钱学森提出的地球表层学或地理科学，主张用"定性—定量—定性"的综合集成方法，研究复杂、开放的巨型系统——地球系统。

（二）提出地理信息科学基于的3种观点

地理信息科学的提出受到信息社会、信息科学和对地理信息认知观点的影响，表现为对以下三种观点所形成的共识：

（1）地理信息科学是信息社会的地理学思想，地理计算或地理信息处理，强调使用计算机完成地理数值模拟和地学符号推理，辅助人类完成地理空间决策。地理科学是研究地理信息的出发点，也是地理信息研究的归宿。

（2）地理信息科学是面向地理空间数据处理的信息科学分支，从信息科学概念出发，地理信息科学的定义为地理信息的收集、加工、存储、传输和利用的科学。

（3）地理信息是人类对地理空间的认知，地理信息科学是人们直接或间接地（借助计算机等）认识地理空间后形成的知识体系。

在应用计算机技术对地理信息进行处理、存储、提取以及管理和分析的过程中逐步完善形成了地理信息科学技术体系。地理信息科学是一门从信息流的角度，研究地球表层自然要素与人文要素相互作用及其时空变化规律的科学。

（三）地理信息系统与地理学的关系

地理信息系统与地理学的关系表现在：

（1）地理学是我们理解世界的基础科学，GIS使得地理科学活生生地应用到现实世界中，包括科学中的基础部分。

（2）地理学与GIS密不可分，两者形成完美结合。地理学的进一步研究，需要GIS的支持。GIS软件的开发需要对地理问题的深入认识。两者的结合，互相促进了二者的发展。地理信息科学的理论体系、研究方法、学科地位的建立和完善，有利于地理学家对瞬时信息进行定性分析、空间信息的定位分析、时间信息的趋势分析、环境信息的综合分析。

（3）地理信息的虚拟分析与研究得以发展。网络GIS和虚拟现实技术的发展和结合，使数据量巨大、结构复杂的图形、图像、音频、视频等多源数据的处理与传输成为现实。在地学理论的研究中，上述技术和理论的完善，可使地理学家通过所建立的虚拟境界，亲自感受和认知复杂的关于地质、地貌、水文、气象、土壤、植被等的空间关系和物理关系，深化对其内部关系和机理的认识。

（4）数值模拟和定量化研究不断加强。RS、GIS、GPS等研究手段和分形学、混沌学、神经网络等研究方法论的发展，使人们从非线性角度、均质性和异质性、稳定性和变异性、渐变性和突变性等角度出发，用数学模型、计算机动态模拟技术，从更加量化和动态的深度，去刻画和阐明区域地理要素及其综合属性、地理过程等成为可能。人们对地理现象和地理过程的数值模拟和定量化研究的进展，使人们对地理系统的认识更加深刻。

二、地理信息科学的发展

地理信息科学的发展源于地球系统科学理论的发展，并在实践应用、信息技术发展和科学技术发展的推动作用下逐步完善。

（一）地球系统理论的发展

根据陈述彭院士对地球系统的理论研究，地球系统的理论基础有3个：

（1）地球系统的非均衡性理论，是地球系统信息流形成的基础；

（2）地球系统的耗散结构理论，是地球系统的热力形成的基础；

（3）地球系统的引力场理论，是地球系统的动力形成的基础。

它们共同形成地理信息流的过程。由于地球系统中普遍存在着物质和能量的分布不均衡现象，以及由这种不均衡现象产生的位能、势能和压强差的存在，因此，就产生了物质的扩张、滚动、流动、蠕动及坠落过程和能量的辐射、传导和扩散过程，即形成了物质和能量流。信息流就贯穿于这个物质和能量流的整个过程。

在地理系统中，物质和能量流的流量、流速和流向取决于它们在时空分布的非均衡程度，即它们的高与低、多与少、强与弱之差，即位能、势能、动能及压强之差。

在信息科学中，与物质和能量相伴而生、相伴而存在的信息，是物质和能量在时空分布的不均衡特征造成的。信息流又是物质和能量的时空分布的不均衡的性质、特征和状态的表征。因此，信息是物质和能量状态的标志。

研究地球系统离不开信息，研究系统的结构、功能离不开信息。系统各部分之间的联系往往是通过信息流来实现物质和能量的交换。信息流的时空特征，特别是畅通程度，是衡量一个系统结构化程度和系统发展水平的有效尺度。

信息本身是无形的，它既不同于物质，也不同于能量。但一经形成，必然依附于载体而存在，使无形成为有形。这就是在生活中信息常常以文字、符号、图形、图像、声音等为载体表现出来。

地球系统理论是地球科学、信息科学、系统科学和非线性科学等多种理论的综合和融合的结果。

（二）地理信息科学的孕育和发展

地理信息科学的形成和发展受到以下4个因素的影响。

1.客观实践的需求促进了地理信息科学的形成和发展

地理学是研究地理环境的科学，即研究地球表面这一部分的人类环境，可以分为自然环境、经济环境和社会文化环境，它们在地域上和结构上相互重叠、相互联系构成统一的一个地理环境整体。在地理学的发展过程中，信息科学、系统科学的理论与方法不断与其某个领域的研究对象、研究方法、研究内容相结合，使传统地理学的概念和内涵不断发生变化。

系统论认为，现实世界归根结底是由某些规模大小不同、复杂程度各异、等级层次有别、彼此交互重叠并且相互转化的系统所组成的一个有序的网络系统。在该系统中，运用系统理论和方法，揭示各种地理要素的耦合关系，以及各种物质、能量和信息之间的传递模式和过程，成为我们探索一切的现象或过程的特征和规律的重要依据。

信息论认为，采用各种手段（RS、GPS）获取关于地球表面的大气圈、岩石圈、水圈以及社会、生态和环境的各种信息，不仅是它所反映的地理要素——地质、地貌、水文、土壤、植被、社会、生态的综合，而且也是不同领域的专家，从不同角度、运用不同的方法，提取各自相关的专题信息，并进行信息机理的研究与分析，达到正确认识客观对象的桥梁。

在全球范围内，随着区域开发、环境保护和大型工程项目的建设需要，大量观测站网的布设，航空航天遥感技术获取数据能力的不断增强，为其提供了大量的数据资源。同时，由于自然科学、社会科学、技术科学、管理科学的交叉与融合，直接促进了规划、决策和管理部门工作方式的迅速改变。

由于计算机科学的发展，以及它在摄影测量、遥感、地图制图等方面的应用，使人们能够以数字的方式，采集、存储和处理各种与空间和地理分布有关的图形和属性数据；希望通过计算机对数据的分析，直接为管理和决策服务。

面对全球化的问题，如全球经济一体化、全球气候变化、区域自然地理过程、重大灾害监测与预警、人类社会的可持续性发展等重大问题，要找到科学合理的解决方案，就必须应用有效的理论和方法，来获取、处理和分析多种来源的多种信息。这促使了地理信息科学的产生和发展。

2.科学思想的作用

科学思想的变革。科学思想是人类对客观世界的理性认识的核心内容，是科学理论中的精华和指导性的观点，也是人类的根本思维方式。人类的思想从本能到直觉、理智、抽象思维，形成直观的、经验的、因果的、概率的、系统的以及非线性等绚丽多彩的科学思想。对于地球系统，或地理系统，在以往的研究中，由于受到认识能力的限制，人们只能处理一些简单的线性问题，对于非线性的复杂问题，在数学上则很难有其解。实际上，地球系统是非线性的，研究其特征，不仅对于模型构建和实际应用具有指导意义，而且是地理信息科学的重要理论基础之一。当今，信息是推动世界经济发展和社会全面进步的关键因素。在科学的宇宙观和哲学思想不断完善的年代，对地球环境的认识需要新的理论做指导。

3.科学技术本身的推动力

在地理信息科学的发展中，计算机科学、制图学、遥感科学在人类认识客观世界当中发挥了重要作用。自然界复杂多样，人们为了认识世界，把自然界划分为不同的领域，并在实践中不断完善和发展。受到各个时期生产力发展水平的约束，人们的认识水平也受到各种限制。在这个认识的过程中，人们总是要借助各种理论和技术来达到认识客观世界的目的。为此，人们发明了众多的科学工具，形成了各种理论体系和方法体系。20世纪90年代的科技发展是20世纪科技发展的缩影。在基础科学研究方面，有一系列重大发明，如在复杂的非线性现象研究方面，实现了时间序列混沌的控制实验，目前还在实验用混沌信号隐藏机密信息的信号传输方法；多种高精度仪器的发明和使用，得到了微观结构清晰的图像，如扫描隧道显微镜、皮秒和飞秒（10^{-15}秒）激光脉冲仪、飞秒时间分辨仪、核磁共振等，使对自然物质的时空认识达到原子和飞秒水平。电子信息科学的发展，如人工智能计算机、人工神经网络计算机、光子计算机、网络计算机、超导计算机、生物计算机等的研制，多媒体、计算机网络和虚拟现实技术的发展，把计算机与通信技术推到了一个新的高度。美国《时代》周刊把虚拟现实技术列为"改变未来的十大技术"之一。这些都使传统的模拟方式和思维方式发生了重大改变。

在科学技术的发展中，从长远看，离开了海洋开发和与空间开发的可持续性发展，人类社会的可持续性发展将是一纸空谈。联合国将1998年定为"国际海洋年"，反映了人类探索海洋和太空的迫切愿望。航空航天技术的发展，拉开了这一探索的序幕。短短半个世纪，空间科学技术在通信、定位导航、气象预报、资源利用、灾害监测、军事和天体研究方面得到了广泛应用，成为影响国民经济发展、标志综合国力的重要领域。

在卫星领域，对地观测系统成为人类认识地球资源与环境的重要工具和技术支撑。海洋科学也在不断发展，不但包括探索海洋的物理、化学、生物和地质过程的海洋物理学、海洋化学、海洋生物学、海洋地质学等基础研究，还包括海洋资源开发利用和军事活动的应用研究。

在地理信息科学方面，美国经济学家马克·波拉特发表了著名的《信息经济论》，打破了过去划分产业结构广泛使用的科林·克拉克学派的第一、第二和第三产业的三分法，提出了以农业、工业、服务业、信息业4大产业结构的划分方法。在这种理论的指导下，一些发达国家纷纷以波拉特的理论和计量方法，分析和评价本国的信息化程度，进而提出各自的发展战略。这些理论为地理信息科学的发展提供了理论依据。

4.现代科学思想和技术成就推动地理信息科学的不断完善

信息科学是研究客观世界及其信息资源的理论，研究人类、生物和计算机如何获取、识别、转换、存储、传递、再生成和控制掌握各种信息的规律以及人工智能的科学。在信息科学的体系中，理论基础是信息论和控制论。把信息科学的理论和方法用于研究地理现象和地理过程，形成了地理信息科学新的领域。遥感卫星和计算机的发展，为研究复杂的地理系统提供了丰富的信息资源，以及跨越时空的分析模型和预测预报的信息处理手段。

信息基础技术、信息系统技术和信息应用技术是现代信息技术包含的3个层次。计算机语言（面向对象）、计算机操作系统、计算机网络是该领域的重要事件。以计算机为核心，数字化、网络化、智能化和可视化为特征的信息化发展，是地理信息科学发展的重要理论和技术支撑。

认知科学在地理信息科学的形成和发展中起到了无可替代的作用。它是研究人、动物和机器的智能本质和规律的科学。其研究内容包括知觉、学习、记忆、推理、语言理解、知识获得、情感和系统为意识的高级心理现象。它是心理学、计算机科学、人工智能、语言学和神经科学等基础科学和哲学交叉的高度跨学科的新兴学科。认知心理学和人工智能是其核心学科。

认知科学作为研究人类的认识和智力本质和规律的前沿科学，得到了广泛的认同。具有创新意义的认知思维、认知理念及认知模式的发展，对于人们认识和理解复杂的地理系统、地理环境和地理信息具有重要作用。这方面的研究成果，对于国家信息基础设施、数字地球、数字城市、智慧城市都具有非常的意义。

　　地理信息科学由Goodchild提出以来，其基础理论和方法的研究，受到广泛关注。地理信息科学主要研究利用计算机技术对地理信息的处理、存储、提取以及管理和分析过程中一系列的基本问题，如地理数据的获取、地理信息的认知和表达、地理信息空间分析、地理信息基础设施以及地理信息系统的社会实践等。

第二节　地理信息科学中的重要概念

　　地理信息科学中的一些概念对理解GIS具有重要意义，它们中的一些概念促成了GIS概念的形成，又有一些概念因GIS而产生。

一、信息和数据

　　信息（Information）是用文字、数字、符号、语言、图形、图像等介质或载体，表示事件、事物、现象等的内容、数量或特征，从而向人们（或系统）提供关于现实世界新的事实和知识，作为生产、建设、经营、管理、分析和决策的依据。它不随介质或载体的物理形式的改变而改变。信息具有客观性、适用性、可传输性和共享性等特点。信息的客观性是指任何信息都是与客观事实紧密相关的，这是信息的正确性和精确度的保证。信息的适用性是指信息是为特定的对象服务的，同时也是为服务对象提供生产、建设、经营、管理、分析和决策的有用信息。信息的可传输性是指信息可在信息发送者和信息接收者之间传输。在计算机系统方面，它既包括系统把有用信息送至终端设备（包括远程终端）和以一定的形式或格式提供给有关用户，也包括信息在系统内各个子系统之间的流转和交换。信息的共享性是指同一信息可传输给多个用户，为多个用户共享，而本身并无损失。这是与实物不同的。信息的这些特点注定使它成为信息社会的一项重要资源。

　　数据（Data）是指对某一事件、事务、现象进行定性、定量描述的原始资料，包括文字、数字、符号、语言、图形、图像以及它们能转换成的形式。数据是用以载荷信息的物理符号，数据本身并没有意义。信息可以离开信息系统而独立存在，也可离开信息系统的各个组成和阶段而独立存在。在计算机信息时代，数据的形式或格式与计算机系统有关，并随着载荷它的介质的形式改变而改变。

信息和数据是密不可分的。信息来源于数据，数据是信息的载体，但并不就是信息。只有理解了数据的含义，对数据作出解释，才能提取数据中所包含的信息。信息处理的实质是对数据进行处理。在这个意义上，信息处理和数据处理是可以不加区分的。

二、地理信息和地理数据

地理信息（Geographic Information）是有关地理实体的性质、特征和运动状态的表征和一切有用的知识，它是对表达地理特征要素和地理现象之间关系的地理数据的解释。地理信息除具有信息的一般特性外，还具有以下独特特性：空间分布性、数据量大、多维结构和时序特征。空间分布性是指地理信息具有空间定位的特点。先定位后定性，并在区域上表现出分布式的特点，不可重叠，其属性表现为多层次，因此，地理数据库的分布或更新也应是分布式。多维结构特征是指在同一个空间位置上，具有多个专题和属性的信息结构，如在同一个空间位置上，可取得高度、噪声、污染、交通等多种信息。地理信息的时序特征，即动态变化特征，是指地理信息随时间变化的序列特征，可由超短期（台风、地震）、短期（江河洪水、季节低温）、中期（土地利用、作物估产）、长期（城市化、水土流失）和超长期（地壳运动、气候变化）时序来划分。数据量大是指地理信息具有空间特征，又有属性特征，还有随时间变化的特征，因此数据量大。

地理数据（Geographic Data）是各种地理特征和现象之间关系的符号化表示，包括空间位置特征、属性特征及时态特征3个基本特征部分。空间位置数据描述地理实体所在的空间绝对位置以及实体间存在的空间关系的相对位置。空间位置可由定义的坐标参照系统描述，空间关系可由拓扑关系，如邻接、关联、连通、包含、重叠等来描述。属性特征有时又称为非空间特征，是属于一定地理实体的定性、定量指标，即描述了地理信息的非空间组成成分，包括语义数据和统计数据等。时态特征是指地理数据采集或地理现象发生的时刻或时段。时态数据对环境模拟分析非常重要，正受到地理信息系统学界的重视。地理信息的空间位置、属性特征和时态特征是地理信息系统技术发展的根本点，也是支持地理空间分析的3大基本要素。

三、物质信息

在地理信息科学的研究中，对地理系统中的地理实体、地理现象和地理过程所包含的物质信息的识别、采集、量测、提取、分析、存储、检索、显示、更新、管理、综合、处理及应用的把握，具有重要的理论和实践意义。物质信息是指地理实体的物质成分、结构、形状、时间和空间分布的性质、特征和状态的表征或一切知识。物质的流动形成物质流。

四、能量信息

能量的分配与转换在地理系统中具有重要意义。在物质循环过程中，没有能量的支配是不可想象的。在能量不平衡的条件下，产生了诸如地壳运动、生物演替等客观规律。能量信息反映的是有关地理实体的能量特征，如重力、磁力、电磁波谱、声学等的性质、特征和状态的表征或一切知识。这是物理勘探和遥感的研究对象。在地理信息科学中，也具有重要应用，如地理过程的驱动力、地理系统内各子系统的耦合关系的分析、地理现象的信息建模和动态分析等。能量的流动产生能量流。

五、信息流

能量的不均衡和物质的流动都会产生信息流，信息流是GIS研究应用的重点和关键问题。信息流是指信息的传播与流动，信息流是物质流过程的流动影像，信息流分3个过程，即采集、传递和加工处理。

信息流的广义定义是指人们采用各种方式来实现信息交流，从面对面的直接交谈直到采用各种现代化的传递媒介，包括信息的收集、传递、处理、储存、检索、分析等渠道和过程。信息流的狭义定义是从现代信息技术研究、发展、应用的角度看，指的是信息处理过程中信息在计算机系统和通信网络中的流动。

在物质流系统中，信息流用于识别各种需求在物质流系统内所处的具体位置，两者之间的关系极为紧密，它们互为存在之前提和基础。在能量流系统中也是如此。

从传递内容来看，信息流是一种非实物化的传递方式，而物质流转移的则是实物化的物质，能量流转移的是能量，它们都通过位置和属性表现出信息的流动特性。

物质流、能量流和信息流是GIS研究的重要内容。

六、地理系统

地理系统，是指某一个特定时间和特定空间的，由两个以上相互区别又相互联系、相互制约的地理要素或过程所组成的，并具有特定的功能和行为，与外界环境相互作用，并能自动调节和具有自组织功能的整体。这里提到的地理要素是指资源、环境、经济和社会等，或地质、地貌、气候、土壤、植被、水文、经济与社会等。

地理系统是一种宏观范围的时空有序结构，具有自组织功能。这种功能表现在地理系统形成和发展的整体过程中，经历着混沌、平衡演变等不同阶段。

地理系统的自组织（Self-organization），是指系统在无外界的强迫（制）条件下，系统自发形成的有序行为，能自身调节功能的行为。地理系统及其各子系统（如河流、湖泊子系统，森林、草原子系统等），都具有自组织功能，如沙漠中的灌木、高山岩石中的树木等，都是地理系统自组织行为的结果。

地理系统形成之初，呈混沌状态，研究这种状态的理论是混沌理论。地理系统发展过程中，自组织行为的结果表现为地理系统的平衡状态。描述这种平衡状态的有地理系统协同论、人与自然相互作用理论/人地系统论、整体性与分异性理论/地带性规律、地理空间结构与空间功能/区位理论等。

对地理系统的认识，有助于明确地理实体、地理现象或地理过程的客观特征，有助于辨识、获取、分析和利用地理系统中的物质信息、能量信息，揭示地理信息的客观规律，为地理过程的建模提供理论、方法和实践的依据。

系统论认为，现实世界正是由这些规模大小不同、复杂程度各异、等级层次有别、彼此交错重叠又相互转换的系统组成的网络系统。通过对系统的认识，来揭示现实世界的客观特征。

七、耦合

耦合是指一定时空尺度上，自然、社会、人文和经济等要素之间的关系。对各种要素之间耦合关系的研究，是进一步研究和探索物质流、能量流和信息流的重要途径，如资源与环境的耦合（土地资源与水热资源的耦合、气候与地形的耦合），资源、环境与社会、经济的耦合（山地—绿洲—荒漠系统耦合）等。

一些耦合关系，恰恰是揭示地理信息科学关键过程的重要切入点，如地理系统中各种自然界面的耦合、大气—海洋界面的耦合、海洋—陆地界面的耦合、大气—陆地界面的耦合等。耦合关系构成了地理系统多姿多彩的特征。

第三节　地理信息科学的基本框架

地理信息科学较经典地理学具有明显的信息化特征，是现代信息科学与经典地理学发展相结合的结果。地理信息科学在研究地理学问题方面，明显吸收了现代信息技术的发展成就。

一、地理信息科学的特征

地理信息科学的特征可以从它与其他学科的关系以及自身的研究内容和方法进行描述。

（一）学科关系

（1）经典地理学及其分支科学的研究对象及理论是其研究对象和理论基础；

（2）信息科学的原理和方法是其方法论的源泉；

（3）GIS、RS、GPS、VR（Virtual Reality）、网络传输、模式识别等是其产生和发展的动力；

（4）资源科学、环境科学、生态科学是其重要的应用领域，地球资源环境研究是其核心；

（5）计算机科学、图形图像学、测绘与制图学的理论和方法是其表达和描述的工具；

（6）建立数字地球、数字城市的理论与方法是其快速发展的推动力。

（二）地理信息科学的内容和方法

地理信息科学的内容和方法可以简要归纳为以下几点：

（1）阐明地理系统各要素及其过程的发生、演变及其发展规律。

（2）探索地理信息形成、传递的机理和模式。包括地理信息的性质、特征、分类、规范标准和编码体系，地理信息时空结构、尺度转换、地理信息机理理论，地理信息的获取、处理、分析方法和手段，地理信息传递过程和误差机理，信息的反演理论和度量，等等。同时，还应包括地理信息在区域资源开发、环境保护和社会经济发展之间的关系研究等。

（3）探索地理系统稳定性的机制及其安全问题。如自然灾害监测与预警、资源承载力和环境容量等。

（4）挖掘新技术、新方法在地理信息科学方面的应用领域和应用途径。包括地理信息技术的集成、地理信息系统分析的理论和方法、3S（GPS、GIS、RS）技术和地面监测系统信息复合应用的理论和方法、3D（Three Dimensions）可视化及动态模拟方法、VR和多维信息的环境构造等。

（5）开拓信息服务产业。包括GIS系统的设计与开发，资源与环境管理系统的模式、地理信息服务网络建设，GIS功能软件的开发，地理信息的共享模式等。

二、地理信息科学基本框架

地理信息科学的基本框架可以从基础理论体系、方法体系、技术体系和应用体系描述。

（一）基础理论体系

主要是地理信息机理的研究。主要通过研究地理信息的结构、性质、分类与表达，地理信息传输过程及机制，地理信息的空间认知机理，以及地理信息的获取、处理、分析理论等。

（二）方法体系

主要体现在：空间数据的分类方法及其编码、投影坐标转换、数据采集方法、元数据描述方法、空间信息建模及决策支持方法等。GIS将来源于地理系统的数据流经过空间信息分析转换为信息流，完成对地理系统的认知过程。空间决策系统对来源于GIS的信息流进行决策分析，将其转化为知识流，模拟了对地理系统的调控过程。策略、方案实施则将认知行为转化为可操作的调控行为。

（三）技术体系

地理信息的获取技术、地理信息模拟技术、地理信息建模技术、地理信息分析技术、决策支持技术等是核心。当然，还包括其他的相关技术，如建库、管理、更新和共享、服务、应用等。

（四）应用体系

地理信息科学的应用领域十分广泛，不仅是许多学科研究的基础，而且本身也可以解决许多重要的地理学问题，如生态、环境、区域可持续发展、全球变化、疾病和健康、社会经济发展等。其应用构成不同分支的学科应用体系。

地理信息科学的框架由一系列基础理论、方法、技术体系和领域应用构成。

三、地理信息系统的科学基础

在人类认识自然、改造自然的过程中，人与自然的协调发展是人类社会可持续发展的最基本条件。从历史发展的角度看，人类活动对地球生态的影响总体是朝着变坏的方向发展的，人口、资源、环境和灾害是当今人类社会可持续发展所面临的4大问题。人类活动产生的这种变化和问题，日益成为人们关注的焦点。地球科学的研究为人类监测全球变化和区域可持续发展提供了科学依据和手段。地球系统科学、地球信息科学、地理信息科学、地球空间信息科学是地球科学体系的重要组成部分，它们是地理信息系统发展的科学基础、根源。地理信息系统是这些大学科的交叉学科、边缘学科，反过来又促进和影响了这些学科的发展。

（一）地球系统科学

地球系统科学（Earth System Science）是研究地球系统的科学。地球系统，是指由大气圈、水圈、土壤岩石圈和生物圈（包括人类自身）4大圈层组成的作为整体的地球。

地球系统包括自地心到地球的外层空间的十分广阔的范围，是一个复杂的非线性系统。在它们之间存在着地球系统各组成部分之间的相互作用，物理、化学和生物3大基本过程之间的相互作用，以及人与地球系统之间的相互作用。地球系统科学作为一门新的综合性学科，将构成地球整体的4大圈层作为一个相互作用的系统，研究其构成、运动、变化、过程、规律等，并与人类生活和活动结合起来，借以了解现在和过去，预测未来。地球科学作为一个完整的、综合性的观点，它的产生和发展是人类为解决所面临的全球性变化和可持续发展问题的需要，也是科学技术向深度和广度发展的必然结果。

就解决人类当前面临的人与自然的问题而言，如气候变暖、臭氧层空洞的形成和扩大、沙漠化、水资源短缺、植被破坏和物种大量消失等，已不再是局部或区域性问题。就学科内容而言，它已远远超出了单一学科的范畴，而涉及大气、海洋、土壤、生物等各类环境因子，又与物理、化学和生物过程密切相关。因此，只有从地球系统的整体着手，才有可能弄清这些问题产生的原因，并寻找到解决这些问题的办法。从科学技术的发展来看，对地观测技术的发展，特别是由全球定位系统（GPS）、遥感（RS）、地理信息系统（GIS）组成的对地观测与分析系统，提供了对整个地球进行长期的立体监测能力，为收集、处理和分析地球系统变化的海量数据，建立复杂的地球系统的虚拟模型或数字模型提供了科学工具。

由于地球系统科学面对的是综合性问题，应该采用多种科学思维方法，这就是大科学思维方法，包括系统方法、分析与综合方法、模型方法。

系统方法，是地球系统科学的主要科学思维方法。这是因为地球系统科学本身就是将地球作为整体系统来研究的。这一方法体现了在系统观点指导下的系统分析和在系统分析基础上的系统综合的科学认识的过程。

分析与综合方法，是从地球系统科学的概念和所要解决的问题来看的，是地球系统科学的科学思维方法。包括从分析到综合的思维方法和从综合到分析的思维方法，实质上是系统方法的扩展和具体化。

模型方法，是针对地球系统科学所要解决的问题及其特点，建立正确的数学模型，或地球的虚拟模型、数字模型，是地球系统科学的主要科学思维方法之一。这对研究地球系统的构成内容的描述、过程推演、变化预测等是至关重要的。

关于地球系统科学的研究内容，目前得到国际公认的主要包括气象和水系、生物化学过程、生态系统、地球系统的历史、人类活动、固体地球、太阳影响等。

综上所述，可以认为，地球系统科学是研究组成地球系统的各个圈层之间的相互关系、相互作用机制、地球系统变化规律和控制变化的机理，从而为预测全球变化、解决人类面临的问题建立科学基础，并为地球系统科学管理提供依据。

（二）地球信息科学

地球信息科学（Geo-Informatics，或Geo Information Science，GISci）是地球系统科学的组成部分，是研究地球表层信息流的科学，或研究地球表层资源与环境、经济与社会的综合信息流的科学。就地球信息科学的技术特征而言，它是记录、测量、处理、分析和表达地球参考数据或地球空间数据学科领域的科学。

地图信息源将主要来自由卫星群、高空航空遥感、低空航空遥感、地面遥感平台，并由多光谱、高光谱、微波以及激光扫描系统、定位定向系统、数字成像成图系统等共同组成的星、机、地一体化立体对地观测系统；可基于多平台、多谱段、全天候、多分辨率、多时相对全球进行观测和监测，极大地提高了信息获取的手段和能力。但明显的事实是，无论信息源是什么，其信息流程都明显表示为：信息获取→存储检索→分析加工→最终视觉产品。在信息化时代、网络化时代，信息更不是静止的，而是动态的，还应表现在信息获取→存储检索→分析加工→最终视觉产品→信息服务的完整过程。

地球信息科学属于边缘学科、交叉学科或综合学科。它的基础理论是地球科学理论、信息科学理论、系统理论和非线性科学理论的综合，是以信息流作为研究的主题，即研究地球表层的资源、环境和社会经济等一切现象的信息流过程，或以信息作为纽带的物质流、能量流，包括人才流、物流、资金流等的过程。这些都被认为是由信息流所引起的。

国内外的许多著名专家都认为，地球信息科学的主要技术手段包括遥感（RS）、地理信息系统（GIS）和全球定位系统（GPS）等高新技术，即所谓的3S技术。或者说，地球信息科学的研究手段，就是由RS、GIS和GPS构成的立体的对地观测系统。其运作特点是，在空间上是整体的，而不是局部的；在时间上是长期的，而不是短暂的；在时序上是连续的，而不是间断的；在时相上是同步的、协调的，而不是异相的、分属于不同历元的；在技术上不是孤立的，而是由RS、GIS和GPS 3种技术集成的。它们共同组成对地观测系统的核心技术。

在对地观测系统中，遥感技术为地球空间信息的快速获取、更新提供了先进的手段，并通过遥感图像处理软件、数字摄影测量软件等提供影像的解译信息和地学编码信息。地理信息系统则对这些信息加以存储、处理、分析和应用，而全球定位系统则在瞬间提供对应的三维定位信息，作为遥感数据处理和形成具有定位定向功能的数据采集系统、具有导航功能的地理信息系统的依据。

（三）地理信息科学

地理信息科学是信息时代的地理学，是地理学信息革命和范式演变的结果。它是关于地理信息的本质特征与运动规律的一门科学，它研究的对象是地理信息，是地球信息科学的重要组成成分。

地理信息科学的提出和理论创建来自两个方面：一是技术与应用的驱动，这是一条从实践到认识，从感性到理论的思想路线；二是科学融合与地理综合思潮的逻辑扩展，这是一条理论演绎的思想路线。在地理信息科学的发展过程中，两者相互交织、相互促进，共同推进地理学、思想发展、范式演变和地理科学的产生和发展。地理信息科学本质上是在两者的推动下的地理学思想演变的结果，是新的技术平台、观察视点和认识模式下的地理学的新范式，是信息时代的地理学。人类认识地球表层系统，经历了从经典地理学、计量地理学到地理信息科学的漫长历史时期。不同的历史阶段，人们以不同的技术平台，从不同的科学视角出发，得到关于地球表层不同的认知模型。

地理信息科学主要研究在应用计算机技术对地理信息进行处理、存储、提取以及管理和分析过程中所提出的一系列基本理论和技术问题，如数据的获取和集成、分布式计算、地理信息的认知和表达、空间分析、地理信息基础设施建设、地理数据的不确定性及其对于地理信息系统操作的影响、地理信息系统的社会实践等，并在理论、技术和应用3个层次构成地理信息科学的内容体系。

（四）地球空间信息科学

地球空间信息科学（Geo-Spatial Information Science，Geomatics）是以全球定位系统（GPS）、地理信息系统（GIS）、遥感（RS）为主要内容，并以计算机和通信技术为主要技术支撑，用于采集、量测、分析、存储、管理、显示、传播和应用与地球和空间分布有关数据的一门综合和集成的信息科学和技术。地球空间信息科学是地球科学的一个前沿领域，是地球信息科学的一个重要组成部分，是以3S技术为其代表，包括通信技术、计算机技术的新兴学科。其理论与方法还处于初步发展阶段，完整的地球空间信息科学理论体系有待建立，一系列基于3S技术及其集成的地球空间信息采集、存储、处理、表示、传播的技术方法有待发展。

地球空间信息科学作为一个现代的科学术语，作为一门新兴的交叉学科，由于人们对它的认识又各不相同，出现了许多相互类似，但又不完全一致的科学名词，如地球信息机理（Geo-Informatics）、图像测量学（Iconicmetry）、图像信息学（Iconic Informatics）、地理信息科学（Geographic Information Science）、地球信息科学（Geo Information Science）等。这些新的科学名词的出现，无一不与现代信息技术，如遥感、数字通信、互联网络、地理信息系统的发展密切相关。

地球空间信息科学与地理空间信息科学在学科定义和内涵上存在重叠,甚至人们认为是对同一个学科内容,从不同角度给出的科学名词。从测绘的角度理解,地球空间信息科学是地球科学与测绘科学、信息科学的交叉学科。从地理科学的角度理解,地球空间信息科学是地理科学与信息科学的交叉学科,即被称为地理空间信息科学。但地球空间信息科学的概念比地理信息科学要广,它不仅包含了现代测绘科学的全部内容,还包含了地理空间信息科学的主要内容,而且体现了多学科、技术和应用领域知识的交叉与渗透,如测绘学、地图学、地理学、管理科学、系统科学、图形图像学、互联网技术、通信技术、数据库技术、计算机技术、虚拟现实与仿真技术,以及规划、土地、资源、环境、军事等领域。研究的重点与地球信息科学接近,但它更侧重于技术、技术集成与应用,更强调"空间"的概念。

四、地理信息系统的技术基础

地理信息系统是一项多种技术集成的技术系统。数据采集技术[包括遥感技术(RS)、全球定位系统、三维激光扫描技术、数字测图技术等]、现代通信技术、计算机网络技术、软件工程技术、虚拟现实与仿真技术、信息安全技术、网络空间信息传输技术等构成了GIS技术体系的主要技术。这些技术在这里进行简要介绍,而地理信息系统技术则是本书详细介绍的内容。

(一)地理空间数据采集技术

地理空间信息的获取与更新是GIS的关键,也是瓶颈。以现代遥感技术(RS)、全球定位系统、三维激光扫描技术、数字测图技术等构成的空间数据采集技术体系构成了GIS数据采集与更新技术体系的主要内容。

星、机、地一体化的遥感立体观测和应用体系集成了"高分辨率、多时相遥感影像的快速获取和处理技术",这里"高分辨"可理解为高空间分辨率和高辐射分辨率(高光谐分辨率),GPS技术、三维激光扫描技术等多项技术,它们构成了不同的采集平台和数据处理系统。

1.卫星遥感

在卫星遥感平台方面,可以通过建立静止气象卫星数据地面接收系统、极轨气象卫星数据地面接收系统等低分辨率系统、中分辨率卫星数据地面接收系统等接收宏观遥感信息。

2.航空遥感和低空遥感

通过航空平台,如机载光学航空相机系统、机载雷达系统、机载数字传感器系统获取重点地区的高空间分辨率的航空影像（0.01～1m）和SAR（SyntheticApertureRadar）影像以及DEM（Digital Elevation Model），实现无地面控制点或少量地面控制点的遥感对地定位和信息获取。

机载光学航空相机系统，由航空数字相机和GPS系统组成，提供GPS辅助的解析空中摄影测量服务。

机载数字传感器系统包括机载激光扫描地形测图系统、机载激光遥感影像制图系统。前者由动态差分GPS接收机，用于确定扫描装置投影中心的空间位置；姿态测量装置，一般采用惯性导航系统或多天线GPS，用于测定扫描装置主光轴的姿态参数；INS/GPS复合姿态测量；三维激光扫描仪，用于测定传感器到地面的距离；一套成像装置，用于记录地面实况，实现对生成的DEM产品质量进行评价的目的。后者的前两部分与机载激光扫描地形测图系统一致，后一项与前者的最大区别是：将激光扫描仪与多光谱扫描成像仪器共用一套光学系统，通过硬件实现了DEM和遥感影像的精确匹配（包括时间和空间），可直接生成地学编码影像（正射遥感影像）。

在GIS数据采集技术的最新发展方面，LIDAR（Light Detection And Ranging，LIDAR）技术是最令人瞩目的成就。这种集三维激光扫描、全球定位系统（GPS）和惯性导航系统（INS）3种技术于一体的空间测量系统，其应用已超出传统测量、遥感，以及近景所覆盖的范围，成为一种独特的数据获取方式，已有十年的成功使用经验。

LIDAR系统由GPS提供系统的定位数据，由INS提供姿态定向数据，由激光发射器、激光接收器、时间计数器和微型计算机构成可接收地面多次激光反射回波的数字激光传感器系统。它具有以下特点：

（1）高密度，充分获取目标表面特征，能够提供密集的点阵（或点云）数据（点间距可以小于1m）。

（2）能够穿透植被的叶冠。

（3）实时、动态系统，主动发射测量信号，不需要外部光源。

（4）不需要或很少需要进入测量现场。

（5）可同时测量地面和非地面层。

（6）数据的绝对精度在0.30m以内。

（7）24小时全天候工作。

（8）具有迅速获取数据的能力。

地面车载遥感数据采集系统是以数字CCD（charge coupled device）相机、GPS、INS（Information Network System）和GIS为基础的移动式地面遥感数据采集系统，用于地面微观特定信息的采集，如采集城市部件信息和三维街景数据等。

低空遥感是由低空系统完成的，主要包括飞行平台、成像系统和数据处理软件3个部分。低空飞行平台主要有固定翼无人机、旋转翼无人机（无人直升机）、长航时无人机、无人飞艇和低空有人驾驶飞机等最为常用。

无人机的升空方式主要有滑行方式、手抛方式、弹射方式和火箭助推方式等。

（二）计算机网络工程技术

计算机网络工程技术是GIS网络化的基础。现代网络技术的发展为构建企业内部网GIS、互联GIS、移动GIS和无线GIS提供了多种网络互联方式。

企业内部网（Intranet）是执行TCP/IP（Transmission Control Protocol/Internet Protocol）协议的现代局域网建网技术和标准。用于支持一个企业或机构内的网络互联需求。它们在一定范围内，可构成互联的园区网。考虑到网络数据安全问题，数据共享和系统服务的需求，以及多数已存在的建设现状，在GIS网络工程的设计中，一般将现有的单网改造成内外隔离的双网（单布线结构的双网分离）。但在这种结构中，必须采用安全隔离集线器与安装了安全隔离卡的安全计算机配合使用。

在上述计算机网络结构中，主干网络一般采用千兆以太网，主干布线到各楼层。楼层中各子网可根据需要和任务特性按照星形结构或总线结构搭建。

在一个企业或机构内部，为了对海量数据提供管理、共享服务，一般还可构建数据存储局域网。

为了支持视频、多媒体以及虚拟现实与仿真综合决策会商需要，还可建立多媒体视讯会商中心局域网。

为了支持移动通信，满足现场办公以及其他民用空间信息传输的要求，还可能需要建立无线或移动局域网，或WIFI无线通信网络。根据移动通信接入的方式，又分为全无线网方式和微蜂窝方式。

企业内部网经过网络互联，构成支持GIS网络化的广域网，目前主要是互联网，如支持区域级的GIS互联网。

（三）现代通信技术

通信技术是传递信息的技术。通信系统是传递信息所需的一切技术、设备的总称，泛指通过传输系统和交换系统将大量用户终端（如电话、传真、电传、电视机、计算机等）连接起来的数据传递网络。通信系统是建立网络GIS必不可少的信息基础设施，宽带高速的通信网络俗称"信息高速公路"。

在地理信息系统的建设过程中，通信网络有专用网络和公用网络。前者由企业或机构建设，并服务于专门目的的信息通信；后者一般由国家或地区建立，提供公共的数据传输服务。通信技术经历了模拟通信到数字通信，从早年架空明线的摇把电话，到电缆纵横交换网、光纤程控交换网、卫星通信网、微波通信网、蜂窝方式移动电话网、数据分组交换网，直至综合业务网，为网络GIS的数据通信方式提供了多种选择。

1.光纤通信

光纤通信以提供宽带高速通信为主要技术特点。光纤通信的波分复用系统（WDM）进入实用化，两根光纤可开通32、64甚至100多个通道，每个通道可开通2.5Gb/s系统或10Gb/s系统，每两根光纤开通32×10Gb/s系统，甚至64×10Gb/s系统，并于2000年进入商业化。在实验室通信最高容量已经达到了82×40Gb/s，共3.28TM/s，传输300km。如果有了密集波分多路服务系统和光纤放大器，一根光纤的最大传输容量可跃升至1Tb/s，传输距离可以延伸至几百公里甚至一千公里。

2.卫星通信

卫星通信的特点是覆盖面积大（一颗卫星可覆盖全球1/3以上面积），其广播功能更是其他方式不可比拟的。卫星通信的一些新的特点有：高速因特网在VSAT中的应用，卫星通信不受地理自然环境的限制，对任何用户而言，用于接收互联网的信息费用是相同的，应用VSAT传输互联网信息，每个用户都通过卫星建立直达路由，避免地面线路的多次转接，因而传输质量好，为互联网开辟了一条高速空中下载通道；IP多点广播，虽然通信需求是点到多点的，但今天大多数仍在使用低效的点对点的TCP/IP协议。当许多人都有大量信息传输要求时，这将成为一个传输瓶颈。IP多点广播是解决问题的良好方案。基于卫星的数据传输系统具有一种天然的广播功能，这使得针对大量用户的宽带IP多点广播成为可能。

地理信息系统的通信网络与公网不同，它是按照空间信息采集和传输的要求建立的。空间信息采集的站点，有时还可能分布在人口稀疏、远离城市、环境条件恶劣、传输困难、公网覆盖不到的地方。若用有线接入，可能是不现实的，无线接入系统有时是最合适的。

3.数字微波通信

数字微波通信（又称"数字微波中继通信"），是在数字通信和微波通信基础上发展的一种先进通信技术。它是利用微波作为载体，用中继方式传递数字信息的一种通信体制。其特点是，由于微波射频带宽很宽，一个微波通道能够同时传输数百乃至数千路数字电话；可与数字程控交换机等设备直接接口，不需要模/数转换设备，即可组成传输与交换一体化的综合业务数字网，有利于各种数字业务的传输；数字微波传输信息可进行再生中继方式，可避免模拟微波中继系统中的噪声积累，抗干扰性强；与光纤、卫星通信系统相比，具有投资省、见效快、机动性好、抗自然灾害性强等优点。一般来讲，对于一个大型网络，需要利用多种通信方式建立GIS的通信网络，如数字流域通信网络。

（四）软件工程技术

软件工程是一门指导计算机软件开发和维护的工程学科。采用工程的概念、原理、技术和方法来开发和维护软件，把经过时间考验，证明正确的管理技术和当前最好的开发技术结合起来，就是软件工程。把软件工程的概念、原理、技术和方法与GIS软件设计开发和维护的工程活动结合起来，便产生了GIS软件工程。与一般意义上的软件工程不同，GIS软件工程既是一项软件工程，又具有特别关乎数据组织与管理的信息工程双重工程活动交互的复杂特点。数据组织和管理方式与软件设计开发密切相关。

1.软件开发的基本模型

软件工程提出了软件开发的基本模型，按照发展的历程，有瀑布模型、演化模型、螺旋模型、喷泉模型。

（1）瀑布模型。瀑布模型是基于生命周期方法的。它将软件的开发周期分为问题定义、可行性研究、需求分析、总体设计、详细设计、编码与单元测试、综合测试和软件维护8个阶段。软件开发过程的各阶段自顶向下，从抽象到具体，就像奔流不息的瀑布，一泻千里，总是从高处流向低处。因此，用瀑布来模拟软件开发过程十分恰当，称为瀑布模型。它具有3个特点：阶段间具有顺序性和依赖性，只有前一阶段工作完成，才能开始下一阶段工作，下一阶段的工作依赖前一阶段工作的正确性，错误发生的阶段越早，对后期造成修改错误的代价越高；推迟实现的特点，强调需求分析、设计等是软件实现的必要前期工作，推迟了代码设计的时间起点；质量保证的特点，强调了各阶段成果表示及文档的重要性，强调了阶段审查和测试的必要性。

（2）演化模型。演化模型主要针对事先不能完整定义需求的软件开发，用户可以先给出核心需求，当开发人员将需求实现后，用户提出反馈意见，以支持系统的最终设计和实现。

（3）螺旋模型。螺旋模型是在瀑布模型和演化模型基础上加入风险分析所建立的模型。在螺旋模型的每一次演化过程中，都经历4个方面的活动：制订计划、风险分析、实施工程、客户评估等。

每一次演化都开发出更为完善的一个新的软件版本，形成了螺旋模型的一圈。螺旋模型借助于原型，获取用户需求，进行软件开发的风险分析。

（4）喷泉模型。喷泉模型体现了软件开发过程所固有的迭代和无间隙的特征。喷泉模型表明了软件开发活动需要多次重复。

2.防火墙技术

防火墙技术是当前应用最广泛的信息安全技术。包括包过滤防火墙、状态/动态检测防火墙、应用程序代理防火墙、网络地址转换、个人防火墙等。

（五）信息安全技术

人们在享受信息化带来的众多好处的同时，也面临日益突出的信息安全问题。信息安全产品和信息系统固有的敏感性和特殊性，直接影响着国家的安全利益和经济利益。在大力推进我国国民经济和信息化建设的进程中，最不能忽视的就是信息安全技术。

地理信息是一种重要和特殊的信息资源，在网络信息时代，地理信息的传输安全是GIS工程设计和建设中应当高度关注的问题。对地理信息的安全性要求，应当满足信息（数据）的保密性、信息（数据）的认证、信息（数据）的不可否认性以及信息（数据）的完整性。

当前，可利用的信息安全技术包括公钥基础设施（public key infrastructure，PKI）、防火墙技术、信息伪装技术等。

第四节　地理信息科学的重要理论

理论是认知的结果，也是方法和技术发展的源泉。地理信息科学的重要理论对GIS的应用和发展具有基础性作用。

一、与地理系统有关的理论

GIS是对诸多类型的地理系统的信息化表达。正确理解和认识与地理系统有关的理论，对有效建立和使用GIS技术具有重要意义。

（一）混沌理论

研究地理系统混沌状态的理论称为地理系统的混沌理论，这是地理系统自组织的起点。所谓混沌（Chaos），又称"混乱""紊乱""无规划"等，它是研究事物的初始阶段如何进行自组织的理论。自然和社会领域到处存在着杂乱无章的事物，飘忽不定的状态，极不规则的行为。但这些无规则现象的深处，都蕴藏着一种奇异的秩序。混沌不是简单的无序和混乱，而是没有明显的周期性和对抗性，但有内部层次性和有序性。研究地理系统混沌理论的目的就是从地理系统的紊乱中寻找规律，而自相似理论与分形分维原理就是从紊乱中寻找规律的有效方法。自相似理论的核心思想是，无论是自然现象还是社会现象，在统计意义上，总体形态的每一部分可以被看作整体标度（指级别或观测数目等）减少的映射，不论形态多么复杂，它们在统计学或概率上的相似性是普遍存在的。B.B.Mandelbrot认为，自然和社会现象的复杂几何形态，可以用如下幂函数来表达：

$$D = \frac{\log[N(r)]}{\log r} \tag{10-1}$$

式中：D——分形数；

r——长度或面积；

$[N(r)]$——以r作为尺度的观测数目。

分形（Fractal）是复杂形态的一种参数量，只有具有自相似结构的形体，才能进行分形研究。分维（Dimension）是指一个几何形体的维数等于确定其中任意一个点的位置所需要的独立坐标的数目，分为拓扑维和分维数。拓扑维指一个几何图形中的任意相邻点，只要它们是连续的，无论通过怎样的拉伸、压缩、扭曲变成各种形态，相邻点的关系都不会改变，它是拓扑变换的不变量。

（二）地理系统协同论

按照协同论的观点，地理系统的各要素或各子系统之间，既存在着相互联系、相互依存、相互协调的一面，又存在着相互制约、相互排斥、相互竞争的一面；既有协同性，又有制约性，这是普遍规律。例如，如果地形发生了变化，则气候与植物随着变化；如果气候改变了，则首先植物随着改变。地理系统协同论的一个重要思想是，地理系统的各要素或子系统功能相加，具有非线性特征，整体功能可能大于各部分功能之和，也可能小于各部分功能之和，这要由系统的结构或系统的有序程度来决定，其中序参量对整个系统起着控制作用。如气候与地形是农、林、牧系统的有序参量，可耕地资源和淡水资源是西北地区农业系统的序参量。序参量与系统配合得好，效果就好；反之亦然。

（三）人与自然相互作用理论/人地系统理论

在历史上曾有过环境决定论、人定胜天论、人与环境协调理论等，但最完备、最科学的还是现在的可持续发展理论。可持续发展理论的核心，是资源、环境、社会和经济的协调发展。地球的资源和环境的容量是有限的。人们对地球或自然界的索取，不能超过地球的承载力；人们对资源和环境的利用，必须遵循客观规律。经济和社会的发展，既要满足当代人的需要，又要不影响后代人的需求，也就是不能以对资源和环境的破坏为代价来换取社会经济的增长。

（四）地理系统的整体性与分异理论

这是地理系统的宏观的、普遍规律。地理系统就是整体性与分异性的统一。地理空间的整体性（Geo-spatial Entirety），是指任何地理系统或区域系统都是"人类—自然环境综合体"，都是资源、环境、经济和社会的综合体；地理空间的分异性（Geo-spatial Differentitaion）或地带性，是指由于地球表层物质和能量分布的不均匀性所造成的地理空间的分异性特征，如海陆分布的差异、地形高低的差异、岩石组成的差异、温度和降水的差异，以及人口、社会和经济的差异等。这种差异表现为明显的地带性规律，如地理空间气温、降水的纬度地带性和经度地带性、植被的垂直地带性等。

（五）地理空间结构与空间功能/区位理论

地理空间结构与空间功能具有区位特征。地理空间结构（Geo-spatial Structure），是指在一特定的空间范围或区域内，资源、环境、经济和社会诸要素的组合关系或耦合关系，以及同一空间范围内的资源、环境、经济和社会等的配套关系。地理空间结构功能（Geo-spatial Structure Function），是指区域所具有的经济和社会发展潜力的大小或可持续发展的能力的大小。具有最佳地理空间结构的地区，一定具有最强的空间结构功能。地理空间区位（Geo-spatial Location），是指一特定的空间范围内，对社会经济发展的有利部位。

地理系统的平衡状态是相对的，是变化中的平衡。地理系统变化的主要方式是渐变与突变，渐变到一定程度就会发生突变。这时，地理系统的自组织功能已不能发挥作用，所以地理系统的突变是自组织的终点。地理系统的突变（Catastrophe）理论，是研究系统状态随外界控制参数改变而发生的不连续变化的理论。这种理论认为，在条件的转折点（临界点）附近，控制参数的任何微小变化都会引起系统发生突变，而且突变都发生在系统结构不稳定的地方。地理系统的突变现象，最典型的是地震、火山爆发、生物种群的突变等。

二、地理信息理论

地理信息理论（Geographic Information Theory），是地理科学理论与信息科学理论相结合的产物，主要研究地理信息熵、地理信息流、地理空间场、地理实体电磁波、地理信息关联等的理论。

（一）地理信息熵

地理信息熵（Geographic Information Entropy），用来度量地理信息载体的信息能量，即地理信息载体的信息与噪声之比，简称信噪比，是评价地理信息载体的质量标准。C.E.Shannon以熵作为信息载体的平均信息量的度量，而W.Winer认为信息就是负熵。设有N个概率事件发生，每个事件发生的概率为p_i，$p_i=1/N$，$i=1$，2，3，$\cdots$，N，于是信息熵为：

$$H = -K \sum_{i=1}^{N} p_i \log p_i \qquad (10-2)$$

（二）地理信息流

地理信息流（Geographic Information Flow）是由于物质和能量在空间分布上存在着不均衡现象所产生的，它依附于物质流和能量流而存在，也是物质流、能量流的性质、特征和状态的表征。地理信息流是地理系统的纽带，有了地理信息流，地理系统才能运转。地理信息系统就是研究由于地理物质和能量的空间分布不均衡性所造成的物质流和能量流的性质、特征和状态的表征，研究地理信息流的时空特征、地理信息传输机理及其不确定性和可预见性。

（三）地理空间场

地理空间场理论（Theory of Geographic Spatial Feild）即地理能量场信息理论，按照这种理论，对于不同的地理实体，它们的物质成分可能不同，这样就可形成不同的地理空间或地理空间场；不同地理实体的地理空间，对人类具有不同的吸引力，这样就可以形成某些特殊的地理空间或地理空间场；不同的地理空间或地理空间场，具有不同的物理参数量，也就具有不同的能量信息的空间分布特征。

（四）地理实体电磁波

作为地理信息系统的主要信息源的遥感信息的基础理论，是电磁波信息理论。遥感信息，是指运用传感器（Sensor）从空间或一定距离，通过对目标的电磁波能量特征的探测与分析，获得目标的性质、特征和状态的电磁波信号的表征及有关知识。大量事实证明，任何物质都具有反射外来电磁波的特征；任何物体都具有吸收外来电磁波的特征；某些物体对特定波长的电磁波具有透射性；任何地理实体由于它们的物质成分、物质结构、表面形状及特征的不同，都具有不同的电磁波辐射特征；任何同一属性或同一类型的地理实体由于它们的物质成分和物质结构存在一定的变幅，它们电磁波的辐射数值也存在一定的变幅；由于同一类型的电磁波辐射值存在一定的变幅，所以地物波谱是一个具有一定宽度的带，部分波谱还存在重叠。这些都是遥感信息形成的基础理论。

（五）地理信息关联性

地理信息关联性理论，是从事物间的联系、依存和制约的普遍性原则出发，研究地理信息间的内在联系和机理，把握庞杂和瞬间变化的信息之间的相互关系，发挥地理信息综合集成的优势，更全面、客观、及时地认识世界，并对可持续发展进行模拟、评估和预测，以及指导高水平的地理信息共享受的基础理论。地理信息关联地可以用"维"来描述。人是自然和社会的中心，可以作为地理信息关联体系的原点；自从有了人，就存在人地关系，这就可以划分出人类系统和自然环境两维，它们涵盖和贯穿着整个人地关系；人的能动性是决定人类社会发展方向的重要因素，因此能动维作为地理信息关联体系的第三维。无论自然维、人类系统维和能动维，都是在时间和空间中相互联系和发展变化的。所以，自然维、人类系统维和能动维构成了地理系统的三维模式。而人类系统和能动性作为第一维，时间和空间分别作为第二维、第三维，就构成地理信息关联的三维模式。

地理信息关联性理论，对于地理信息系统的信息获取、组织、分析、综合、模拟、评估、预测，以及地理信息融合、共享等，都具有重要的理论指导作用。

三、地理（地球）空间认知理论

美国地理信息与分析中心（National Center for Geographic Information and Analysis，NCGIA）在1995年发表的《高级地理信息科学》（*Advancing Geographic Information Science*）报告中，提出的地理信息科学的战略领域有3个，其中之一为"地理空间的认知模型"（Cognitive Model of Geographic Space）。美国地理信息科学大学研究会（University Consortium for Geographic Information Science，UCGIS）发表的《地理信息科学的优先研究领域》（*Research Priorities for Geographic Information Science*）报告中，把地理信息的认知列为第二个问题。可见，地理（地球）空间认知理论已成为地球空间信息科学的公认基础理论，也是地理信息系统的公认的基础理论。

认知是一个人认知和感知他生活于其中的世界时所经历的各个过程的总称，包括感受、发现、识别、想象、判断、记忆和学习等。奈瑟尔（Neisser）把认知定义为"感觉输入被转换、简化、加工、存储、发现和利用的过程"。所以，可以说，认知就是"信息获取、存储转换、分析和利用的过程"，简而言之，就是"信息处理的过程"。

地理（地球）空间认知，是研究人们怎样认识自己赖以生存的环境，包括其中的诸事物、现象的相互位置、空间分布、依存关系，以及它们的变化规律。这里之所以强调"空间"这一概念，是因为认知的对象是多维的、多时相的，它们存在于地球空间之中。

地理（地球）空间认知通常是通过描述地理环境的地图或图像来进行的，这就是所谓"地图空间认知"。地图空间认知中有两个重要概念：一是认知制图（Cognitive Mapping），二是心象地图（Mental Map）。认知地图，它可以发生在地图的空间行为过程中，也可以发生在地图使用过程中。所谓空间行为，是指人们把原先已知的长期记忆和新近获取的信息结合起来后的决策过程的结果。地图的空间行为如利用地图进行定向（导航）、环境觉察和环境记忆等行为。地理信息系统的功能表明，人的认知制图能力是能够利用计算机模拟的，当然这只是一种功能模拟，模拟结果的正确程度完全取决于模拟模型和输入数据是否客观地、正确地反映现实系统。心象地图，是不呈现在眼前的地理空间环境的一种心理表征，是在过去对同一地理环境多次感知的基础上形成的，所以，它是间接的和概括的，具有不完整性、变形性、差异性（当然也有相似性）和动态交互性。心象地图可以通过实地考察、阅读文字资料、使用地图等方式建立。

地理（地球）空间认知包括感知过程、表象过程、记忆过程和思维过程等基本过程。地理空间认知的感知过程，是研究地理实体或地图图形作用于人的视觉器官产生对地理空间的感觉和知觉的过程。地理空间认知的表象过程，是研究在知觉基础上产生的表象的过程，它是通过回忆、联想使在知觉基础上产生的印象再现出来。地理空间认知的记忆过程，是人的大脑对过去经验中发生过的地理空间环境的反映，分为感觉记忆、短时记忆、长时记忆、动态记忆和联想记忆。地理空间认知的思维过程，是地理空间认知的高级阶段，它提供关于现实世界客观事物的本质特性和空间关系的认识，在地理空间认知过程中实现着"从现象到本质的转化"，具有概括性和间接性。

四、地理信息系统的时空观

在GIS中有两大类特殊的概念，一是地理实体和地理现象，二是时空特征和时空关联特征。地理实体是相对永久存在的地理景观，地理现象是发生的偶然事件，前者是静态的，后者是动态的。GIS需要对这两类概念进行完整表达，交叉研究。但就目前的GIS应用来讲，后者是有缺陷的。这是所谓的第一层次的概念。

时空可用性观点是GIS关心的第二层次的概念。特别是地理实体和现象之间的时空关联性问题，即"何时何地"的问题。"何地"是地理学的经典问题，可有绝对位置或相对位置回答。但关于"何时"的时间维问题，远远超过简单的有关时钟和日期是"何时"的提问。这个问题可能更复杂，如何时变化，变化多快，同时发生了什么，什么先出现，等等。时空观来源于传统的4门科学，即数学、物理学、哲学和地理学。GIS的时空观在此基础上增加了两个新观点，即认知论和社会文化观。作为信息技术的GIS，其目标不是为很多已经存在的应用增加新的时空方法或观点，而是帮助用户适当地表达手中工作的时空信息。由于GIS中同时存在多元时空观，事实让这个简单的要求变得非常复杂。

（1）对上述复杂问题的解释是：

①对数据库建库者，受到对被量测地理实体或现象实际理解的限制。

②数据库的数据模型是图形方式的，必须符合计算机对时空的理解。

③数据库用户需要从系统表达的描述中，提取满足完成综合任务所需的信息。

④相对其他任务而言，与社会文化相关的任务，哪类问题可以问，什么形式的答案可以接受。

（2）4个不同量化时空观与上述过程有关：

①经验主义观点（试图尽可能准确获取城市、湖泊、森林等的时空特点和其他性质）；

②用点、线、面或像元的形式进行数字表达；

③实验方式，用空间图形或其他认知设备，将地理图形和其他计算机生成的符号，转换成专家能理解的地理表达；

④基于社会学观点，集中查询和确定所感兴趣的对象。

从经验主义观点或实验观点，或社会观点，上述观点存在部分冲突。例如，矢量GIS的点、线、面数据模型不能满足对地理实体或地理现象中存在的模糊性或不确定性进行表达的需要。另外，栅格数据模型中，描述的离散域观点与实验中的两个基本观点冲突，即地理空间是连续的，但空间却是由单个事物填充。

时空集成问题。GIS中的动态现象和变化特征的表达需求是GIS进行时空集成的主要原因。关于研究地理动态现象的时间本质问题，近几年才开始。用地图观点表达变化的权威方法是"时间片"模型，即在给定的时间间隔内，按不同时刻生成具有时间标志的地图组成。这个结果在GIS中可以用一组独立有序的图谱，或时空合成图谱，或三维时空结构来表示。

尽管"时间片"模型能满足很多研究的需要，但动态表达方法却中断了地理现象的连续性，可能错失时序中包含联系地理事件的偶然因素，并因此中断时刻间发生的事件。很多与时间无关的GIS模型取得了巨大的成功，但时空GIS仍然面临着一个前所未有的挑战。

相对时空和一般时空表达。很多地理现象是通过它与相关实体存在的关系进行定义的。这些关系可以是两个地方的液体流或人类或动物的迁移流，也可以是两个地方的关联影响、通信、可达性、潜在的相互作用等，或者两个地方的可识别的序列性质、类型、群落或差异性。上述关系可以认为是用相对空间定义的，相对空间也就是地理现象性质所依赖地理实体的相关关系结构。

对GIS来说，很好的操作相对空间与操作网络空间一样，变得愈来愈重要。上述问题对GIS来讲，存在两个问题：

第一，GIS空间来源于绝对空间，不能很好地表达其关联性。因为在绝对空间，地理编码化的位置局限于空间中有关联的有拓扑关系的点。而在相对空间里，则先根据地理实体的几何和拓扑完成一组任意关系点的定义。因此，那些一致的关系可以在平面中进行描述，但在欧氏米制空间中容易产生混淆。一般地，绝对空间和相对空间的性质冲突影响了GIS对各种关系的表达，这就是为什么地理模型，特别是描述社会现象的地理模型与GIS的集成会有很多困难的原因。

第二，大多数相对空间是n维的（n为整数），这样的空间不仅不适合以地图为基础的

GIS，也不适合类似的描述介质。

精确时空的表达。与更一般的时空和相对时空表达所面临的挑战相比，GIS面临的挑战是其自身。在欧氏空间、地理参考系和地图观的基础上，GIS是一种精确表达时空的方法，包括时空的清晰描绘、时空内在相似对象的表达、连续变化属性域的表达。

大多数地理实体和地理现象的表达不能归于精确或模糊两类表达中的一类。因为地理实体与地理现象本身几何特性间的区别是人为的，对此，可以采用精确的或模糊的表达，并且对这些性质的相关知识也可以是准确的或不准确的。愈来愈多的研究者正在用模糊集理论研究本身缺少明确界限的地理实体或地理现象。模糊性和不确定性的地理表达，特别是两者共存时的表达，目前是一个活跃的研究领域。GIS如何能更好地表达时间和空间，已经直接或间接成为GIS发展的主要压力。从应用角度讲，要求更好的时空集成方法，有新的地理实体和地理现象的表达方法出现。

第五节　社会科学的空间表达观

GIS是操纵空间对象的有力工具。GIS在社会经济领域中的应用一直受到国际GIS领域的不断关注。20世纪90年代的人口普查为该领域的进一步发展注入新的活力。在社会经济领域，已经开发了一些专门的系统。这里讨论的问题是把社会经济现象作为空间对象进行概念化的相关研究。这里空间对象是具有空间位置以及空间上独立的属性特征的实体。

社会经济现象地理坐标的确定。众所周知，社会经济现象研究的一个基本任务就是人口统计。人口数据通常通过地理区域与地理位置关联，如人口统计区、选区、地方行政区域或者规则正方形格网等。通常它们都可以作为统计社会经济数据的基本面积单元。因此，将从个体（或样本、或总人口）得到的信息累加起来，就能得到每个基本面积单元的总和。

把这些地理区域作为基本统计面积单元存在着一些困难。因为这些地理区域实际上是被"强加的"，而不是"自然的"单元，这意味着所量测现象的边界位置可能是任意的。这是因为：

（1）区域可能被分成很多不同尺度的小区域，如英国可能被分成79个县，460个区域或10000个选区。

（2）在给定的尺度下，有设置这些区域单元的不同方法，每种方法都得到不同的、汇集的独立数据。即使在基础人口总数没有变化的前提下，每种人口统计方法重新设置选区都会形成不同的分布特征区域，这称为可修正面积单元问题。这个问题在空间数据分析方面一直是争论的主题。

当设计人口统计系统时，认识到这个问题是相当重要的。在面积大而人口稀少的区域使用不规则边界的面积单元，在地图上表现社会经济现象会出现困难。

另一种人口分析的方法是把人口与点关联起来。但这种方法很难精确确定个体或家庭的位置。在这种情况下，通常通过参考家庭地址来确定地理位置，如可以参考街道段、邮政编码或独立房地产位置。但这种方法表达的数据很难在GIS中进行可视化。如失业率这样的概念不能衡量个体现状特征，而是与整体累积的数据有关。用家庭地址做地理参考可能是不适当的。

社会经济领域应用GIS的观点。在GIS中是否存在唯一"正确的"方式表达社会经济现象呢?答案几乎是否定的。因为社会经济现象的最佳表达策略高度依赖于特定的应用。这意味着用户有深刻理解所选择和使用表达策略的责任。

上述讨论的是社会学家关注的经济现象的GIS表达方式问题。GIS在社会经济领域应用的基本困难仍然是所关注对象的精确测量和最佳模型化问题两个方面。虽然存在很多人口和经济行为方面的计算机资源，但它们通常并不直接与可量测的地理位置相关。要把两者关联起来，GIS将面临技术、概念等方面的困难。选择地理参考问题，对后续的数据转换、数字对象的创建、可视化和输出都有影响。

第六节　地理信息科学方法

地理信息科学的方法由3部分组成，即地理信息本体论、地理信息科学方法和地理信息技术方法。

一、地理信息本体论

地理信息本体论在总体上继承了科学哲学中的自然观的思路，反映地理信息的特征、本质、信息机理、功能等，同时又在认识论和方法论的指导下阐述了地理信息的认识论和方法论本质。本体论作为知识表达的工具，自20世纪80年代以来受到许多学者的关注，在人工智能与信息系统领域得到了极大发展。从一般性的概念表达、信息检索到目前的智能检索系统与语义网，本体论的理念使一般的、静态的信息逐步转变为复杂的、动态的知识网络系统。本体论作为一种知识表达和关联的方法，让机器更透彻地理解人的语言，通过概念及其关系的操作，让人更方便、更快捷、更高效地从信息系统及其互联网络中获取所需要的信息或知识。

地理信息（空间信息）与普通信息密切相关，GIS的智能化、网络化和大众化是其发展的必然趋势。如何让GIS与一般信息系统，尤其是如何让GIS由一个地理信息系统转变为以处理地理信息为主的知识系统，是推动GIS发展的关键。另外，目前GIS发展面临的许多理论与技术问题严重地影响了其发展，如语义互操作问题直接制约着GIS的推广。

二、地理信息科学方法

地理信息科学方法是以系统论、信息化、控制论、耗散结构论、协同论、超循环理论、分形与混沌理论、虚拟现实等信息系统科学理论为指导，在以地理信息为对象的研究活动中总结出来的信息系统整体思维方式。它体现了4个方面的整合：

（1）在研究对象及其联系上，实现了地理单元个体、地理系统连续整体、信息系统整体之间的共生、相互转化、嵌套与整合；

（2）在地理本体和媒体中介上，实现了地理对象之间的质量、能量和信息的共生、相互转化和整合；

（3）在地理历时性变化上，实现了量变、质变和序变等几种变化态的共生、相互转化和整合；

（4）在地理共时联系上，实现单一地理对象和现象、多样化的地理对象和现象、多样统一的地理对象和现象共存、相互转化、嵌套与整合。

地理信息的科学方法分为图形—图像思维方法、数学模型方法、地学信息图谱方法、智能分析与计算方法、模拟和仿真方法、综合集成方法共6类，它们分别对应于地理信息科学中的特有的地图、图形图表和遥感图像的识别与思维，结构化问题的数学模型建模与分析方法。中国科学家独创了形—数—理一体化的图谱方法。另外，还有非结构化问题的知识推理与计算方法，以及数值模拟、虚拟仿真，各种方法的集成等研究方法。

图形—图像思维方法分为一般图形/图像思维方法、地图思维方法和遥感图像思维方法3个子方法。

数学模型方法分为空间分布与格局、地理空间过程、地理时空演化、空间优化和决策4个数学模型子方法。

地学信息图谱方法包括地理形态和空间格局图谱、地理过程信息图谱、地理行为信息图谱、综合地学信息图谱4个子方法。

智能分析与计算方法分为地理知识推理、地理空间决策、地理知识发现和挖掘、神经网络空间分析4个子方法。

模拟和仿真方法包括地理信息模拟、地理信息仿真和地理信息虚拟现实3个子方法。

综合集成方法包括还原与整体集成、定性与定量集成、归纳与演绎集成、逻辑思维与非逻辑思维集成、复杂性科学集成5个子方法。

三、地理信息技术方法

地理信息技术方法分为地理信息采集和监测技术，地理信息管理技术，地理信息处理、分析和模拟技术，地理信息表达技术，地理信息服务技术，地理信息网格技术。它们分别对应于地理信息科学领域内的信息获取与动态监测、信息管理、表达、服务、网格计算与服务、多种技术系统集成等技术方法。

地理信息采集和监测技术方法包括基于GPS的精确空间定位和信息获取、基于遥感的地理对象动态监测、对地观测、陆地和海洋定点监测、社会经济数据采集和统计5种子方法。

地理信息管理技术方法分为地理对象时空数据模型、地理对象的数据库管理、海基地理数据的分布式管理3种子方法。

地理信息处理、分析和模拟技术方法则包括地理信息处理、基于位置的空间定位、地理时空分析建模、地理信息智能分析和计算、虚拟地理环境5种子方法。

地理信息表达技术方法由地图表达、地图及数据库概括和派生、地理信息多维动态可视化、地理信息研究成果展示4种子方法组成。

地理信息服务技术方法分为地理数据服务、地理信息和知识服务、地图服务、地理空间辅助决策服务4种子方法。

地理信息网格技术分为地理信息网格计算，网格资源定位、绑定和调度，空间信息网格在线分析、处理，智能化信息网格共享与服务4种子方法。

第七节 地理信息系统的应用领域

一、GIS的应用范围

GIS的应用范围极广，凡是需要考虑空间地理位置的地方都可能用到GIS。GIS在信息社会中将深入各行各业乃至各家各户，它将成为人们生产、生活、学习、工作中不可缺少的强有力的信息工具。其应用范围主要有以下几方面。

（一）国家基础产业服务

如全国范围的土地调查、资源与环境调查、林业管理、农作物估产、灾害预测与防治、国民经济调查和宏观决策分析等。

（二）城市管理服务

土地管理、房地产管理、污染治理、环境保护、交通管理、管线管理、市政工程服务和城市规划等都可以采用GIS进行管理。在我国，许多城市不仅先后建立了地籍管理信息系统、城市规划管理信息系统、市政管网信息系统、城市防洪防汛管理信息系统，而且目前已有城市建设了智能交通、数字城市等项目。

（三）水利水资源管理服务

水利资源的管理包括河流、湖泊、水库等水源、水量、水质的管理以及洪水和干旱监测；水利设施的管理包括大坝、抽排水设施、水渠等的管理。地理信息系统在水利资源及其设施的管理中有着重要应用。利用GIS可以辅助进行水库大坝选址、淹没范围、库容计算、引水渠修建、受益区域等设计工作；可根据库容和旱情合理、精确地调配水资源；若河堤溃口或人工泄洪，可以通过GIS分析洪水淹没的范围以及农田、房屋的损失。

（四）企业生产管理服务

GIS用于生产和经营管理。如我国内蒙古的露天煤矿，利用GNSS与GIS结合建设的车辆运行监管系统，可以对车辆的运行进行科学调度，使车辆运行达到最佳状态。

当然了，GIS的应用不限于以上几个方面，疾病与传染病的预防与控制、车载导航服务、查询最佳线路（时间最短、高速优先、距离最短等）。随着科技的发展，GIS的应用也会与普通人的生活越来越密切，人们会越来越体会到科技发展带来的便捷。下面重点介绍下GIS在城市管理和国土资源管理方面的应用。

二、GIS在城市管理中的应用

城市是人类政治、经济、文化活动的中心，人口聚集，交通发达，商业繁荣，人流、车流、物流频繁。同时，居住拥挤，污染严重，火灾和交通事故时有发生。因此，需要建立一个综合性和动态性的城市地理信息系统，为决策者提供城市信息，使决策建立在更为科学、更加实际可行的基础上。

城市地理信息系统（Urban Geographic Information System，UGIS），简单地说，是一种运用GIS技术，实现对城市各种空间和非空间数据的管理和应用，以处理城市空间实体及其关系为主的技术系统。它是地理信息系统的一个分支，是城市基础设施之一，也是一种城市现代化管理、规划和科学决策的先进工具。GIS是数字城市、智慧城市建设的基础。近几年，我国有一些城市，如北京、上海、广州、深圳、厦门等，均先后建立或初步建立了城市管理信息系统，为大规模的城市基础设施建设提供了强有力的技术保障。

（一）城市地理信息系统的内容

城市地理信息系统的数据分为基础数据和专题数据。基础数据是指城市最基本的空间位置数据，包括各种平面和高程控制点、建筑物、道路、水系、境界、地形、植被、地名等，主要用于表示城市基本面貌及作为各种专题信息的空间定位。它具有统一性、精确性和基础性。城市专题地理数据是指各种专题性的城市地理信息，包括城市规划、土地利用、交通、综合管网、房地产、地籍、环境等，用于表示城市某一专业领域要素的地理空间分布及规律。它具有专业性、统计性和空间性的特点。此两类信息都来自地形图、专题地图、统计表册及其他资料载体，都具有空间属性（在什么位置）、时间属性（产生于什么时间）、专题属性（代表什么内容）和统计属性（数量与质量）。

城市地理信息系统在结构上包括基础层（基础地理信息子系统）、专题层（专题地理信息子系统）及综合层（城市综合地理信息子系统）3个层次。基础地理信息子系统由城市测绘部门根据需要而建立；专题地理信息子系统则在基础地理信息系统基础上，根据用户需求提取专题数据和相关属性数据后由用户或相关部门负责建立；城市综合地理信息子系统是从城市整体综合管理和长远决策目标考虑，预先有所计划，待基础层和专题层的信息系统建成之后，再着手建立最高层的综合子系统。

（二）城市地理信息系统的应用性功能

城市地理信息系统的功能，除GIS必备的数据处理、分析和表达等方面的技术性功能外，更重要地体现于应用性功能方面。

（1）管理功能。对各类城市信息实行统一管理、数据共享、快速检索、实时交换及可视化输出，形成一个动态的城市管理系统，对城市实现现代化管理。

（2）评价分析功能。对城市建设和城市管理中的一些重要问题，如交通网络、投资环境、规划管理、企业选址或工程效益等；通过分析模型和辅助决策系统进行综合评价分析，提出方案供主管部门决策参考，同时也可对洪水、火灾一类灾害及突发事件通过相关分析评价作出快速反应。

（3）规划与预测功能。根据城市现状、发展趋势和潜在能力，通过不同预测模型展现可能的前景，供中长期规划和宏观调控参考。

（三）城市地理信息系统（UGIS）的主要特点

城市是人口、资源、环境和社会经济要素密集的地理综合体。与一般的GIS相比，城市地理信息系统具有以下主要特点：

（1）数据类型多样性和服务对象多层性。UGIS数据除基础空间数据外还有人口、资源、环境、社会经济等多种类型的专题数据，还有时态上的多时相，结构上的多层次，性质上的"空间"与"属性"以及数据来源上的矢量数据、栅格数据、统计数据等，形成了数据的多样性。满足城市不同层次、众多部门及广大公众的需要，这也是UGIS的特色。

（2）数据精度高、现势性强。为房产和地籍管理以及企业选址所用，UGIS必须建立在大比例尺图基础上，精度要求高。随着城市发展的加快，信息数据的更新速度也应加大。

（3）模型化、智能化和多功能性。由于UGIS是应用性很强的GIS系统，必然要有一整套分析、评价、预测和优化的模型，同时需兼备管理、评价分析和规划预测等多种功能，要求比一般GIS系统更为综合、更加智能化。

（4）与办公自动化紧密结合。这是实现现代化管理的需要。

（5）统一的规范标准。城市职能部门多、服务对象广泛，加上数据类型的多样性，为确保信息共享和系统兼容，必须要有统一的规范标准。

（6）实用性强。UGIS用户明确、目标清楚、实用性强，社会效益和经济效益也很明显。

（四）城市基础地理信息系统与子系统

1.城市基础地理信息系统

城市基础地理信息系统是城市地理信息系统的基本构成，为专题地理信息系统的基础。城市基础地理信息系统的数据也包括空间基础数据和属性数据，其基础数据的来源主要有数字测图、地形图数字化、数字摄影测量、卫星遥感、GNSS测量等。与任何一个地理信息系统一样，城市基础地理信息系统也由数据输入、数据编辑与管理、数据分析处理及数据输出等部分组成，具有信息查询、数据转换、数据处理、空间分析、信息输出等功能。

2.城市交通管理子系统

交通是城市的重要组成部分，同时也决定着城市居民的生活方式和生活质量。随着人们经济水平的提高，家庭拥有汽车的数量越来越多，城市交通堵塞、交通事故等交通问题已经成为困扰城市发展的重要问题，解决交通问题，仅依靠道路建设、扩大路网规模是远远不够的。随着城市规模的扩大和设施的现代化，依赖现代信息技术和现代交通管理理论，利用GIS系统强大的图形数据库和网络空间查询、空间分析功能，建立包含公交路线管理系统、城市交通实况监测管理系统、车载导航系统、应急实施系统、出行信息系统等在内的交通地理信息系统（Geographic Information Systems for Transportation，GIS-T）迫在眉睫。

城市交通管理子系统是各大城市优先开发的城市地理信息系统的子系统。交通管理子系统是将GIS技术与GPS技术、无线通信、互联网络、虚拟现实等高新技术相结合，在GIS系统的数据操作及中间分析技术辅助下，建立的交通信息智能化管理和实时数字交通信息用户服务体系。GIS-T实现交通信息的实时发布、检索、查询，为城市交通管理、车辆自动导航、客货运输调度及居民出行等提供技术支持；利用GIS-T的分析功能，进行城市道路改造与规划设计，评价道路对周围环境和经济文化的影响，实现城市交通智能化管理。目前，在西方发达国家，基于GIS与GPS集成的车辆导航与监护系统已普遍应用，在我国一些大中城市，在公安、金融、交通和消防部门也正大力应用和发展这一技术。

3.城市管网管理子系统

随着城市建设的飞速发展，管网系统已成为现代城市发展的重要内容，它们是由供水、排水、供热、排污、燃气、电力、通信光缆及其他管线组成的错综复杂的空间体系。

目前，我国各大、中城市都建立了或正在建立城市管网管理子系统。城市管线管理子系统除具有GIS的普通功能外，还具有一些专业性的特殊功能：

（1）管网设计。排水工程的排水量计算，各种管线及其设施的选址、选型和布置。

（2）水力计算。水力平差、节点压力、管段流量及水头损失计算等。

（3）电力平衡计算。根据电力系统的供电总平面图进行动态电力平衡计算，提供动态的电力负荷分布图，为选厂选址提供依据。

（4）灾害预测评估。包括管线抗震性分析、震灾影响分析与应急反应管理等。

（5）网络分析。这在地下管网中尤为重要。除网络显示和分析外，还具有定位和流量限制功能。如燃气管网中，若收到发生燃气泄漏地点的信息，网络上会立即显示应关闭哪个阀门节点。电力管网中也可通过连接或拆开节点来限制流量、调节负荷。

（6）可视化应用。如地下管网局部三维图形、图像显示输出，虚拟现实技术应用等。

三、地理信息系统在国土资源管理中的应用

随着对国土资源开发利用的深度和广度的不断增加，为了提高政府有关部门对国土资源和基础设施建设开发利用的决策和管理水平，合理制订中长期开发规划，协调资源开发、环境保护、基础设施建设等与经济发展之间的关系，有效控制自然灾害及人为灾害对人类活动及经济发展所造成的影响，迫切需要建设国土资源管理信息系统，加强土地、矿产、森林、水利、旅游资源的综合开发利用，以及基础设施建设，各类自然灾害的监控、

预测、防范与治理等方面研究，使有限的资源得到永久持续的利用。

（一）国土资源管理信息系统的基本内容

国土资源管理信息系统在结构上由区域基础地理信息系统和区域专题地理信息系统两部分构成。基础信息包括区域内的各种中小比例尺地形图、卫星遥感影像图、各类资源专题图、行政区划图，以及区域内国土面积、人口、自然、经济、社会等总体结构信息等，主要通过1：50000、1：100000或1：200000地形图（或行政图）数字化成矢量数据、航空或卫星遥感影像图扫描成栅格数据以及将人口、面积、自然、经济、社会信息等统计数据以数据文件形式输入。专题信息包含：

（1）自然资源信息，如土地资源、矿产资源、能源资源、气象资源及水资源等。

（2）经济资源信息，如工业、农业和第三产业等分布结构信息。

（3）社会资源信息，包括人口的构成、分布，城镇体系及城镇建设的有关信息。

（4）旅游资源信息。

（5）生态环境信息，如市区大气污染源的分布、治理及生态环境建设等有关信息。

区域专题地理信息系统则在基础地理信息系统基础上，根据国土资源的调查资料提取专题数据和相关属性数据后，由相关部门负责建立。区域专题地理信息系统包含若干个资源子系统，如土地资源子系统、矿产资源子系统、能源资源子系统、海洋资源子系统、气象资源子系统、水资源子系统及生态环境子系统、生物环境信息子系统等等。各个管理子系统之间既独立又相互联系，并且可以同步利用。每一个子系统分别面向不同的管理部门与用户，且符合该部门实际应用的需要，同时也与其他子系统具有一致性。

（二）国土资源管理信息系统的特点

除与一般地理信息系统共有的特点外，国土资源管理信息系统还具有以下两个特点。

1.区域性

由于国土资源依托于一定的地域之上，一个国土资源管理系统对应于一个地域，如某个国家、某个省区等。国土资源管理信息系统不仅是一个资源管理的专题系统，而且还是对应于一个地域的区域系统。由不同地域组成的区域系统是分层次的，区域系统包含若干区域子系统，区域子系统又由若干次级区域组成，为了便于在同级研究区域间进行资源条件的横向对比，也为了明确所研究区域的国土资源条件在更大区域系统中的地位，在建立国土资源管理信息系统的过程中，不仅要依资源类型设置专题子系统，还应依区域和层次建立资源信息数据库。

2.综合性

国土资源是国民经济的基础，国土资源内容复杂，类型多样，不仅涉及能源、土地、矿产、气候、水利、森林、海洋等自然资源的方方面面，还涉及包括工业、农业、科技、第三产业在内的经济资源以及人口、文化、城镇建设等构成的社会资源。国土资源开发利用的服务对象也涉及国民经济建设及社会管理的各行各业。国土资源管理信息系统的成果是一项高度综合应用的产品。

（三）国土资源管理信息系统的主要功能

1.信息管理

对各基础信息的图形、图像和统计数据以及各类专题信息实行统一管理、及时更新、快速检索、实时交换及可视化输出，形成一个全国（或区域）的动态管理系统，实现数据共享。

2.数据处理

包括各类数据的输入、编辑，如地形图及行政图的数字化、矢量化，遥感图像的扫描栅格化，统计数据与属性数据的输入等，以及坐标变换、投影转换，多图幅拼接，属性数据与图形的连接，数据检查、修改、更新、分层入库等。

3.空间分析

多层图形数据叠加，图形与遥感图像叠加、套合，距离、面积、坡度、剖面的计算与统计，多层要素叠置分析，图形信息与遥感信息的相互转换等。

（四）国土资源开发利用综合评价

1.国土资源综合优势度分析

如煤、水、油、气等能源的资源丰度，矿产资源的潜在价值及资源储量，以及自然资源人（地）均占有量的计算，国土资源的组合配套与结构特征分析，区域资源综合优势度计算，优势资源及其特点的重点分析评价等。

2.国土资源开发利用现状及潜力分析

如国土资源开发利用程度统计分析，国土资源的储存量、消耗量、需求量及可供量计算，主要限制因素的资源潜力分析，新资源及代用品研制开发可行性研究等。

3.国土资源承载力测算

如国土资源对人口、经济发展的承载力，环境对国土资源开发利用及其负效应的承载力问题。

4.国土资源合理开发与保护辅助决策研究

包括生态环境动态监测模型，灾害评价与预测模型，资源开发动态监测模型，国土资源优化配置、合理利用可持续发展动态规划模型等。

第十一章　地理信息数据库建设

第一节　大比例尺基础地形数据获取

一、项目背景

城市基础测绘工作是城市国民经济和社会发展的一项前期性、基础性、公益性的工作。北京市基础测绘是"数字北京""智慧北京"的空间基础框架和重要基础设施，得到了北京市政府的高度重视和大力支持。根据要求，北京市每年对中心城区1∶500地形图开展两轮修测更新工作。

本项目的主要工作内容包括外业变化发现，外业数据采集编辑，部门质量检查，入库、出库、成果验收和归档等。

本项目的总任务量为北京市四环范围及五环内重点区域422.5km²，共涉及1∶500地形图8450幅（40cm×50cm分幅）。

二、技术流程

（1）变化发现：在外业更新前，由专人进行变化区域监测，绘制变化区域范围，按照变化区域下达任务。

（2）外业修测更新生产：由外业队伍根据下达的任务，从数据库下载变化区域的数据，而后进行外业更新，并进行两级检查，合格后提交增量更新数据。

（3）入库：数据库管理部门利用检查合格后的增量更新数据包，更新1∶500数据库。当对多个变化区域进行增量更新时，外业部门应解决区域间接边问题。若入库时发现接边冲突，由入库人员确认或下载接边区域工程，并交由相关部门解决。

（4）验收：质量管理部门按照任务批次对1∶500数据库进行验收，如有不符合要求

的内容，将有问题的区域和检验记录传递给生产部门，由生产部门根据这些信息重新下载
数据进行改正，再经过两级检查后重新入库。

三、技术要求

（一）主要技术指标

（1）地形图规格

主要包括：

①平面和高程系统。平面采用地方坐标系，高程采用地方高程系；

②分幅和编号。生产任务安排以网格的形式进行管理，生产过程中的成果文件参考统
一固定的网格编号进行分幅，最终成果文件采用地方分幅和编号方法；

③地形类别为平地；

④地形图比例尺和基本等高距。地形图成图比例尺为1∶500，基本等高距为0.5m；

⑤高程注记点密度。图上每方格应测绘6～10个高程点；

⑥符号、注记和图廓整饰应符合规定；

⑦测图日期。原测图日期不变，修测日期以测绘生产日期为准。

（2）精度要求

新测要素相对于邻近图根点的点位中误差不得超过图上0.5mm，间距中误差不得超过
图上0.4mm。设站施测困难的旧街坊内部，其精度要求按上述规定放宽50%。高程注记点
和等高线相对于邻近图根点的高程中误差，分别不大于0.15m和1/3等高距。

（3）地形要素分层和数据格式

成果文件的要素分层、数据格式、文件命名，以及元数据文件的命名、内容及格式等
均应符合规定。

（4）数据接边

测区内相邻网格对应层的同名要素应接边，接边较差不应大于地物点平面中误差的2
倍（图上1mm），高程较差不应大于0.15m，小于限差时可平均配赋，但应保持地物、地
貌相互位置和走向的正确性。超限时应查清原因，处理后并注明。与已有网格接边较差不
大于上述的规定时，各改一半，并统一将资料室原图替换，超限时应查清原因，若确认新
测图无误，则以新测图为准。新旧地物间相对关系要合理。

（5）成果内容和形式

成果主要包括：

①EDB数据文件；

②地方分幅DWG格式图形数据文件和元数据文件；

③基本比例尺地形图图例表文件。

（二）测图技术要求

1.平面控制测量

采用全球导航卫星系统（Global Navigation Satellite System，GNSS）网络实时动态（Real-time Kinematic，RTK）测量技术布设控制点。采用电磁波测距的三级导线，线路应尽量布设成直线。

布设的图根导线点的密度应以满足测图需要为原则，每幅新测图不低于4个点。困难地区图根导线允许附合2次。

因地形限制图根导线无法附合时，可布设不多于4条边、长度不超过450m，最大边长不超过平均边长160m的支导线，支导线边长应观测2次，角度应按2测回观测。

当图根导线线长短于300m时，其绝对闭合差不应大于实地0.15m；导线总长可放长至1.5倍，绝对闭合差不得大于0.25m。

2.图根高程控制测量

图根点的高程测量采用水准测量方法、电磁波测距三角高程测量方法、GNSS网络RTK高程测量方法。

3.内业计算整理

平面与高程控制测量应按规定进行平差计算，各类技术指标要符合要求，并认真进行成果整理。手簿填写要齐全，字迹要工整，装订要整齐，内容要齐全，应包括控制点网图及数据文件、精度统计表、计算手簿等。

4.测图的基本要求

1：500数字化地形图测绘主要采用全站仪数字化方法，也可采用GNSS网络RTK测图。布设图根控制点进行图根水准测量和高程注记点测量时，图根控制点采用埋设钢钉的方法。可利用已有控制点资料进行更新测绘，但对控制点校核，应满足平面误差小于10cm，高程误差小于5cm；同时，对周边旧地物（至少一处）校核，应满足平面误差小于50cm，高程误差小于10cm。

5.变化发现要求

地形图的更新测绘要先进行变化发现，利用审批的建设项目一书两证数据、卫星查违数据，导航地图、卫星影像，航测数据与人工巡视相结合的方法进行。优先满足城市规划用图需求，要仔细寻找公共空间更新要素，以及一书两证数据、卫星查违数据范围内更新要素，其他单位、小区、公园等内部以发现房屋要素变化为主。

6.测绘要求

地形图应按测量控制点，水系，居民地及设施、交通、管线、境界与政区，地貌、植被和土质等分层表示。按分类代码的要求进行注记，并着重显示与城市规划、建设有关的各项要素。

7.信息化处理要求

（1）基本原则

具体包括：

①信息化原则，即按照点、线、面和注记等方式表达地理信息；

②图属一体化原则，即空间要素及其属性一体化采集、一体化存储；

③对象完整性原则，即保持地物等空间对象的整体性、完整性。

（2）基本要求

依照原图，按设计书要求对地形图上各要素数据进行处理。为了使地形图清晰易读，进行数据整理时要注意各类地物之间的相应关系，原数据中的地物要素不要轻易删除。房屋边线必须封闭，相接的节点应严格捕捉，不能出现悬挂点；数据整理后各要素编码要正确，各类文字注记要正确，分类分层应无误。

（三）质量控制要求

1.检验制度

1：500数字地形图成果的质量通过两级检查、一级验收方式进行控制，应依次通过生产部门的中队级检查、部门级检查和院级质量管理部门的验收，各项检查工作应独立，按顺序进行，不应省略代替或颠倒顺序。

2.检查比例

（1）中队级检查对数据进行100%内业检查、100%外业巡视检查。

（2）部门级检查对数据进行100%内业检查，30%外业巡视检查及10%变化图幅的数学精度检测。数学精度检测包括平面点位精度检测、高程精度检测、平面点位相对精度检测。

（3）对于更新要素少的图幅，特征点可以按变化要素个数的10%抽样。

3.数据质检原则

（1）要素全面标准化原则：确保成果无任何非标准代码，符号表达完整。

（2）空间关系全面检查原则：对数据对象重叠，尺寸超限，出现不合理交叉，有悬挂点，对象内属性矛盾，对象间关联矛盾和注记压盖要素等要做相关检查，确保对象图形和属性的完整性。

（3）地物属性内容检查原则：对数据中各类地物要素必填属性项检查，要确保指定地物要素的属性内容完整、合理。

（4）地物接边检查原则：检查物理接边处，避免由于对象属性不一致而未实现无缝拼接的问题。

（5）图面检查全覆盖原则：利用导航工具，确保图面浏览无遗漏。

4.CAD回放图检查

用于计算机辅助设计软件环境的CAD回放图应满足要求，尽量避免压盖，确保图面美观、合理。

5.外业检查

（1）检查成果是否正确，资料是否齐全，图根点的密度及各项精度指标是否符合要求。

（2）地物地貌各要素测绘是否正确，取舍是否恰当，图式符号运用是否正确，接边精度是否合乎要求。

（3）部门检查需对变化图幅的10%进行平面点位、高程、平面点位相对位置的精度进行检测。

（4）地物点平面位置精度统计：大于2倍中误差为粗差，不参加统计。

（5）精度检测中如发现被检测的地物点和高程点具有粗差时，应进行复核。

6.成果验收

（1）对外业测量成果进行验收；控制点的布设、测量、计算、成果应符合要求；成图精度应符合要求，地物地貌取舍应恰当，图式符号运用应正确；绘图应符合要求，各项要素应正确无误。

（2）对出库数据进行验收，包括网格接边处的数据。

（3）综合评定产品质量等级。

（4）作业部门提交验收资料时，可以将多个作业网格成果编制成一个供检查验收的资料。验收的资料包括：目录，项目任务单、生产计划表，结合表、控制网图，计算手簿，附件，这些资料应提供纸质版并装订成控制资料；出库数据、DWG格式数据、图历表文件、元数据文件、控制展图文件，数据合法性检查文件，部门质量检查报告（含精度统计表），本批次的技术总结。

（四）成果提交和归档

提交和归档的成果包括：出库数据、DWG格式数据等文件，控制资料，图历表文件、元数据文件、控制展图文件、数据合法性检查文件，质量检查报告，质量验收报告，专业技术设计书和专业技术总结。

四、关键技术

（一）采编一体化技术

在数据采集的同时，充分考虑数据入库的需要，简化工序，由外业人员完成外业数据采集与内业编辑，减少数据流转经过的部门，可大大缩短数据入库周期。

（二）图库一体化技术

采用图库一体的作业平台，从过去的生产图形转变为现在的生产数据。数据库只存储要素的骨架线和相应属性信息，不保存辅助制图要素，由动态符号化机制实现图形可视化显示，彻底解决地理信息系统的信息与地形图制图的一致性问题。

（三）增量更新技术

在数据入库环节，改变了过去整版入库所带来的重复工作，避免了一版一库的现象。采用增量更新技术，仅对变化的部分入库，从而大大提高了生产效率，并能够在一个数据库中存储现状数据和历史数据。

（四）数据加密技术

在生产中由多个单位承担任务，为了解决数据保密问题，采用了加密文件系统专用的数据加密技术。采用这种技术，在没有相应密钥的情况下，任何人都无法破解数据，从而保证了数据的安全。

第二节　中小比例尺基础地形数据获取

一、项目背景

省级基础测绘1：10000地形数据的获取，能够满足省政府和各级地方政府管理部门的决策需要，为省级经济的快速发展奠定基础。

二、技术流程

地形数据更新作业流程分为内业核查、外业核查、内业编辑，即首先内业利用遥感影像在立体环境下对地物进行更新采集，并对更新要素进行标记，同时对地形变化大的地区划定范围，然后将矢量数据与正射影像数据进行叠加，以防水相纸为介质，按照1∶10000比例尺输出调绘底图；提供给外业调绘，最后内业依据外业完成的调绘底图进行编辑、整理。

三、技术要求

（一）主要技术指标

1.空间参考系

大地基准采用2000国家大地坐标系，高斯–克吕格投影、3° 分带。高程基准采用1985国家高程基准。

2.基本等高距

平地为1m，丘陵地为2.5m。

3.分幅与编号

分幅和编号按《国家基本比例尺地形图分幅和编号》（GB/T 13989—2012）执行，分幅经差为3′45″，纬差为2′30″。

4.数据格式和命名规则

分幅建库数据为Personal Geodatabase格式，出图数据为EDB格式，数据文件名为1∶10000标准图幅号加相应扩展名（MDB和EDB）。元数据为MAT格式，数据文件名为1∶10000标准图幅号加扩展名。电子图历簿为Excel格式。

5.数学精度

（1）平面精度

新增明显地物点相对于邻近野外控制点的平面位置中误差：平地、丘陵地图上不超过±0.5mm，山地地图上不超过±0.75mm；特殊困难地区（如大面积水域、大范围树林等），点位中误差可放宽至上述各指标的1.5倍。

（2）高程精度

原图内地貌变化区域高程注记点的补测精度为平地0.35m，丘陵地及植被密集地区1.2m；等高线的补测精度为平地0.5m，丘陵地及植被密集地区1.5m。

（3）接边精度

在几何图形方面，相邻图幅接边地物要素在逻辑上保证无缝接边，当由于不同时期测图造成不能自然接边时，允许保持不接边状态；在属性方面，相邻图幅接边地物要素属性保持一致。

（二）数据预处理

1.资料的分析与利用

（1）控制资料：基础测绘数据库成果中的控制点部分，收集的新增控制点，可用于高程点补测的卫星导航定位连续运行基准站和似大地水准面精化成果。

（2）地形数据资料：基础测绘地形数据库成果，其坐标系统为1980西安坐标系，其高程基准为1985国家高程基准，使用时转换为Personal Geodatabase格式。

（3）坐标转换改正量：1980西安坐标系1∶10000图廓点坐标转换为2000国家大地坐标系1∶10000图廓点坐标的改正量。

（4）加密资料：基础测绘解析空中三角测量成果，供立体测图使用。

（5）数字高程模型数据：1∶10000数字高程模型，其格网间距为5m，立体测图过程中用来恢复矢量数据高程。

2.预处理要求

（1）按照地形数据模板的图层名称、图层属性和图层表现风格，以及地物类名称、地物类编码和地物类表现风格等，进行作业方案准备。使用软件的方案模块制作统一方案，使用符号制作软件制作符号文件"1万更新符号–采集.SYM"。

（2）对地形数据的分层、分类和代码进行调整。

（3）对已调整好的地形数据库数据通过国家下发的1∶10000图廓点1980西安坐标系—2000国家大地坐标系转换改正量进行坐标转换，并按2000国家大地坐标系分幅图廓进行裁切，作为地形数据更新的源数据。

（4）利用国家下发的1∶10000图廓点1980西安坐标系—2000国家大地坐标系转换改正量对数字高程模型数据进行坐标转换，并按2000国家大地坐标系分幅图廓进行裁切，用于立体测图软件中三维矢量数据的恢复。

（5）收集控制点普查成果，并转换为ArcGIS通用格式，提供给各工序使用。

（6）以地形数据库中境界数据为基础，参照行政区划变更资料整理出最新的境界数据资料。

（7）整理水利普查成果数据，提取骨干河流与拓展河流数据资料，将其作为水系更新的重要资料。

（三）立体核查

利用全省的数码航摄资料及空中三角测量加密成果，通过Geoway DPS采编一体化数字摄影测量软件，按像对恢复立体模型，导入上一代地形数据，在立体环境下对地物进行更新。内业采集数据经检查后，将矢量数据与正射影像数据进行叠加并打印外业调绘底图，供外业进行核查。

1.影像定向建模

（1）资料获取。作业员通过查询"基础测绘加密分区图.dwg"文件获知每幅图所对应的加密分区号，涉及的原始影像片号，并从影像服务器拷贝建模相关资料。

（2）新建建模工程。以加密区域网为单位和顺序，每一个加密区域网建立一个工程，进行航摄资料参数设置。

（3）加载原始影像，建立立体模型。加载与该工程有关的原始影像，格式为TIFF，调整原始影像参数。根据航线和影像的重叠顺序，用相邻影像建立一个像对模型，同时将方案加载到每个模型中。

（4）导入外方位元素，生成核线影像。导入图幅对应加密分区的外方位元素，按外方位元素解算，生成水平核线影像。

2.要素核查

立体核查的精度、要素内容与地形表达的技术要求按设计书中的规定执行。同时，立体核查要遵循以下原则：

（1）采集的要求是以建库数据为主，兼顾出图，所以在数据采集时要注意处理好建库与出图的关系。

（2）立体环境下对影像立体模型与地形数据套合进行检查，发生变化的，面状地物位移大于图上0.4mm，线状地物位移大于图上0.3mm，独立地物位移大于图上0.3mm的地形要素需要重新采集，满足精度要求的可直接套用地形数据。

（3）新增地物在立体环境下能准确表示的按实际情况采集，不能准确定性的地物要在"问题标注层"以红色圆圈标记，由外业重点核查。

（4）对数据中的明显遗漏和错误，如线条的打折、重线、重点，属性填写不符合标准等，在采集时需要进行补测和更正。

（5）地物与地物之间需空开图上0.2mm的间距；要素重叠时，需严格重合。

（6）线状注记尽量使用散点注记，以方便进行数据交换及数据库出图。

（7）更新地物与原图地物衔接时，若衔接差在现行标准规定限差之内，则在精度允许的范围内一般应移动原图地物，并应保持要素相互间位置关系的正确性；若衔接差超过规定限差，应查明原因，作出处理。新增地物或变化地物与原有地物拼接应保持合理状态，如断在地物变换处等。

（8）更新地物与原图地貌衔接时，应协调好地物与地貌的关系，保持地物、地貌相关位置的正确性。

（9）原图与新资料成果因综合取舍等原因会产生矛盾，当原图尚能显示其特征时，可不进行修改。

（10）立体核查人员在作业结束后，根据图内实际变化情况填写图历簿。

3.工作底图输出

（1）工作底图采用符号化地形数据叠加真彩色数字正射影像图，使用防水相纸打印，比例尺设为1：10000，线划以统一的颜色方案进行打印，方便外业读图，线宽按图式要求，基本线划宽度为0.12mm。

（2）内业无法判定的地物用红色标记打印在调绘底图上，供外业核查。

（3）地形数据中的属性（如名称、道路的等级、电力线的伏数、境界注记及说明注记等）均应标注在图上，供外业核查时确认。

（四）数据编辑

1.基本要求

根据外业核查内容，按数据库要求对图进行编辑修改，最终数据检查合格后经数据整理，生成符合要求的Personal Geodatabase格式，同时制作对应的元数据和电子图历簿文件，并提交给质检站验收。编辑数据时，按照外业调绘底图的标示内容，在数据加工平台上叠加数字正射影像图进行编辑。对于丢漏和新增的地物，应在立体环境下进行补测。

地形数据编辑的内容包括：要保证线状地物要素的连续性，不得有变形和打折（包括接边）；相接的节点应采用捕捉方式，不得出现悬挂点；有向点、有向线的数字化顺序方向必须准确，有向线符号方向按左手规则；按中心点、边线、中心线数字化的要素，其位置必须正确；接边必须保持跨图幅要素的几何图形的连续性和编码，属性的一致性；共边线的要素均不得相互代替，应各自独立表示并保持位置完全一致；河心岛、湖心岛的边线分别与所在双线河、湖泊的水涯线共线，不重复采集，分类代码采用相应水域多边形线代码；按照面向对象的采集原则，不同名称河流分别构面；有名称且相交的面状主要河流和面状干渠须采集水系交汇处，名称用顿号隔开；植被中的成林、花圃花坛、人工绿化地、绿化带需要构面表示；地理名称的注记点位应放在面状区域内；检查各级政府、行政村、自然村，国有农场、养殖场，开发区，大型企业单位等的名称注记，并在相应的所在地办公点准确标注点位。无法采用全拼输入的字作为生僻字处理，生僻字使用统一编码，出图时使用统一的生僻字库。

2.数据编辑的内容

（1）测量控制点。

（2）水系，主要有洪泽湖、骆马湖、淮河、京杭大运河、废黄河、新沂河、徐洪河、总六塘河、滩河等。

（3）居民地及设施。

（4）交通，高速公路独立表示，新增公路参照外业调绘和相关资料表示。

（5）管线层，主要表示35kV及以上高压输电线及工业管道。

（6）境界与政区，境界原则上以已有数据为准，参照所收集的省政府关于行政区划调整的相关文件，调整行政区划。

（7）地貌。

（8）植被与土质。

（9）地名及注记。

3.图幅接边

（1）同期成图内部应严格接边，每幅图的作业员主动负责接好东、南边，并由邻图作业员检查、签名。因不同时期成图而接不上的地方应在图历簿中记录原因。

（2）与其他邻省接边的图幅做自由边处理。

（3）换带接边统一用39带图廓进行接边，对于换带接边后的40带数据需根据其图廓处理此条边上的线条悬挂情况。

（4）接边后的地物地貌，不得改变其真实及相关位置，跨越两个图幅的线状地物或面状地物，要注意两边图形、注记和属性等的一致性。

4.成果数据输出

经作业部门和承担单位质量保证科检查后，方可进行成果数据的导出。导出文件为Personal Geodatabase格式，按照规定的要求包括定位基础，水系，居民地及设施、交通、管线、境界与政区，地貌、植被与土质，地名及注记9个要素类。

5.图历簿的填写

（1）图历簿是反映成图过程和精度的重要资料，各工序作业人员和检查人员必须认真填写，保证内容齐全。

（2）统一的栏目可由部门统一填写，由具体作业队（组）、作业员和检查员单项完成的栏目应分别填写。填写的文字内容和数据要求精练、准确、规范，描述应一致。

（3）反映有关成果和精度误差的数据，填写后必须由专人检查核对。

（4）根据纸质图历簿填写电子图历簿，并保证纸质图历簿与电子图历簿内容一致。

第三节　数字高程模型及正射影像数据获取

一、项目背景

重庆市1：5000数字地形图测绘项目是重庆市完成的重要基础测绘项目。该项目实现了1：5000基础地理信息成果全市域覆盖，其中1：5000数字高程模型及数字正射影像图数据获取与建库是本项目的任务内容。

重庆市地处四川盆地东部，东、南、北三面有中高山环绕，中西部丘陵广布，常年多云雾，能见度较低，每年7月、8月天气较好，利于航空摄影。地貌类型多样，地势沿河流、山脉起伏较大，最大高差达2700m；长江自西向东流贯测区，江河纵横。境内地物比较复杂，植被覆盖面积较大（约为20%）。主城区和各组团房屋密集，基本为街区式建筑，大中城市高层建筑较多；农村民居多为散列式房屋，居民地周围植被繁茂，遮盖明显。

二、技术要求

（一）主要技术指标

1.数学基础

本项目生产的基础地理信息成果采用的基准为2000国家大地坐标系、1985国家高程基准，采用高斯-克吕格投影，按3°分带，涉及3个投影带。

为了方便数据管理，数据分发应用，数字高程模型和数字正射影像图数据采用分块存储。参照1：5000地形图分幅原则进行分幅，由于1：5000数字线划图采用的是梯形分幅，不利于数字高程模型和数字正射影像图数据结构存储，且为了方便数字高程模型和数字正射影像图后期使用中不出现裂缝等情况，本项目的数字高程模型和数字正射影像图分幅成果采用标准图幅最大矩形覆盖范围外扩50m为分幅成果范围。

2.数字高程模型技术要求

数字高程模型数据库的管理系统采用ArcSDE，数据成果采用GRID格式。

完整图幅的成图范围内都应为有效数据，测区省界自由图边破图幅的范围为境界线外扩100m，其余部分为无值区域，其格网高程值赋为-9999。

数字高程模型的格网间距为2.5m，其成果的精度用格网点的高程中误差表示。高程中误差的2倍为采样点数据最大误差。高程值取位至0.1m时，高程存储格式放大至整型。

其接边精度要求，同名格网点上的高程较差不超过2倍格网点高程中误差。

3.数字正射影像图技术要求

正射影像采用RGB色彩模式存储，成果格式为TIFF格式影像数据和TIFF World File格式的坐标信息文件。对于跨省界边界处的图幅可不满幅，以省界外扩100m成图，影像数据有效范围覆盖市域，外扩区外的背景值统一为黑色。

数字正射影像图为平面成果，无高程信息。平面精度要求为：影像上地物点相对于附近野外控制点的点位中误差，平地和丘陵地不大于2.5m，山地和高山地不大于3.75m，地物点平面位置最大误差不超过上述中误差限差的2倍。图幅间影像应该进行接边，接边时应根据接边精度情况进行改正，改正后的接边限差不得超过2个像元，即1m。

（二）相片控制测量

相片控制测量的主要工作是按照要求布设像控点，并进行实地选点，测量。相片平面控制点相对于附近基础控制点的平面位置中误差不超过图上±0.10mm，高程控制点相对于附近基础控制点的高程中误差不超过1/10基本等高距。

按照规定的空中三角测量的精度要求，利用精度估算公式反向推导出了布设像控点时航向相邻控制点间的跨度：平地无基线间隔，丘陵最大为7条基线，山地最大为13条基线，高山地最大为16条基线。规定的旁向重叠为：平地、丘陵地不大于2条航线，山地、高山地不大于3条航线。

按照上述要求，选定有代表性的试验区进行布点方案测试。通过计算空中三角测量加密成果的基本定向点和检查点精度，对测试区域网的布点方案进行精度评价，最终确定了本项目的布点方案。

本项目要求全部布设平高控制点，航向间隔按5~7条基线，相邻航线不间隔进行布设，在部分布点困难地区，如人迹罕至的高山密林区，相邻像控点间隔可适当放宽。此外，在不规则区域网布点时，在凹凸转折处布设平高控制点，在补飞航线三度重叠处也布设平高控制点。

测区的地形地貌复杂，部分地区植被密集，标志目标稀少，且地形起伏高差较大，这为选择合适的像控点点位带来困难。像控点的施测要求如下：

（1）点位应尽量公用，一般布设在航向及旁向6片或5片重叠以上区域。像控点优先兼顾目标条件，再考虑相片条件。

（2）自由图边，跨省界图边，待成图的图边像控点应布出图廓线外。

（3）航线两端的控制点一般应分别布设在图廓线附近，有困难时，可不受图廓线的限制，但应满足基线跨度的要求。

（4）平面控制点的点位应选在影像清晰的明显地物上，一般可选在交角良好的细小线状地物交点，影像小于0.3mm的点状地物中心。弧形地物，阴影、交角为锐角的线状地物交叉不得作为刺点目标。

（5）高程控制点应选在高程变化小的目标（坡度小且面积大，高程容易切准的目标）上。

（6）平高控制点应兼顾平面控制和高程控制两方面的要求。

（7）长江、嘉陵江两岸像主点落水区域，应根据像点目标条件增设像控点。

（8）点位在坎边沿及高于地面的地物上时，须量注比高，量注至0.1 m，并应注明点位设在坎上、坎下或地物的顶部、底部。

（9）进行野外测量时，应对像控点进行实地拍照并标上编号，相片的编号应与相片控制点编号对应。

（三）空中三角测量加密

空中三角测量加密是利用加密区中的影像连接点（加密点）的相片坐标、少量相片控制点的相片坐标和大地坐标，通过平差计算，解算连接点的大地坐标，进而得到影像的外方位元素。空中三角测量加密得到的加密点成果和影像外方位元素是后续一系列摄影测量处理与运用的基础。具体步骤如下：

（1）由于本项目采用的数字航空影像，空中三角测量精度要求及主要技术指标按照《数字航空摄影测量　空中三角测量规范》（GB/T 23236—2009）执行。

（2）内定向。数码量测相机进行内定向时，自动生成内定向文件。

（3）相对定向。连接点上下视差中误差为1/3像素，即2μm；连接点上下视差最大残差为2/3像素，即4μm；特别困难地区可放宽0.5倍。连接点在精确改正畸变差的基础上，距离影像边缘应大于0.1cm。

（4）绝对定向。绝对定向后，基本定向点残差，多余控制点（检查控制点）的不符值及公共点的较差应满足规范要求。

根据本项目航飞影像分布、航线方向、地形类别、外业像控点布设等情况，本测区划分了约120个加密分区，并按照不同的地形类别采用不同的精度进行空中三角测量加密。

（四）数字高程模型数据获取

本项目采用航空摄影测量的方法成图，利用航空摄影成果进行摄影测量内外业处理，最后制作所需要的数字线划图、数字高程模型和数字正射影像图等成果。

1.立体采集

三维数据立体采集是数字高程模型制作中非常关键的一步，采集的三维数据是制作数字高程模型的直接数据源，其精度和完整性直接关系到数字高程模型成果的质量。

本项目的立体采集工作使用的是航天远景MapMatrix数字摄影测量工作站，利用空中三角测量加密成果创建自动的相对定向和绝对定向立体模型，采用自主研发的航测、采编、质检一体化平台中的联机调用立体模型进行量测和要素采集。

（1）精度要求

利用数字摄影测量工作站进行模型定向时，在完成自动绝对定向后，需要检查绝对定向的结果，主要是查看定向点的平面和高程残差是否符合要求；对相邻的立体模型也必须进行接边检查，对立体模型重叠部分的地物进行量测，查看接边误差。全部检查合格后，方能利用该结果进行立体量测和要素采集。

采集时要求测标切准要素，其中等高线采集以立体模型为准，立体切准误差一般不得超过1/3基本等高距；相邻立体像对间的地物接边差不大于地物点平面位置中误差的2倍；等高线接边差不大于一个基本等高距。

为了保证所采集要素的精度，单个立体模型的采集范围（生成的核线影像范围）以控制点范围为准。当模型上存在云影、大面积阴影等时，可采用邻近模型进行补救并对精度进行验证。

（2）三维数据采集内容

本地区地形起伏大，地貌复杂多变，既有地形相对平坦、经济相对发达的城市地区，也有地形复杂、植被茂密的远郊区县。因此，要求在立体采集时必须对所有的特征地貌进行逐一采集，只有完整的、足够的三维特征点线才能保证后续制作的数字高程模型能准确反映真实地貌。

立体采集环节要对1∶5000地形图要求的所有要素进行立体采集。采集的全要素三维数据一方面可以用于后续的数字线划图成果编辑，另一方面可以提取一部分三维数据用于数字高程模型制作。其中，数字高程模型制作可以用到的要素主要有等高线、高程点、双线河流、面状水域、双线道路等。

用于制作数字线划图的三维数据还不能完全满足制作数字高程模型的需要，还需要根据地形特征，立体采集一些特征点线。

首先，需要增加特征高程点。若满足制图要求的高程点数量太少，不能满足制作数字高程模型需要，则需要保证在山头、鞍部、肩部、凹地等地形变化处都有特征高程点。其次，要对制图立体采集的等高线进行处理。在过于密集处可能进行了首曲线断绘处理，用于制作数字高程模型的三维数据中的首曲线必须全部连通。最后，大面积植被覆盖地方的山脊和山谷线必须绘出。山地与平地交界的地形变换线，有一定高差的堤、堑、坎、斜坡、梯田坎等要素，都要求采集，坡坎的采集不能用线形表示，坡顶线和坡脚线必须按实际位置采集。

（3）采集要求

立体采集时应引入已成图的三维矢量数据进行接边。自由图边及省界需外扩100m以满足数字高程模型制作的需要。制作数字高程模型需要的各类要素的具体要求如下：

采集高程点时一般优先选取在地形变换处和有明显方位作用处，如山头、谷底、鞍部、肩部、凹地等处。在地形平缓区域，等高线间距较大的地方应适当增加高程点数量以辅助表现地貌特征；在部分地形较破碎区域，应在剧烈变化区域适量增加高程点数量。等高线采集要求保持等高线连续不间断。

采集双线河流时，从高到低或者从低到高采集，高低变换处应断开，不要在同一根线上出现起伏或逆流现象。在采集图上面积大于4mm²的池塘、水库等面状水域，其水涯线按摄影时位置表示，只有土埂相隔。水面高程一致的池塘可适当综合，但应保持其原有形状和分布特征。

特征线采集必须在立体模型上精确切准地面，所有的三维线相连的时候都需要用三维咬合捕捉到位。

2.内业编辑

内业编辑是对立体采集数据进行编辑处理。在数字高程模型制作中，内业编辑主要是指对立体采集的三维数据进行编辑处理和数据整合。

首先，要对采集的三维数据进行提取。从全要素采集的数据中提取等高线、高程点、双线河流、面状水域、双线道路等数据，与专门采集的其他特征点线进行融合，得到用于制作数字高程模型的三维数据。其次，对三维数据进行分层整理，主要可以分为道路、水系，特征线（包括山脊线、山谷线、坡顶线、坡脚线等）等高线，特征高程点。最后，对特征点线进行整合，主要是处理特征点线之间的关系。可以对空间位置相交的特征线进行断开处理，使特征线在交叉处的平面距离大于1m，这样可以避免生成的三角网出现错乱；还可以用线性内插的方式增加特征线上点的个数，使由特征点、线形成的不规则三角形能尽可能精细地反映地表真实情况；对等高线进行编辑处理，确保等高线不交叉，不无故中断；检查特征高程点的高程值是否与特征线相互矛盾。对三维数据进行接边时，必须进行三维咬合，并确保完全接边。

3.构建三角网

构建三角网指利用三维特征点和特征线上的节点构建一系列互不交叉、互不重叠的连在一起的三角形，也可以表示地形表面。构建三角网的点呈不规则分布，所以也叫不规则三角网。

首先，要对编辑整理好的三维特征数据进行相关检查，保证等高线连续、无交叉，特征点线无高程异常，特征点线高程值无相互矛盾，静止水面水涯线高程值相同等。检查合格的三维特征数据就可以采用相关软件直接生成三角网。

生成三角网后，还需要对三角网进行检查，去除边界处错误构成的三角形数据，并消除内部不合理平三角。消除不合理平三角的过程为：搜索三角网中的平三角区域，过滤掉水面等合理平三角，对处于山顶、洼地、平缓区域等位置的不合理平三角进行消除，按照一定的规则，自动匹配增加地貌特征线，且使这些要素带有高程信息，加入初始三角网中，重新构建地形细节更精细的不规则三角网。对无法自动消除的不合理平三角位置要进行人工介入，通过添加特征点线的方式进行消除。

4.数据套合检查

数据套合检查是将生成的三角网按照制作数字高程模型的方法，采用双线性内插生成规则格网数字高程模型，并通过规则格网数字高程模型数据反演生成新的等高线，将新生成的等高线与三维特征数据中的原始等高线进行套合，检查套合差，对套合差超限的局部通过重新采集或增加特征点线的方式进行修改，直到所有成果套合差满足设计要求。

数据套合检查是在数字高程模型生产中进行的检查过程，确保生产的数字高程模型能正确地反映地表信息。虽然对三维特征数据进行了严格的检查，构建的三角网也对不合理平三角进行了消除，但难免会出现局部的地形表示失真。如果不在生产过程中进行套合检查，那么如果生成正式的数字高程模型成果后才发现套合超限，就要重新生产所有成果，而根据数字高程模型的特点，一般是以整个测区为单位统一制作的，局部修改后也需要对测区所有的成果进行重新生产，就会出现大量的重复工作。

5.数字高程模型生成及分幅

数据套合检查合格后，就可以利用不规则三角网数据，采用双线性内插生成规则格网数字高程模型。

在实际生产过程中，为了减少数字高程模型数据的接边工作，一般按照测区或者作业区的范围，整体生成大范围数字高程模型成果。然后通过程序设置参数后，利用相关文献中的计算公式，自动计算图幅范围，自动进行裁切，输出分幅的数字高程模型成果数据。

6.数字高程模型质量检查

数字高程模型成果需要对空间参考系、位置精度、逻辑一致性、时间精度、栅格质量、附件质量进行检查。

（1）空间参考系检查主要检查数字高程模型的大地基准、高程基准、地图投影是否符合设计要求。

（2）位置精度检查主要检查数字高程模型的高程中误差、套合差是否超限，同名格网点的高程值是否一致。对于位置精度的检查一般采用的几种方法包括：

①利用范围内的立体采集数据中的特征高程点和在对应数字高程模型位置的内插

点，比较两者的高程值，计算单点误差及整体中误差；

②利用空中三角测量加密成果的保密点或者位于地面上的加密点，以及在对应数字高程模型位置的内插点，比较两者的高程值，计算单点误差及整体中误差；

③利用数字高程模型数据成果反演生成等高线，与三维特征数据中的等高线进行套合，对比测量套合误差；

④对图幅间重叠部分的格网点高程值进行逐一比对，统计高程值不一致的格网点个数。

（3）逻辑一致性检查主要检查格式一致性，包括数据文件格式、数据文件命名，数据文件存储组织及数据文件内容是否缺失、多余或无法读出等方面。

（4）时间精度检查主要检查原始资料和成果数据的现势性，首先保证使用的原始影像是项目设计规定的时间范围内的航摄影像，其次检查成果现势性是否与成图时间一致。

（5）栅格质量检查主要是在数字高程模型成果中检查格网参数，对格网尺寸和分幅数据的格网范围进行检查。

（6）附件质量检查主要检查元数据和项目附属的文档。

三、关键技术

（一）综合运用GNSS三星定位技术提高像控测量精度

本项目采用自主研发的"北斗卫星区域定位参数实时转换系统"，利用北斗卫星导航系统、全球定位系统、格洛纳斯系统3种卫星信号，实现了三星组合定位，集成运用静态、RTK、精密单点定位测量技术进行像控点野外测量，克服了建筑密集区、高山峡谷地区卫星信号弱的困难，提高了像控测量精度。GNSS技术的综合运用，有效提高了生产效率，节约了生产成本，确保了成果精度。

（二）采用高性能集群式影像处理系统进行影像数据快速制作

本项目针对地形地貌特点，利用高性能集群式影像处理系统——像素工厂系统对影像生产工序进行了多方面优化。利用高精度定位测姿系统辅助空中三角测量，减少对外业像控点的需要，提高了空中三角测量的自动化程度和精度；对多源、多尺度数字高程模型接边整合，获取精度更高、现势性更好的数字高程模型数据，并导入像素工厂进行正射纠正、镶嵌，充分发挥了多节点并行计算能力；自主开发了影像换带、裁切程序，实现了大区域影像批量换带与海量影像的自动分幅裁切，实现了数字正射影像图的自动、高效、快速制作。

第四节　基础地理信息数据库建设

一、项目背景

省级地理空间信息基础框架是省级国民经济各部门规划、建设、管理的基础。根据省级基础测绘规划和基础测绘年度计划，全面开展了省级1：10000数字高程模型、数字正射影像图、数字线划图基础地理信息数据库的建设工作。

二、技术要求

（一）主要技术指标

1.空间参考系

（1）大地基准和投影：坐标系统采用2000国家大地坐标系，投影方式为高斯-克吕格投影、3°分带，中央子午线分别为117°、120°和123°。

（2）高程基准：采用1985国家高程基准。基本等高距：平地为1.0m，丘陵地为2.5m，山地为5.0m。

2.数据格式

数据库的格式为Geodatabase。

（二）数据建库的软硬件环境

1.硬件配置

1台企业级数据库服务器（NT），1台部门级磁盘阵列（大于15TB），两台高档图形工作站（NT），若干台中档微机。

2.软件配置

若干套空间数据处理软件ArcGIS DeskTop 9.3，1套空间数据管理软件 AreGIS Server 9.3，1套关系型数据库管理软件Oracle 10g。

（三）数据库设计

按照规范化设计的方法，数据库设计必须按照步骤分阶段进行。

1.数据库概念模型设计

数据建库仍然采用面向对象的空间数据模型，通过空间数据引擎ArcSDE建立客户端与数据库的连接。

（1）数据内容

基础测绘数据主要包括控制点数据、数字线划图数据、数字正射影像图数据、数字高程模型数据、元数据等。

（2）数据关系

基础地理数据库包含3个既相互独立又密切相关的子数据库，即成果数据库、历史数据库和浏览数据库。基础地理数据因其具有不同的格式、详细程度、精度、时态等而存放在相应的成果数据库、历史数据库和浏览数据库中。

（3）数据流程

基础地理数据建库要经过一系列的数据处理和加工，主要步骤包括入库数据检查和整理、成果数据库创建/更新、历史数据库创建/更新、数据检索和浏览，数据编辑加工等。

2.数据库逻辑模型设计

（1）数字线划图数据子库

数字线划图数据子库主要存储数字线划图数据。以矢量结构描述带有拓扑关系的空间信息和属性信息，包括大地测量控制点、水系及其附属设施、居民地及设施、交通及其附属设施、管线、地貌、植被、行政区界线和地名等内容。数字线划图数据的逻辑子库均按照国标进行大类的划分，每一个大类再根据实体的类型（点、线、面）和实体在数据中的意义（辅助信息、主要信息）划分具体的逻辑层。

（2）数字正射影像图数据子库

数字正射影像图数据子库是数字正射影像图数据及其管理软件的集合，按照不同比例尺和分辨率可对其进行划分。

（3）数字高程模型数据子库

数字高程模型数据子库是数字高程模型数据及其管理软件的集合，按照地面不同格网间距可对其进行划分。

（4）测量控制成果子库

测量控制成果子库主要存储控制测量成果数据。控制测量成果是由新测的所有大地控制点及保存完好可供使用的原有大地控制点所组成。

（5）元数据子库

元数据是说明数据内容、质量、状况和其他有关特征背景信息的数据。通过元数据可以检索访问数据库，可以有效地利用计算机的系统资源，提高系统效率。因此，建立有效的元数据存储体系在整个数据库建设中占有重要的位置。

元数据子库按照所描述的层次划分为数据集级、数据类级、要素级和图幅级4种。

①数据集级元数据是对整个数据库包含的各个要素数据集的描述，包括标志信息、限制信息、数据质量信息、参考系信息、内容信息、分发信息等；

②数据类级元数据是对数据集下各个要素类的描述，包括标志信息、限制信息、数据质量信息、参考系信息、内容信息、分发信息等；

③要素级元数据是对数据库中一些重点或特殊要素的元数据描述，如高速公路，包括名称、车道数、限速、道路等级、所在表名、更新时间、更新人员、更新类型、管养单位、建设单位等信息；

④图幅级元数据是对各图幅数字产品的描述，包括基本信息、新图信息、原图信息、更新信息、结合表信息、分发信息等。

（6）历史数据库

历史数据库是对过去某一时刻、某一区域的地理现状的回溯，包括历史数据集和历史数据元数据集。

（7）时空数据库的逻辑设计

从数据管理和数据集成的角度看，基础地理数据按时态可划分为现状数据、历史数据和临时工作数据。向用户提供的现势性最好的成果数据，即现状数据；被更新替换下来的成果数据，即历史数据；按照入库的要求经过预处理但尚未正式导入现势库的数据，即临时工作数据。

三、关键技术

（一）核心语义模型技术

地理信息数据库采用知识与规则的方式进行构建，所涉及的基础数据和相关属性信息及数据字典等内容通过知识来表达，按规范统一存储在Oracle数据库中。在异构数据转换过程中，利用知识库和规则驱动引擎解析数据的属性特征、图形特征和空间关系特征，在做到无损转换的同时，有效实现空间关系的快速重构。系统采用本原理实现了DWG格式到SHP格式、MIF格式到SHP格式等异构数据的转换。通过知识与规则的方式构建系统，实现了数据组织和功能操作的统一。

（二）多粒度更新技术

在数据库构建的模式上采用了分幅和连续相结合的方式，建立了分幅库和连续库。根据分幅库可以做到快速、实时更新，根据连续库可以做到定期更新，系统提供接口实现两库之间数据的同步。在数据库的更新机制上设计了按区域、图幅、要素实体等建立的多种更新方式，针对不同的数据类型和数据区域特征采取覆盖更新或要素更新的手段，达到了快速更新的要求。

第五节　大比例尺地形数据建库方法

一、项目背景

上海城市多尺度时空地理信息大数据的建设是在国家推进地理信息公共服务平台及上海智慧城市三年行动计划大背景下开展建设的，其主要目标就是构建一个真正意义上的多尺度时空地理信息大数据库，从而满足地理信息网络化服务的需求，更好地为社会服务。用数据库管理空间数据早在21世纪初就已经有所研究，并取得了相应的成果，一般都是按照原有地形图的比例尺分类，分别构建多个空间数据库，这已经为城市规划、建设与管理，以及城市信息化、社会经济发展作出了很大贡献。应该说，早期的空间数据库的建设和应用是基础测绘从数字化到信息化的巨大飞跃。但必须看到，大多数人对于空间数据库的理解还没有脱离数字化地形图的概念，无论是作业部门还是质检部门，一般看重的是数据的图形表现，比较容易忽视数据空间关系和属性信息的生产和检查。其原因在于地理信息的采集和应用长期以来都是以用图为主要目的的，更重要的还在于受技术条件的限制无法对具体的地理要素进行高度抽象，即为了满足国家地形图的制图规范要求，通常采用很多辅助空间实体来表达某一类地物，往往导致信息的重复加工和数据转换的困难。这样的空间数据库并不是真正意义上的多尺度时空地理信息大数据库。

当前的社会发展对地理信息的需求更广泛，特别是随着网络技术的发展，各政府部门对基础地理数据的需求更迫切，对地理信息服务提出了数据权威、服务实时、接口标准、内容全面、更新快速的新要求。构建多尺度时空地理信息大数据库，并提供不同比例、不同时态和不同级别的地理信息服务是技术发展的必然选择。

二、技术流程与要求

（一）多尺度时空地理信息大数据库的构建

多尺度时空地理信息大数据库（以下简称"地理数据库"）的构建不是简单对原有分比例尺的空间数据库进行技术升级，也不是增加几个图层或扩充几项属性。地理数据库构建的一个核心就是解决地理信息面向对象方式的采集和表达的问题，即地形要素的骨架线存储（抽象化）和多应用的符号化表达。

用特定的符号来表达地形和地貌是地图的基本功能，从而形成了由各种符号、色彩与文字构成的表示空间信息的一种图形视觉语言，即地图语言。不同比例尺和不同专题的地图所采用的地图语言是不同的，正如不同国家的文化交流需要翻译一样。在传统的地图制图过程中，不同地图语言的转换"翻译"是通过人工实现的，而不是通过计算机自动实现的。虽然人们已经在使用计算机进行数字化测图，但大多数情况下这个过程仅仅只是把铅笔换成鼠标、把白纸换成屏幕，输出的成果仍然以人能够读懂为标准。在地理信息广为应用的今天，地图语言的表达更丰富，地图语言转换的计算机自动化实现无疑是提高各类地理信息加工效率和质量的有效手段。

面向对象是软件开发方法的主流，但面向对象的概念和应用已超越了程序设计和软件开发，扩展到很宽的范围，如人工智能等，面向对象的概念同样适用于测绘工作。地图语言的计算机自动化转换的实现依赖于如何定义一个被描述的对象。例如，要表述现实世界中的电力线，以往通常是采用一个点表示电杆，并在同样的位置用若干个带有方向的箭线点符号表示电力线的走向。这样的对象定义不需要额外的计算方法，但一旦需要进行地图语言转换，如大比例尺地图到小比例尺地图的综合，则只能通过人工进行。从面向对象的角度考虑，电力线的定义应该是一根连续的折线，同样，大比例尺地形图中常见的楼梯台阶也是如此。

地理数据库只存储要素的骨架线和相应属性信息，不保存任何辅助线划与制图要素，由动态符号化机制实现图形可视化显示，将彻底解决地理信息与地形图制图的一致性问题。

（二）地理数据库的维护

地理数据库的构建是否成功，最终还是要看维护体系是否有效。高度对象化测绘方式对生产环节中的各级人员来说都是一次全新的认识和挑战。对于测图人员来说，需要建立面向对象的概念；对于质检人员来说，除要求检查图面的完整性之外，还要求检查数据的拓扑性、符号表达的完整性等；对于数据库维护人员来说，要求考虑高效的同步更新过程，满足网络服务的数据要求。

首先，研究和定制了数据采集编辑平台。其次，需要考虑的是地理数据库的接边问题，传统的不同比例尺间的地形图以图幅为单位进行接边。三库合一后将存储不同比例尺地理空间数据，这些数据不能再以图幅为单位进行接边。在这一区域应当以街坊为界，以保持空间数据的完整和连续。尽管这一变化非常小，但对于传统生产管理方法，仍然需要通过相应技术手段满足要求。最后，初步实现地形要素的自动缩编技术。自动缩编的实现是一个高度智能化的和具有创造性的作业过程，它是一个整体任务，包含了一系列不同性质的操作，可以分解为若干个子过程来实现。作为地理数据库运行和维护中的一项主要内容，必须对市区范围内的大部分图形要素进行自动化程度较高的缩编作业，并取得良好的结果。通过自动缩编技术，地理数据库可以派生出多种专题子库，其更新方式则可以采用"级联更新"的模式，即在原有数据基础上，只对发生变化的数据进行相应更新，并将这些变化更新传递到其派生数据库上，以实现多比例尺系列数据的级联更新。

利用增量数据进行更新，关键是建立有效的增量数据的获取、管理和控制机制。数据库更新的实现必须考虑元数据，元数据在整个多尺度地理数据库更新流程上继续发挥了重要作用。本书始终认为元数据也是数据的一种，是结合整个数据生产不断完善和优化的。地理数据库建设的一个显著特点就是矢量地理信息在一个统一的架构体系下实现了综合管理，但又必须面对不同的应用方式和更新方式，同时还要衍生出更多的子库，如三维地理数据库、地下综合管线库。因此，元数据在数据的快速统计分析及可追溯等方面必然发挥新的作用。

（三）地理数据库多领域应用实现

数据库建设的最终目的是应用，地理数据库的建设为基于在线的地理信息服务的实现打下了坚实的基础。由于地理数据库采用了面向对象高度信息化存储方式，空间数据的提取和扩充变得异常容易，常规的地图编制和发布有了更灵活的手段。通过全自动的信息表达，同一个区域的空间数据可以灵活自由地进行配置，既可以满足专业地形用图的需要，也可以满足普通用户对地理信息的需求。特别是随着地理信息在线服务技术的发展，用户可以第一时间获得最新的地理信息，并且不需要购买专用的地理信息软件，可直接接入常用业务系统中。基于网络使用地理数据库一般可以按照应用环境分为两种类型，即浏览器应用和桌面应用。

第十二章　测绘地理信息技术

信息化测绘新技术是现代测绘科学技术与其他学科技术融合交叉发展而成的，提高了空间地学在动态和静态条件下的时效性，满足了社会对地理空间信息服务提出的精细化、精确化、真实化、智能化等新需求。从技术角度和测绘作业模式来说，信息化测绘新技术主要包括卫星遥感技术、航空摄影技术、三维激光扫描技术、北斗卫星导航定位技术，以及地理信息处理、挖掘分析和可视化技术等。卫星遥感技术可快速连续获取大范围地球表面信息，具有高空间分辨率、高光谱、多波段、多角度观测等优点，已经在军事勘察和民用监测等方面得到广泛和深入的应用。大面阵数字航空摄影和倾斜航空摄影的互补，能够更加真实地反映地物的实际情况，并对地物进行精确量测，在城市三维重建、应急指挥、市政管理等方面发挥着巨大的技术优势。无人机测绘具有低成本、灵活控制、大比例尺航测等优点，成为低空摄影测量最快捷高效的数据获取手段之一，具有广阔的应用前景。三维激光扫描技术由全球导航卫星系统、惯性测量装置、激光扫描仪和CCD相机等多种传感器集合而成，可以获取高密度点云数据的三维坐标、反射率、纹理等信息，测距精度可达到毫米或厘米级，同时具有受天气影响少、获取周期短等优点，成为地形测绘中一种重要的技术手段。北斗卫星导航系统创新融合了导航与通信能力，具有实时导航、快速定位、精确授时、位置报告和短报文通信服务5大功能。采用北斗卫星导航定位技术可以在服务区域内任何时间、任何地点，为用户提供连续、稳定、可靠的精确时空信息。大数据时代驱使着地理信息技术发生变革，随着移动互联网、物联网、大数据、云计算、人工智能等新兴技术的发展，地理信息系统对这些新兴技术进行引入与融合创新，在地理信息数据处理、挖掘分析，数据呈现与可视化等多个环节进行技术突破，以达到提高地理信息数据利用水平、发掘更高地理价值的目标。信息化测绘新技术的发展，可以有效促进地理信息产业的实时化、自动化、社会化。

第一节　卫星遥感

一、遥感及卫星遥感的内涵

遥感是利用对电磁波信息敏感的传感器，在非接触条件下，对目标地物进行探测，获取其反射、辐射或散射的电磁波信息（如电场、磁场、电磁波、地震波等），并进行提取、判定、加工处理、分析与应用的一门科学和技术。遥感成像是一个十分复杂的过程，电磁波从辐射源到传感器的传输过程中，与大气、地表相互作用后，被传感器接收并记录，这些记录着地物目标反射、辐射、散射的电磁辐射强度与性质变化的信号即为遥感影像数据。根据遥感传感器所在平台的不同，可以把遥感分为地面遥感、航空遥感、航天遥感等不同类型。其中，航天遥感以人造卫星为平台，又称为卫星遥感。卫星遥感是一门集空间、电子、光学、计算机通信和地学等学科知识于一体的综合性探测技术。根据探测电磁波的波长的不同，卫星遥感分为微波遥感和可见光—红外遥感。可见光—红外遥感不仅具有覆盖范围广、观测周期短、更新速度快等优点，还提供丰富的空间、纹理、色彩等信息。与可见光一红外遥感相比，微波遥感具有全天时、全天候的观测能力。两者相互补充，为城市管理、资源环境监测、测绘制图等提供准确、及时、可靠的地理信息。

20世纪90年代，国家测绘局在原有测绘产品的基础上，提出了新的测绘产品模式，即4D产品，包括数字线划图、数字高程模型、数字栅格图、数字正射影像图，卫星遥感影像是4D产品特别是数字正射影像图制作的重要数据源。面对当今测绘事业发展的新形势和新需求，必须加快信息化测绘体系建设，推进测绘信息化进程，为经济社会发展提供可靠、适用、及时的测绘保障。卫星遥感数据是信息化测绘的重要数据源之一，其中微波遥感卫星和可见光—红外遥感卫星获取的遥感数据已被广泛应用。为满足地理信息精细化、实时化的发展需求，国内外遥感卫星正进一步向高空间分辨率、高光谱分辨率、短重访周期的特点发展。相较于传统的信息获取手段，卫星遥感不仅能获得更广泛和海量的数据资源，在数据的可靠性和准确性方面更是有了质的飞跃，而且这些数据的获取是建立在效率更高、成本更低的基础上，为决策部门的工作带来了前所未有的高效和便利。

卫星遥感可以及时获取高分辨率影像，为更新各种比例尺基础地理信息、建立和维护国家基础地理信息系统服务提供有力保障。卫星遥感技术是信息化测绘新技术发展中的重要组成部分。目前，在测绘方面的应用主要有城市规划、土地利用和管理，城市化及荒漠化监测，道路、建筑工程的设计、选址，测绘及资源环境大比例尺遥感制图等。

二、星载合成孔径雷达测量技术

合成孔径雷达（synthetic aperture radar，SAR）技术的基本思想是利用一根小天线沿一条直线方向不断移动，移动过程中在每个位置上发射一个信号，天线接收相应发射位置的回波信号并存储，存储时必须同时保存接收信号的振幅和相位。当天线移动一段距离S后，存储的信号与长度为S的天线阵列单元所接收的信号非常相似，对记录的信号进行光学相关处理，得到地面的实际影像。

合成孔径雷达是一种主动式微波成像传感器，为侧视成像系统，能在距离向和方位向上同时获得二维高分辨率影像。与光学遥感相比，该技术的特点是：不受光照和气候等条件的限制，能全天时、全天候工作，可以透过一定厚度的地表或植被获取其掩盖的信息，其获得的图像能够反映目标微波散射特性。星载合成孔径雷达在民用领域主要应用于国土资源监管、海洋溢油监测、农作物估产、地质勘查、灾害监测等。

根据功能和使命的不同，地球微波遥感探测卫星可划分为L，S，C，X等多种频段，L，S，C，X频段的波长逐渐减小，波长越长，穿透力越强。2016年8月10日，我国发射了首颗分辨率达到1m的C频段多极化合成孔径雷达成像卫星——高分三号，C频段对海洋环境和目标的探测最具优势。该卫星具有高分辨率、大成像幅宽、多成像模式、长寿命运行等特点，可在聚束、条带、扫描、波浪、全球观测、高低入射角等12种成像模式之间自由变换，是目前世界上成像模式最多的合成孔径雷达卫星。

近年来，随着卫星遥感的不断发展，星载合成孔径雷达技术在扫描带宽、重访周期、载荷重量、作业模式等方面都得到了不同程度的改进，为测绘领域资源调查监测等工作提供了新的技术和方法。星载合成孔径雷达技术目前主要有以下几方面的发展。

（一）宽幅星载合成孔径雷达干涉测量

宽幅星载合成孔径雷达具有45km，75km，100km，150km，300km和500km等不同辐射宽度的成像能力，相对于常规干涉测量而言分辨率较低，但具有扫描带宽较宽和重访周期较短的优点，其扫描宽度一般为常规模式的3~5倍。宽幅星载合成孔径雷达干涉测量是利用合成孔径雷达卫星多条带同步扫描模式观测地表来获取几何信息的，具有宽幅成像能力，能够快速了解宏观信息，多用于土地使用情况调查、海洋监视、冰川观测、洪水灾害监测等。目前，宽幅星载合成孔径雷达干涉测量技术已成为地质灾害监测的一种重要技术手段。

（二）多基星载合成孔径雷达技术

发射机和接收机分别被安装在不同卫星平台上的合成孔径雷达系统被称为多基星载合成孔径雷达。通过灵活配置发射机和接收机的相对位置，该系统相较于单基星载合成孔径雷达，具有隐蔽性好、抗干扰能力强，获取的信息可靠、丰富等优势，具体功能包括实现运动目标检测、通过干涉获得较高的高程测量精度、实现多种平台系统成像、提高成像分辨率等。多基星载合成孔径雷达是合成孔径雷达发展的一个重要方向，可通过天、空、地基相结合和高、中、低分辨率互补，形成时空协调的多基对地观测系统，主要应用在土地利用和管理、农作物监测、土壤制图等方面。

（三）多极化星载合成孔径雷达技术

单极化星载合成孔径雷达只能从一个角度提供地物一个方面的信息，多极化星载合成孔径雷达是一种多参数、多通道的微波成像雷达系统，而全极化星载合成孔径雷达技术难度最大，因为无论单极化还是多极化的星载合成孔径雷达系统获取的都是部分极化信息，而全极化星载合成孔径雷达系统包含同极化、交叉极化在内的所有极化信息，可以全面反映目标地物的物理特性。多极化星载合成孔径雷达利用电磁波的全矢量特性，能够获取目标的极化散射回波信息（回波幅度、相位特性等）。由于目标的介电常数、物理特征、几何形状等对电磁波的极化方式比较敏感，因而与单极化星载合成孔径雷达相比，多极化星载合成孔径雷达技术可以大大地提高合成孔径雷达获取目标信息的能力，对海洋生物，地表植被和地物分类的研究有着十分重要的意义。

（四）多模式星载合成孔径雷达技术

早期的星载合成孔径雷达一般只具有基本的单极化条带模式，随着卫星遥感的发展，现阶段的星载合成孔径雷达已可实现多模式工作。多模式星载合成孔径雷达指除常规条带成像模式以外，还可在扫描、聚束等成像模式下工作，如德国的TerraSAR-X、加拿大的Radarsat-2、中国的高分三号等。多模式星载合成孔径雷达可根据对测绘带宽和分辨率的不同需求，在传统条带、扫描、聚束、滑动聚束等模式之间切换（如高分三号）。虽然并没有从根本上解决传统星载合成孔径雷达系统分辨率与测绘带宽之间的固有矛盾，但多模式星载合成孔径雷达使得同一个星载合成孔径雷达系统能够完成不同的测绘工作，提升了星载合成孔径雷达系统的测绘能力。

三、高分辨率卫星遥感测图技术

一般来说，卫星遥感图像有4种属性的分辨率，分别为：空间分辨率，指像元所代表的地面范围的大小，即扫描仪的瞬时视场，或是地面物体能分辨的最小单元；光谱分辨率，指传感器在接收目标辐射的光谱时能分辨的最小波长间隔，间隔越小，分辨率越高；辐射分辨率，指传感器接收波谱信号时，能分辨的最小辐射度差；时间分辨率，指对同一地点进行遥感采样的时间间隔，也称重访周期。就目前行业发展来看，高分辨率卫星技术更能满足精细化实用的要求。

相对于传统的航空影像资料，高分辨率卫星遥感影像在测绘应用中的优势主要表现为：影像分辨率高，获取周期短，影像覆盖范围大，可以不受地区限制全天候地获取影像，只需提供目标区域的经纬度范围、所需数据时相和数据类型即可，处理较为便捷。高分辨率卫星遥感影像对控制点的使用较少，能充分满足测绘制图精度方面的要求，在一定程度上减少了外业控制测量的总体工作量，为遥感影像在地形测绘生产中的应用奠定了重要基础，最终为生产、更新中小比例尺地形图提供了新的思路与技术途径。

GeoEye-1是美国于2008年9月发射的一颗高分辨率商业卫星，该卫星具有分辨率高、测图能力强、制图精度高、重访周期短的特点。GeoEye-1的全色分辨率（黑白分辨率）为0.41m，多光谱分辨率（彩色分辨率）为1.65m，定位精度为3m，具有每天采集700000km³的采集能力，最大成图比例尺可达1∶2000。

此外，SPOT5为法国SPOT系列卫星的第5颗卫星，其空间分辨率最高可达2.5m，而且可以提供丰富的纹理信息。该卫星遥感影像可进行1∶10000地形图的修测及更新，具有价格低、工作量少、易于操作的优点，但对于一些单独地物难以进行判断。

我国于2013年成功发射高分一号卫星，其全色分辨率（黑白分辨率）为2m，多光谱分辨率（彩色分辨率）为8m。2014年8月19日成功发射了高分二号卫星，该卫星携带了全色分辨率为0.8m、多光谱分辨率为3.2m的高分辨率相机，位于高度为600～630km，轨道倾角为98°的太阳同步轨道上。2015年12月在西昌卫星发射中心发射了中国首颗地球同步轨道高分辨率遥感卫星——高分四号卫星，运行于距地36000km的地球静止轨道上，其可见光和多光谱分辨率优于50m，红外谱段分辨率优于400m，与此前发射的运行于低轨的高分一号卫星、高分二号卫星组成星座，具备高时间分辨率和较高空间分辨率的优点。我国高分系列卫星具有成像幅宽大的特点和高空间分辨率的优点，两者相结合既能实现大范围普查，又能详查特定区域。随着我国遥感卫星的不断发展，高分系列卫星将为测绘等领域提供高质量的遥感影像数据，可用于国土资源调查、地形图绘制等工作。

随着国内外卫星遥感影像（如SPOT5、IKONOS、QuickBird）空间分辨率的不断提高，卫星遥感影像数据为土地利用变更调查提供了新的资料源。卫星遥感影像能真实反映城市用地现状，在2.5m级以上分辨率的卫星遥感影像上，耕地、林地、建设用地、水域等地类界线清晰、城市道路明显、地类变化状况容易判读，这使得利用卫星遥感影像快速更新土地利用现状图成为可能。该项工作流程主要包括前期准备、城市最新资料收集，外业实地调查、城市卫星影像数据的购买和软件的准备，地面控制点数据的采集，需要更新的城市地图和地形图的扫描、遥感影像预处理（几何校正，图像融合等），最后将融合图像与城市数字地图叠加，更新土地利用数据库等。

利用高分辨率卫星遥感影像对土地利用现状进行调查统计，其结果满足城市分区规划对土地利用现状的需要。除此之外，卫星遥感影像立体测图技术在测绘行业也得到广泛应用，具体流程为：首先，将SPOT5、IKONOS等高分辨率遥感影像作为数据源，利用有理多项式进行立体模型定向；然后，采用全数字测图系统进行三维产品生产；最后，通过外业实地检测评估立体模型定向精度及三维产品精度。这种方法最大限度地缩短了野外作业时间，提高了测图效率，改变了传统生产模式，其研究成果符合测绘生产相关图式规范、技术标准和设计要求。

除了以上应用，高分辨率遥感影像因具有高分辨率、实时性、可动态监测的优点而被应用在灾害监测工作中。利用高分辨率卫星遥感技术，能够第一时间获得准确的地面信息，该技术曾在"5·12四川汶川大地震"中发挥了巨大的作用，为灾区重建和人员搜救作出了贡献。

随着遥感卫星往更高分辨率、更多样化的作业模式、更短重访周期的方向发展，卫星遥感技术在测绘领域也将有越来越广泛的应用，为当代信息化测绘行业提供准确高效的数据源。

四、卫星影像处理新技术

近年来，得益于遥感对地观测平台的高速发展，遥感影像数据源日益丰富、分辨率越来越高，数据量急剧膨胀。在卫星对地观测平台方面，国内的天绘一号、资源三号、高分系列、高景系列卫星，国外的IKONOS、QuickBird、WorldView、PlanetLabs系列卫星等，都是高分辨率多源遥感平台，每天可分发TB级海量数据。硬件平台的客观发展及需求的不断深化共同催生了遥感影像处理技术的革新，主要体现为在提高数据精度的基础上不断追求更快的处理效率、更智能的工作流及更丰富的成果集。在这种大背景下，各具特色的新算法、新技术便应运而生。

典型的卫星影像处理算法已日趋成熟，随着卫星种类越来越丰富、数据量越来越大，当前的技术热点是结合并行处理思想与具体的应用需求，提高卫星影像处理效率，并提供多样化的处理策略，以满足不同的任务需求。目前，主流的卫星影像处理软件均支持协同并行处理。在处理策略的选择上，一些软件（如PCIGXL）可选择不同的区域网平差策略，在影像初始有理多项式系数（rational polynomial coefficients，RPC）精度不高的情况下，仍能通过所匹配的控制点保障平差精度；一些软件（如DPGrid）利用卫星的严密成像模型，从源头提高影像的姿态和位置精度；一些软件（如RSONE-X）则根据突发事件应急响应的具体需求，提供全自动化处理工作流，保障特殊情况下的高时效性。

卫星遥感影像分为全色和多光谱两种数据。全色影像即常说的黑白影像；多光谱影像即常说的彩色影像，一般具有3个以上波段。目前，大多数遥感卫星都有全色和多光谱数据，可采用两种处理流程：一是全色与多光谱数据配准精度高者，先融合再纠正。二是全色与多光谱数据配准精度差者，先纠正全色数据，然后将多光谱数据与全色数据进行配准，再进行融合处理，最后对融合后的影像进行影像镶嵌、调色和成果裁切。

（一）卫星遥感影像纠正处理

为了降低对用户专业水平的需求，扩大用户范围，同时保护卫星的核心技术参数不被泄漏，绝大部分卫星数据向用户提供一种与传感器无关的通用型成像几何模型——有理多项式模型，替代以共线条件为基础的严格几何模型。有理多项式模型的建立采用"独立于地形"的方式，即首先利用星载GPS测定的卫星轨道参数及恒星相机、惯性测量单元测定的姿态参数建立严格几何模型；之后利用严格几何模型生成大量均匀分布的虚拟地面控制点，再利用这些控制点计算有理多项式模型参数，其实质是利用有理多项式模型拟合严格几何成像模型。

纠正控制资料一般有外业控制点、数字正射影像图，数字线划图或数字栅格图数据，纠正前一定要明确控制资料的坐标系统，通过有理多项式模型参数与控制资料的相关投影关系，可实现控制点的快速准确定位。中误差需控制在2~3个像元以内，若较大，则需调整，具体根据参考资料及地形差异确定。若为全色与多光谱配准，精度则控制在0.5~1个像元内，才能保证融合后影像不会有重影、模糊的现象。重采样方法一般选择双立方或者三次卷积，避免和减少线性地物锯齿现象的发生。

卫星遥感影像纠正质量关系到后续工作处理和成果的精度。例如，最后才发现纠正有问题，再进行返工处理会极大降低效率，因此一定要对纠正质量进行严格检查。纠正质量检查主要包括：①控制点定位是否准确，分布是否均匀；②纠正控制点单点最大误差是否超限；③纠正控制点残差中误差是否超限；④纠正影像精度是否超限。

（二）卫星遥感影像融合处理

遥感影像融合是对同一环境或对象的遥感影像数据进行综合处理的方法和工具，产生比单一影像更精确、更完全、更可靠的估计和判读，提供满足某种应用的高质量信息，作用主要有：①锐化影像、提高空间分辨率；②克服目标提取与识别中的数据不完整性，提高解译能力；③提高光谱分辨率，用于改善分类精度；④利用光学、热红外和微波等成像传感器的互补性，提高监测能力。

遥感影像融合一般可分为像元级、特征级和决策级。像元级融合是指将配准后的影像对像元点直接进行融合。优点是保留了尽可能多的信息，具有较高精度；缺点是处理信息量大、费时、实时性差。由于像元级融合是基于最原始的影像数据，能更多地保留影像原有的真实感，提供其他融合层次所不能提供的细微信息，因而应用广泛。本书推荐使用Pansharping（panchromatic image sharping）融合算法，它能最大限度地保留多光谱影像的颜色信息和全色影像的空间信息，融合后的影像更接近实际。

遥感影像融合质量检查的内容主要有：①融合影像是否有重影、模糊等现象；②融合影像是否色调均匀，反差适中；③融合影像纹理是否清楚；④波段组合后影像色彩是否接近自然真彩色或所需要的色彩。

（三）卫星遥感影像镶嵌和裁切

卫星遥感影像镶嵌是把不同景纠正融合后的成果合并，镶嵌时要保证镶嵌前各景影像接边精度符合要求，一般为2个像元以内。镶嵌线应尽量沿线状地物、地块边界，以及空旷处、山谷地带选取，避免切割完整的地物，并尽量舍弃云雾及其他质量相对较差区域的影像；镶嵌线羽化时，需保证镶嵌处无裂缝、模糊、重影现象，镶嵌影像整体纹理、色彩自然过渡，色调均一。镶嵌调色完成后按裁切范围将成果输出。

第二节　航空摄影测量

航空摄影测量作为基础测绘手段之一，能够快速获取和更新地理空间信息，在测绘领域中有着十分重要的作用。传统的航空摄影测量一般采用有人机作为载体，成本高，成像范围小，测图周期长，对天气的依赖性强，难以保证测绘数据生产的实时需求。随着我国科学技术和信息化建设的不断发展，大面阵数字航空摄影测量技术和倾斜摄影测量技术的出现使用户能够获取更丰富的地理信息和纹理信息。其中，大面阵数字航空摄影能够快速获取高分辨率的大幅面影像，实现大比例尺成图。倾斜摄影测量从多个角度观测地物，能更加真实地反映地物的实际情况，并对地物进行精确的量测，降低城市三维建模成本。而无人机平台具有低成本、分辨率高、影像实时传输、机动灵活、可进行高危地区探测的优点，使无人机低空航摄的广泛应用成为必然趋势。

一、大面阵数字摄影测量技术

与传统的航空胶片相机相比，航空数码相机具有成本低、效率高、处理便捷、环境适应能力强、中途影像损失少等优点，这使得摄影测量的传感器的选择逐渐偏向数码相机。随着探测器制造技术的发展，航测数码相机（特别是面阵型航测数码相机）得到了快速的发展。但是，在进行大比例尺测图时，现在的单台CCD面阵相机还无法取代传统的胶片相机，所以一般采用几台CCD面阵相机进行集成，组成较大面阵，以增大相机视场角来增加相机的成像像幅，从而能直接生产高分辨率的大幅面影像。

多相机组合拼接是将多个相机镜头安装在同一平台上，集成数字罗盘、GNSS接收机和自动控制系统，形成大面阵数字航空摄影仪，经过相机检校和影像拼接，获取大范围地面覆盖度拼接影像。相对于传统的航空胶片相机，多拼相机具有镜头视场角大、基高比高、几何精度高、体积小、重量轻等优点。目前，多相机组合拼接主要有同步-交向摄影方式型和同地-直向摄影方式型两种方案。例如，四维远见公司推出的SWDC系列和Z/I Imaging公司生产的DMC相机属于同步-交向摄影方式型，Microsoft VEXCEL公司生产的UltraCamXp相机属于同地-直向摄影方式型。

（一）同步-交向摄影方式型

同步-交向摄影方式型航空数码相机通过对每个镜头倾斜适当的角度来保证获取的影像数据有一定重叠度，摄影时多个镜头曝光时间必须严格一致，否则将会产生较大像移。

1.SwDC-4航摄仪

SwDC-4航摄仪有4台独立的非量测CCD面阵相机，其倾斜一定角度呈2行2列均匀分布，通过校正交向摄影得到的子影像得到水平相片，再利用各水平相片间的同名像点建立影像间的位置变换关系式，并精确求解各影像间的相对位置关系，最后利用各水平相片合成一个大像幅的虚拟影像。SWDC-4航摄仪相对于进口航空数码相机和传统胶片航摄仪而言，具有体积小、重量轻、可更换相机镜头（焦距）等特点，不仅可以安置在大飞机上，还可以安置在轻小型飞机上。传统胶片航测的平面精度较高，但基高比小，导致航测的高程精度较低，很难开展高精度的大比例尺地形测绘，而SDWC-4航摄仪则具有可变焦距、基高比大、高程精度高的优势。

2.DMC航摄仪

DMC航摄仪采用4个全色镜头和4个多光谱镜头（近红外、红、绿、蓝）对地面进行航测。其中，4个全色镜头倾斜一定角度（10°和20°）呈2行2列均匀分布，4个多光谐镜头按照一定角度对称安装于全色镜头的两侧，其位置及角度使每一幅单色影像与预处理后的完整全色影像具有相同的覆盖度。对采集的高分辨率全色影像与单色影像进行融合处理，能得到高质量的彩色航测影像，具有分辨率高，光圈较大，畸变较小，同质的视场响应等特点。

（二）同地-直向摄影方式型

同地-直向摄影方式型相机的所有子镜头都是等间距顺序排列的，进行垂直摄影，且所有镜头几乎是在相同姿态，相同位置下曝光。子镜头在时间的精确控制下，按顺序依次曝光。

Microsoft VEXCEL公司生产的UltraCamXp相机采用4个全色镜头和4个多光谱镜头（近红外、红、绿、蓝）对地面进行航测，每次全色镜头拍摄的影像都有一定的重合区域，通过对8台CCD相机生成的全色影像重叠部分进行配准，消除曝光时间误差的影响，生成一幅完整的中心投影全色影像。对高分辨率全色影像与拥有相同覆盖范围的单色影像进行融合处理，得到高质量的彩色航测影像，这种对匹配点进行验证的方式避免了影像处理后的内容失真。

二、倾斜摄影测量技术

传统的航空摄影测量一般采用有人机搭载专业的航测仪获取垂直方向的影像序列，最终生成平面的正射影像图，主要对地形地物的顶部进行量测，而对起伏较大的地形地物的几何结构和侧面纹理等三维信息的获取则十分有限。倾斜摄影测量技术改变了传统航空摄影测量只能从垂直角度拍摄的局限性，其原理是在同一平台上搭载5台固定安装在不同角度的数码相机，相机在空中同时定点曝光，从5个方向（垂直、左视、右视、前视、后视）对地物进行拍摄，同时记录坐标、航速、航高、旁向重叠和航向重叠等参数，再通过内业数据处理的几何校正、平差、多视影像匹配等一系列的处理得到具有地物全方位信息的数据。影像上包含丰富的建筑物顶面及侧面的纹理和结构信息，可在具有重叠区域的几组影像中选择最为清晰的一幅影像进行纹理制作，提供客观直接的实景信息。此外，相较于传统摄影测量，倾斜摄影测量可生成真正射影像图（true digital ortho map，TDOM）。真正射影像图是基于数字表面模型对整个测区进行影像重采样，利用数字微分纠正技术纠正原始影像的几何变形获得的。目前，国内外相继推出了倾斜摄影仪，其中主流的倾斜摄影相机包括徕卡RCD30，SWDC-5倾斜摄影仪等。

倾斜摄影测量的外业相对简单，与传统的摄影测量几乎一样，其出成果的关键是内业数据处理软件，目前常用的倾斜摄影测量内业数据处理软件主要有Smart3D、街景工厂、PhotoMesh等。

倾斜摄影测量的范围大、精度高，可以快速采集影像数据，客观反映地形地物的真实情况，并能够对地物进行量测，还能够通过融合和建模技术生成三维城市模型，有效降低三维建模的生产周期和成本，其成果数据模型真实，能使人们获得身临其境的体验。目前，倾斜摄影测量在欧美等发达国家已广泛应用于城市管理、应急指挥、国土安全等领域。在我国，倾斜摄影测量在实景三维重建方面的应用比较成熟。

（一）倾斜摄影测量关键技术

1.多视影像自动空中三角测量

多视影像平差需要考虑影像的几何形变和遮挡关系，采取图像金字塔匹配策略，结合外方位元素，在每级影像上进行同名点自动匹配去除对比度低的点和不稳定的边缘点，再进行自由网平差，剔除残差大的粗差点，得到较好的同名点匹配结果。同时，建立多视影像自检校区域网平差的误差方程，确保平差结果的精度。

2.多视影像密集匹配

多视影像具有成像范围广、重叠度高等特点。因此，多视影像匹配的关键是在匹配过程中如何充分考虑冗余信息，准确快速地获取多视影像上同名点的坐标，进而获取地物的三维信息。近年来，随着计算机视觉的发展，多视影像匹配的研究已取得了很大进展。例如，房屋屋顶的提取，可先通过搜索多视影像上房屋边缘、屋檐和顶部纹理等信息得到二维的矢量特征数据集，再根据其不同视角的二维特征获取房屋屋顶的三维信息。

3.倾斜影像拼接

在拼接倾斜影像前，需要先建立虚拟影像，选择视野范围内的倾斜影像像元，并反投影到虚拟影像上。由于存在多张影像覆盖同一地物的问题，选择影像时需要考虑该像元地面对应点到倾斜影像间的距离，地面点到虚拟影像透视中心的光线，以及地面点到影像透视中心的光线夹角。建立虚拟影像后，再减小影像上地物的重影效应，在平坦地区进行拼接，并在拼接处密集匹配生成数字表面模型。

4.生成真正射影像图

在数字表面模型的基础上，根据连续地形和离散地物的几何特征，在多视影像上进行面片拟合、影像分割、纹理聚类、边缘提取等处理，根据联合平差和密集匹配的处理结果，建立像方和物方之间的同名点对应关系，然后进行全局优化采样，并考虑几何辐射特性进行纠正，整体进行匀光处理，实现多视影像的真正射纠正，生成真正射影像图。

（二）行业应用

倾斜摄影测量主要应用于城市三维建模，结合数字线划图可自动提取地面建筑，并快速建立初步具备建筑物外框等信息的白模，然后通过对影像细部的具体分析，构建建筑的阳台、老虎窗、屋顶、门斗等细部信息，合成精细的白模。在城市建设管理方面，通过基于倾斜摄影测量的三维自动建模技术获取的实景三维模型，可以对比一段时间前后建筑物平面和高度变化，统计并分析建筑物的变化和增量，让违法建筑的采集和统计更加全面客观。在旅游业方面，通过景区三维实景展示，游客可以了解景区的真实面貌，可根据喜好选择观光景点。例如，应用倾斜摄影测量技术获取了整个张家界武陵源景区图，面积达160km²。

倾斜摄影测量能够广泛应用于城市规划、建筑建设与管理等各个方面，在城市公共安全与应急反恐方面也具有极其重要的价值。例如，美国军方利用倾斜摄影测量迅速获取了五角大楼周边影像，了解现场情况后及时制订了合理的应急执行方案。目前，倾斜摄影测量在美国警方工作中得到了普及应用，帮助了解最细致的案发地情况，以便进行合理指挥。这样不但提高了执行效率，而且提高了救助的安全性。

三、无人机平台

目前，卫星遥感技术和有人机航测遥感技术已经十分成熟，但在实时为社会提供信息方面仍存在不足。例如，一颗卫星在某一时刻经过某一地区的顶部，1小时后此地区发生紧急事件，这颗已过顶的卫星数据就无法利用。如果发生紧急事件的地区天气情况恶劣，有人机的使用也将受到限制。无人机是一种在一定范围内由无线设备控制操作或计算机预编程序自主控制飞行的无人驾驶飞机。相较于卫星遥感，无人机能够自由使用，不受轨道的约束且没有固定的过顶时间。相较于有人机，无人机受天气影响较小，在阴天也能进行航拍工作，机身灵活，受空域限制小，能够随时起飞，可以快速获取和更新数据。无人机除了上述优势，还具有成本低、易于携带与转移的特点，当今对无人机平台的研究已经成为热点之一。

（一）无人机分类

随着航测技术的发展，人们对实景三维模型的分辨率、纹理、颜色提出了更高的要求。由于无人机的飞行高度相对较低，倾斜航拍设备拍摄的影像分辨率高、纹理清晰、颜色真实，能够提高所构建的三维模型的质量。目前，比较著名的无人机设备有中国的大疆M600六旋翼无人机和飞马F1000，北美3DRobotics的Solo无人机等。无人机种类繁多，按动力可分为太阳能无人机、燃油无人机和燃料电池无人机；按功能可分为军用无人机、民用无人机和消费型无人机；按飞行器重量可以分为微型无人机、小型无人机、中型无人机和大型无人机；按结构可分为固定翼无人机、多旋翼无人机、直升无人机和复合式无人机。

1.固定翼无人机

固定翼无人机是指由动力装置产生前进的推力或拉力，由机身的固定机翼产生升力的无人机。固定翼无人机飞行距离长、飞行高度高，可设置航线自动飞行，并自动按预设回收点坐标降落。但它不能在某处高空悬停获取连续影像，只能按照固定航线飞行，并且使用前需要进行专业培训。固定翼无人机适合远距离的连续工作，如军用侦察、电力巡线、航拍、测绘等。

2.多旋翼无人机

多旋翼无人机是一种具有3个或3个以上旋翼轴的无人驾驶飞机，且旋翼的间距固定。每个轴通过电动机转动来带动旋翼转动产生升推力，通过改变旋翼间的相对转速来改变单轴推力的大小，从而控制飞行轨迹。多旋翼无人机工作时不需要跑道，可以垂直起降，并且起飞后可在空中悬停，安全性高，适合需要悬停的工作，如影视航拍及电力跨线作业等。但是，多旋翼无人机的飞行时间与飞行距离短，且载重量小，一般不超过10kg。

3.无人直升机

无人直升机主要由机体、旋翼、尾桨、传动系统设备等组成，不需要发射系统，可以在小面积场地做垂直起降，在空中悬停。其突出特点是能够做各种速度、各种高度的航路飞行，在飞行过程中噪声较小，可靠性比较高。实际应用中，直升机主要用于观光旅游、灾害救援、消防、商务运输、通信与探测资源等方面。

（二）无人机在测绘领域中的应用

目前，无人机主要通过搭载数码相机进行小范围大比例尺的测绘地形图生产。无人机测绘成图指数字正射影像图的生产，通过空中三角测量和几何校正等处理，得到地理坐标系下的多张小幅面影像图，然后对这些影像进行配准和融合，处理拼接成大范围的影像，再按照标准图幅范围裁切，可得到数字正射影像图。例如，2012年4月27日至2012年5月27日，以无人机为飞行平台搭载双频GNSS飞控系统对钓鱼岛等岛屿进行量测，获取了这些岛屿的高分辨率遥感数据，并制作了1∶2000大比例尺地形图，填补了该区域大比例尺地形图的空白。此外，通过无人机航摄，还可以快速获取测区的详细情况，能应用于土地利用动态变化检测和覆盖图更新等领域。其中，高分辨率无人机航空影像还可应用于区域规划等。

随着数码相机和自动驾驶技术的发展，国内无人机测绘技术已逐步达到世界先进水平。随着传感器类型的发展和市场需求的扩大，无人机平台将针对不同地形、不同任务的需求，增强其通用性，提高综合传感器的集成度，向系列化、智能化、低成本、轻小型化发展。

四、航空摄影遥感数据处理

在航空影像处理方面，随着航空影像分辨率越来越高，幅面越来越大，传统的影像匹配效率亟须提升。典型的解决思路是基于多线程并行计算，充分利用CPU平台存储空间优势和GPU平台核心数优势。除了使用并行计算，影像匹配的算法优化是当前的研究热点与技术难点。基于多基线的影像匹配技术（如Pixel Grid、Pixel Factory等）可大大提高海量高分辨率航空影像批处理效率。基于广义点摄影测量理论的中低空影像智能处理技术，利用多特征多测度解决高可靠性匹配（如DP Grid），可显著降低同名点的误匹配率。近年来，结合计算机视觉和并行处理思想，倾斜影像处理的新技术蓬勃发展，一些典型技术包括不需要任何初始位置姿态信息的全自动航线恢复，自由飞行模式下影像智能匹配，大扰动非常规无人机遥感影像区域网平差、密集匹配生成三维点云，多机多核CPU及GPU并行处理等。目前，主流的倾斜影像处理软件均结合了计算机视觉和并行处理思想，在保证成果精度的前提下追求更高的效率。例如，美国Bentley公司的ContextCapture系统、法国AirBus公司的街景工厂、中国大疆公司的大疆智图（DJI Terra）等软件均具有人工干预少、处理效率高的特点。在未来，随着倾斜摄影测量的发展，测绘产品的应用需求将越来越广阔，遥感影像处理技术会进一步朝集成化、自动化、智能化方向发展。以低空遥感为例，介绍其数据处理流程。

（一）影像匹配

影像匹配作为数字摄影测量自动化中最关键的一环，其匹配的精确度、可靠性和速度从某种程度上说直接影响着数字摄影测量自动化的程度。目前，按匹配基元，影像匹配可分为基于灰度的影像匹配和基于特征的影像匹配。基于灰度的影像匹配是理论最成熟且应用最广的算法，它是以左、右相片上含有相应影像的目标区和搜索区中的像元的灰度作为影像匹配的基础，利用某种相关测度，如协方差或相关系数最大来判定左、右影像中相应像点是否是同名点。基于灰度的影像匹配具有算法简单、容易操作的特点，但运用该算法时，若同名点位于低反差区域，则局部窗口影像的信息贫乏、信噪比小，会造成匹配的成功率不高。基于特征的影像匹配首先对要处理的影像运用某些算法提取出影像的特征（这些特征主要包括点、线、面），然后利用一组参数对这些特征进行描述，并利用参数进行基于特征的影像匹配。基于特征的影像匹配较基于灰度的影像匹配具有算法灵活、适应性强等特点，能较好地解决影像变形、旋转等问题对影像匹配的影响。

（二）遥感影响空中三角测量处理

空中三角测量量测的是相片上像点坐标为依据，以少量的地面控制点为平差条件，在计算机上解求影像的定向元素和测图所需的控制点坐标。这样就可以把大量的野外控制测量工作转移到室内完成。不仅提高了效率，还缩短了航测成图的时间。空中三角测量按数据模型分可分为航带法空中三角测量、独立模型法空中三角测量和光束法空中三角测量。航带法是利用相对定向和模型连接将航带内的立体模型建成自由航带网模型，然后利用控制点条件，按最小二乘原理进行平差，消除航带网模型的系统变形，从而求得各加密点的地面坐标。独立模型法是将各单元模型视为刚体，利用各模型间的公共点，通过模型的旋转、缩放和平移将各模型连接成一个区域，然后利用各模型间的公共点坐标相等、控制点内业坐标与地面坐标相等的条件，使模型连接点上的残差平方和最小。光束法是以一个摄影光束为平差计算单元，以像点坐标为观测值，利用共线方程解求定向元素和控制点坐标。在这3种方法中，光束法是以每幅影像为单元并且以像点坐标为原始观测值，所以它的理论最严密，精度最高。

基于定位测姿系统的区域网空中三角测量是利用安装于飞机上与航摄仪相连的定位测姿系统测定相片外方位元素，然后将其视为带权观测值代入光束法区域网平差中，这种区域网平差的方法就叫定位测姿系统辅助光束法区域网平差。定位测姿系统辅助光束法区域网平差是采用统一的数学模型，整体确定面目标点位和相片方位元素，并对其质量进行评定的理论、技术和方法。定位测姿系统辅助光束法区域网平差的具体解算过程是：利用定位测姿系统自带的解算软件，解算出航带中m幅影像获取的6个外方位元素为平差解算的初始值，并在影像上量测出n个像点，则可列出$2n+6m$个平差方程，这些方程构成了定位定姿系统辅助光束法区域网平差的基础方程。

（三）三维立体模型生成方法

利用第一节中所述方法获得影像的外方位元素后，可以通过本节提出的影像匹配方法，对相邻的两幅影像进行匹配。当匹配出大量的同名点后，可利用前方交会的方法求出地面点三维坐标，并通过这些地面点生成数字高程模型。数字高程模型的表示方式有规则格网和不规则三角网两种。

在生成数字高程模型后，可以利用其纠正数字正射影像图。在数字摄影测量中生成正射影像图的方法也叫影像的数字微分纠正，它是逐点进行的，因此具有较高的影像精度。目前，影像数字微分纠正主要有正解法和反解法两种。

结合增量式三维重建算法与点云加密算法，利用多视图光束法平差法生成基于尺度不变特征变换（scale-invariant feature transform，SIFT）的特征点辅助信息的三维立体重建模型。

（四）倾斜摄影自动化建模成果的数据组织和单体化

倾斜模型的一个突出特点就是数据量庞大，这是由其技术机制、高精度、对地表全覆盖的真实影像所决定的。层次细节模型在一定程度上可以承载海量的倾斜模型数据，并保证快速加载和流畅渲染。当屏幕视角距离某个地物近时，软件自动调用最清晰层的数据；当屏幕视角远离该地物时，则自动切换为模糊层的数据。由于人眼本来就无法看清远处的数据，因此这样做并不影响视觉效果。例如，影像金字塔，地图分比例尺切图等，都采用此方式。对于手工建模的模型，一般是通过三维地理信息系统平台自行计算出多层层次细节模型，并处理其远近距离的切换关系。而对于倾斜模型，由于其技术原理是先计算稠密点云，经过简化后再构建不规则三角网，因此在数据生产的过程中，就能通过不同的简化比例得到数据层次细节模型，而不再需要地理信息系统平台进行计算。数据生产过程中计算的层次细节模型效果是最佳的。也正因为如此，无论是街景工厂还是Smart3D，其生产的倾斜模型都是自带多级层次细节模型的，一般至少带有5~6层，多则10层以上。数据本身自带层次细节模型，从技术原理上就决定了其看似庞大，其实完全可以做到非常高的调度和渲染性能（只要不破坏原始自带的层次细节模型）。这也是使用数据厂家自带的Viewer就可以获得很好的加载和浏览性能的原因。但这只是解决了三维实景数据显示问题，而人们更关注地理实体本身及其属性信息，这就产生了单体化技术。

　　"单体化"指的是每一个人们想要单独管理的对象，是一个个单独的、可以被选中分离的实体对象，可以赋予属性，可以被查询统计等。只有具备了"单体化"的能力，数据才可以被管理而不仅仅是被用来查看。在大多数地理信息系统应用中，能对建筑等地物进行单独地选中、赋予属性、查询分析等是最基本的功能要求。因此，单体化成为倾斜摄影模型在地理信息系统应用中必须解决的难题。目前应用较为广泛的单体化方法包括切割单体化、ID单体化和动态单体化3种。

　　单体化模型对于三维地理信息系统来说，是一个重要数据来源，结合BIM数据，能够让三维地理信息系统从宏观走向微观，同时可以实现精细化管理。

第三节　三维激光扫描

　　三维激光扫描技术是一种主动式对地观测技术，是测绘领域继全球导航卫星系统技术之后的一次技术革命。其基本原理是向目标发射探测信号（激光束），然后接收从目标反射回来的信号（目标回波），并与发射信号进行比较，经过适当处理后，获得目标的有关信息，如目标距离、方位、高度、姿态、形状等参数。它突破了传统的单点测量方法，具有全天候、高效率、高精度等优势。

　　根据承载平台和扫描空间位置划分，三维激光扫描系统可分为机载激光扫描、车载激光扫描、地面固定站式激光扫描、室内激光扫描4种类型。

一、激光测量原理

　　激光扫描系统是集激光技术、光学技术和微弱信号探测技术于一体而发展起来的一种现代化光学遥感手段，其基本原理源自微波雷达，但使用激光作为探测波段，波长较短且是单色相干光，因而呈现极高的分辨本领和抗干扰能力。激光测距的基本原理是利用光脉冲在空气中的传播速度，测定光脉冲在被测距离上往返传播的时间来求出距离值。设所测距离为D，光脉冲往返时间为t，光脉冲在空中的传播速度为c，则$D = \frac{1}{2}ct$。只要精确地求出时间就可以求出D。常用的具体方法是脉冲法和相位法，前者直接量测脉冲信号传播时间，后者通过量测连续波（continuous wave，CW）信号的相位差间接确定传播时间。

根据激光测得的距离、激光方向可以计算目标点的坐标，从而获取目标的相对三维坐标。激光扫描仪在获取物体表面每个采样点的空间坐标后，得到的是一系列表达目标空间分布和目标表面特性的海量点的集合，称为"点云"。点云所记载的数据信息主要有三维坐标（X，Y，Z）、颜色信息（R，G，B）和激光反射强度等，数据的存储格式也与扫描设备有关，主要有TXT，LAS，PCD，ASC等格式。从点云数据的结构关系上看，点云数据主要具有数据量大、密度高、带有被测物光学特征信息、测距精度达到毫米或厘米级且具有可量测等特点。

二、地面三维激光扫描

地面三维激光扫描又称固定站三维激光扫描，其工作方式类似于全站仪，通过在地面三脚架上架设三维激光扫描仪，对目标进行三维扫描，从而获取空间三维信息。地面三维激光扫描系统主要包括激光扫描器、数码相机和仪器内部校正部件等附属设备。其具体工作原理为：扫描仪对被测目标发射脉冲，根据激光脉冲的往返时间差，计算被测点与扫描仪的距离；再根据两个连续转动的用来反射脉冲激光的镜子的旋转角度值，得到激光束水平方向值和垂直方向值，计算扫描点的三维坐标；同时，通过内置数码相机获得场景影像数据，给反射点匹配颜色或者给模型映射纹理，最终提供被测目标的三维几何信息。与全站仪的单点测量方式不同，地面三维激光扫描仪能通过360°旋转获取整个目标空间的密集点云。目前，地面三维激光扫描仪最远有效距离可达1km，获取数据距离扫描中心100m处的点云密度可达1mm。一般对非平面目标需要进行多站有重叠的扫描，然后通过靶标或同名特征等方式进行后期拼接得到完整的点云数据。

地面三维激光扫描仪的一般作业流程如下。

1.现场踏勘与控制测量

通过踏勘了解目标分布状况，便于初步设计架站位置和扫描路线。通过全站仪或GNSS布设控制网，便于后期拼接精度控制和整体坐标转换。

2.标靶布测和扫描架站

标靶是用一定材质制作的具有规则几何形状的标志。该类标志在点云中能够很好地被识别和量测，从而可以用于点云数据质量检查及点云配准等工作。常用的标靶有圆形标靶、方形标靶、标靶纸、球形标靶、反射片等。一般先在扫描现场均匀放置4~6个标靶，然后从第一个站点架站开始扫描。完成一站扫描后确保3个标靶不动，将其他标靶移动到下一站扫描范围内，然后将扫描仪架设到下一个站点进行扫描，依次逐步推进标靶点和扫描站，从而获取目标范围内的完整数据。

3.点云数据及纹理图像采集

根据精度需求设置点云扫描参数，主要包括扫描视场度、点云密度、扫描频率等。同时，由于一般扫描仪内置相机获取的影像质量不能满足高清解译和三维建模需求，故还需要采用高清数码相机等其他方式同步获取目标纹理、色彩信息。

4.数据处理

一般包括点云配准、降噪与抽稀、坐标转换、彩色点云制作等。点云处理过程中需要对多站数据进行配准和坐标转换，将点云拼接成一个整体，并转换到所需的坐标系统下；同时，需要去除点云噪声，有的需要进行重采样将数据抽稀，减少后续处理的计算量。为了便于后期解译，需要将影像与点云进行配准，然后将影像的颜色信息赋值给点云，制作彩色点云。

5.成果制作

根据应用需求，对点云数据进行分类、建模、矢量提取等处理，可得到三维模型、数字高程模型、数字线划图及其他量测统计成果。目前，市面上常用的地面点云数据处理软件多为逆向工程软件，主要有Geomagic Studio，SketchUp，Polyworks，Cyclone等，AutoCAD和ArcGIS也有点云模块，可以直接在点云基础上提取矢量，制作数字线划图。

地面三维激光扫描主要应用于地面中小型目标的三维信息获取，设备架设自由、灵活性强，可获得室内外目标相对精度较高的三维信息。如果需要获取目标的绝对坐标，还需要通过标靶进行联测。市面上常用的地面三维激光扫描设备主要有Riegl的VZ系列、Optech的ILRIS、Faro的Focus3D、Z+F公司的Image系列、天宝的TX系列，以及徕卡的C系列、P系列和HDS系列等。国内也有部分厂家生产了地面三维激光扫描仪，如北科天绘的UA系列等。地面三维激光扫描在古建筑文物保护、道桥测量、工程填挖方测量、房产测量、工业构件检测、交通事故处理、灾害评估、船舶设计、建筑设计、军事分析等领域都得到广泛应用，其中工业构件检测使用的三维激光扫描仪精度可达0.01mm。

三、机载激光扫描技术

机载激光雷达系统是在航空平台上由集成激光雷达扫描仪、定位测姿系统、数码相机和控制系统所构成的综合系统。激光雷达扫描仪主要用来发射激光信号和接收信号，确定地面目标与扫描仪的距离。定位测姿系统包括惯性测量装置和动态差分GNSS。惯性测量装置用来获取激光雷达系统在航空平台的飞行姿态参数（俯仰角、侧滚角和航向角），动态差分GNSS用来进行高精度的时间传递和精密定位。最终以时间为标志对数据进行内插处理和数据匹配，确定每一次扫描及拍照时刻传感器的运动位置和姿态参数。因此，由激光雷达进行空对地式的扫描，从而测定成像中心到地面点的精确距离，再根据几何原理解算地面点的三维坐标。

机载激光雷达测量系统工作流程主要包括飞行计划制订、地面基准站布设、系统检校、外业数据采集、数据内业后处理。其中，数据内业后处理主要包括GNSS数据质量检查、航迹计算、激光点云生成、点云分割、自动分类、内部质量控制、手工分类、生产数字高程模型或数字地形模型等测绘产品。

相较于航空摄影测量，机载激光雷达测量系统具有如下优势：

（1）激光为主动式测量方式，摄影测量为被动式测量方式，因此激光雷达测量对于气候、天气、季节的要求没有航空摄影测量那么严格。理论上，激光能24小时全天候工作。同时，还可以根据实际应用需求选择波长最合适的激光源。

（2）激光能够穿透植被叶冠，直接测量到地面，可同时测量地面和非地面层。因此，激光雷达在林业、农业领域得到广泛应用，可用于测量树高，这在航空摄影测量中难以实现。

（3）机载激光雷达测量系统基本不需要地面控制点，可直接获取地表目标的空间三维坐标，并用于数字高程模型生成，作业流程相对航空摄影测量更简单。

机载激光雷达测量技术能够快速获取地面高精度数字表面模型，在地形测绘、环境监测、城市三维建模、林业管理、岛礁测绘、线路勘测设计等领域得到了广泛的应用。该技术改变了传统测绘的作业流程，使相关外业测绘流程大大简化，外业时间大大缩短，外业人员的劳动强度大大降低，内业处理的自动化程度也显著提高。

目前，机载激光雷达有许多成熟的商业系统，常用的有加拿大Optech公司的ATLM和SHOALS、瑞士徕卡公司的ALSSO、瑞典AB公司生产的TopEye、德国IGI公司的LiteMapper、法国TopoSys公司的FalconⅡ等。但是，它们的数据处理软件仍不太成熟，大多数软件是设备生产厂商提供的解算软件，导致利用机载激光点云数据进行测绘产品的生产仍有许多局限性。现在使用最广泛的机载激光雷达数据处理软件是芬兰的TerraSolid系列，利用TerraSolid软件可以对机载激光雷达数据进行滤波处理，生成数字高程模型，也可结合影像数据制作数字正射影像图，但仍无法实现自动制作数字线划图。

随着无人机飞行器的升级和激光传感器的小型化，无人机激光雷达测量系统逐步面世。它以无人机为搭载平台，主要由激光雷达扫描仪、惯性测量装置、GNSS、高分辨率航拍数码相机等组成。激光雷达扫描仪获取三维空间信息，数码相机获取影像数据，地面通信保障飞行安全，及时传回系统工作状态信息。与有人机平台相比，无人机搭载设备重量受限，因此在传感器选型上受限。但是，无人机激光雷达测量系统巡视效率高、直观、准确，适用范围广，灵活性强，用于安全监测可及时发现隐患，减少经济损失，具有成本低、操作简单、数据精度高等特点。目前，已有无人机激光雷达测量系统成功应用于电力行业，通过无人机激光沿电力线飞行实现快速电力线巡检，通道测量和线路杆塔的倾斜程度检测等。未来随着无人机载荷的增加、激光传感器的微型化发展，无人机激光雷达测量系统能更多地应用于电力行业、公路勘察设计、灾害监测和环境监测等方面。

四、车载激光扫描技术

车载激光移动测量系统是目前世界上较为先进的一种测绘手段。它通过在机动车上装配激光扫描仪、GNSS、惯性测量装置、车辆控制编码系统及数码相机等先进的传感器和设备来完成测量任务。其中，GNSS用于测量平台运行轨迹上每一时刻的位置；惯性测量装置用于确定平台的方位与姿态，与GNSS一起工作可进行组合导航；激光扫描仪用于记录目标点到平台的距离与角度。运用激光测量车，可以在车辆正常行进中，通过激光扫描和数码照相的方式快速采集地形、建筑及其他目标区域或线路的整体空间位置数据、属性数据和影像数据，并同步存储在系统计算机中，经专业软件编辑处理后，生成所需的专题图数据、属性数据和影像数据。

与其他的移动数据采集手段相比，车载激光移动扫描成像技术具有如下特点：

（1）不受目标特性影响，可昼夜使用。可见光成像需要太阳的照射才能对目标进行成像，激光成像不需要对目标亮度提出任何要求，昼夜均可使用。同时，它也不像红外成像设备一样受目标热辐射特性的影响，可以对冷目标进行成像或在复杂的热辐射背景下对目标进行清晰的成像。

（2）可直接获取目标的三维信息。红外和可见光成像只能获取目标的辐射分布图像，而不能测量目标的距离信息。激光成像可以在获取目标强度图像的同时测量出目标每一点的三维信息。

（3）测量精度高。由于激光波长短，故空间角度分辨率和距离分辨率都比微波成像雷达所获得的测量精度高一个或几个数量级。

（4）体积小、重量轻、成本低。激光扫描成像探测器比红外探测器成本低，整机设备比微波探测器体积小、重量轻、价格低。由于激光扫描成像可以快速得到目标的三维信息，并且具有体积小、重量轻等特点，因此它特别适用于地形测绘、目标识别和自动导航领域。

（5）车载激光移动测量系统是以陆地移动平台为载体，相对机载平台，具有机动、灵活、高效等特点，可与星载系统、机载系统一起组成天、空、地的立体数据获取体系，其获取的数据也更精细。

车载激光移动测量系统近几年发展迅速，在传感器集成和示范性应用方面积累了很多经验，但针对地面复杂情况采集的海量点云数据的处理仍有不足，在高效快速的数据处理和管理方面仍需要继续研究。现在市面上涌现了许多商业化车载激光移动测量系统，国外的有加拿大的LYNX测量车、日本拓普康公司的IP-S2测量车、美国天宝车载激光移动测量系统。国内由北京四维远见公司生产的SSW车载激光移动测量系统，目前已销售到全国各地的测绘地理信息单位，在数字城市、公路交通、城市管理等领域发挥着重要应用。车载激光测量系统主要用于城市三维建模、道路测量、部件测量、高清街景违建调查等领域。由于车载平台本身的特性，该系统容易受到车辆和道路两旁植被的影响而产生数据漏洞，获取的数据多为路面和建筑立面数据，屋顶和室内数据仍需要用其他方法来获取。

车载激光移动测量系统就其载体而言，可以是汽车，也可以是三轮车、摩托车等，还可以是人背着的背包。下面以一个背包式激光移动测量系统的应用案例进行说明。

福建省某县采用背包式激光移动测量系统进行地籍测量，通过扫描获得高精度的点云数据，并绘制地籍测量成果图。

背包式激光移动测量系统由车载激光移动测量系统改装而成。开始扫描前，在覆盖作业区域5km（本案例）的范围内架设基准站，接收GPS信息，同时人背着背包坐在行驶的车上进行惯性测量装置初始化；惯性测量装置初始化完毕后，扫描人员从车上下来，开始背着设备进行扫描作业，沿着小道对卫星信号良好的区域进行背包式激光移动测量系统扫描作业；扫描完成后，关闭仪器设备，停止采集作业。

本应用案例中，采用背包式激光移动测量系统进行扫描获得的点云精度在5cm以内，背包作业平均一天可以扫描500块宗地。与传统全站仪实测相比，背包式激光移动测量系统在保证了精度的前提下，大大提高了作业效率。

五、室内激光扫描

随着室内导航技术的发展，室内空间的三维信息需求越来越大。无论是大型超市、写字楼、室内停车场，还是隧道、矿坑等地下设施，其三维信息的快速获取都具有重要价值。传统室内测量手段，如皮尺或测距仪测图，效率低且精度不高。如果采用地面固定站式扫描，虽然可以快速获取室内数据，但室内遮挡问题需要通过大量外业架站和内业拼站处理来确保数据的完整性，在一定程度上加大了数据获取和处理的难度。因此，研究针对快速室内三维信息获取需求的移动测量系统具有很强的实用价值。

相对于室外移动测量技术，室内移动测图技术由于其环境的特殊性，存在的技术难点有：①无GNSS信号或GNSS信号弱，传感器自身定位是主要难题；②障碍物多，不易采用摄影测量方式完成室内测图，采用扫描方式作业在特殊情况下需要多角度作业，易产生数据冗余；③室内作业干扰源多；④需要进行多层建筑中的定位；⑤对未知环境定位困难。

由于这些特殊性，室内移动测图的研究就不能像车载或机载系统一样采用GNSS导航定位的方法，而需要采用其他技术。目前，研究的热点是基于同步定位与地图创建的室内测图技术。

目前，室内移动测图系统常用的是激光同步定位与地图创建方式，它性能最稳定、最可靠。其作业原理同视觉同步定位与地图创建相似，区别在于它采用二维激光或三维激光的方式在室内空间对平台自身进行定位，同时平台获取室内空间信息或成图。同视觉同步定位与地图创建相比，激光同步定位与地图创建精度更高，测量距离更远，能直接获取三维空间坐标。该技术经过多年验证，已相当成熟，但激光雷达成本昂贵的问题亟待解决。例如，Google无人驾驶汽车采用的正是该项技术，车顶安装美国Velodyne公司的激光雷达，可以在高速旋转时向周围发射64束激光，激光碰到周围物体并返回，便可计算车体与周边物体的距离；计算机系统再根据这些数据描绘精细的三维地形图，然后与高分辨率地图相结合，生成不同的数据模型，供车载计算机系统使用。但该激光雷达的售价超过7万美元，占去了整车成本的一半，这可能也是Google无人车迟迟无法量产的原因之一。国产的室内激光同步定位与地图创建的测图设备仍在研究中，也取得了一些进展。该系统在作业时无论场景中是否具有GNSS信号都能够获得高精度的三维点云和全景影像。目前，该设备已经成功应用于大型商场、地下管廊、古建筑等建筑物室内测图。这种激光同步定位与地图创建的背负式移动测量系统，解决了室内GNSS失锁问题，实现了室内信息快速获取和三维建模。

随着计算机技术、传感技术的发展，激光雷达成本下降，激光同步定位与地图创建将成为服务机器人实现自由行走的必然选择。国外已有创业公司Savioke推出了采用激光同步定位与地图创建技术的客房服务机器人和商场导购机器人，基于激光同步定位与地图创建的测绘机器人是未来无人测绘服务发展的一个重要方向。此外，国外已经有比较成熟的手持式ZEBl室内测图设备，可以在完全无GNSS信号的情况下，由一名测量员手持该设备，并在室内空间中进行行走测量。国内相似的背包式测量设备也成为研究热点。

总之，采用激光同步定位与地图创建技术的室内移动测图系统将会成为信息化测绘新技术的又一个发展方向，必将在信息化测绘中得到越来越广泛的应用。

第四节　北斗卫星导航定位

北斗卫星导航系统是中国着眼于国家安全和经济社会发展需要，自主建设，独立运行的卫星导航系统。该系统创新融合了导航与通信能力，具有实时导航、快速定位、精确授时、位置报告和短报文通信服务5大功能。北斗卫星导航系统在服务区域内任何时间、任何地点，都可以为用户提供连续、稳定、可靠的精确时空信息。截止到2018年底，我国宣布自主研发的北斗三号卫星系统开始提供全球定位服务，这标志着北斗卫星导航系统的服务范围由区域扩展至全球，正式迈入全球时代。北斗三号卫星系统的全球定位精度为水平10m，高程10m（95%置信度），全球服务可用性在95%以上。亚太地区的定位精度更高，达到了水平5m，高程5m（95%置信度）。2018年已经完成了19颗北斗三号卫星发射组网，基本系统已经建设完毕，面向全球提供服务。

随着北斗卫星导航系统的建设和服务能力的发展，相关产品已广泛应用于交通运输、海洋渔业、水文监测、气象预报、测绘地理信息、森林防火、通信时统、电力调度、救灾减灾、应急搜救等领域，逐步渗透到人类社会生产和生活的方方面面，为全球经济和社会发展注入新的活力。中国将始终秉持和践行"中国的北斗，世界的北斗"的发展理念，推进北斗卫星导航系统为"一带一路"建设发展及其他国际应用提供服务的范围。北斗卫星导航系统的发展目标为：建设世界一流的卫星导航系统，满足国家安全与经济社会发展需求，为全球用户提供连续、稳定、可靠的服务；发展北斗产业，服务于经济社会发展和民生改善；深化国际合作，共享卫星导航发展成果，提高全球卫星导航系统的综合应用效益。

一、北斗卫星导航系统构成

北斗卫星导航系统构成与其他卫星导航系统一样，分为空间段、地面段和用户段。

（一）空间段

北斗卫星导航系统计划由35颗卫星组成，包括5颗地球静止轨道卫星、27颗中圆地球轨道卫星、3颗倾斜地球同步轨道卫星。5颗地球静止轨道卫星定点位置为东经58.75°、80°、110.5°、140°、160°，中圆地球轨道卫星运行在3个轨道面上，轨道面为相隔120°均匀分布。

北斗卫星导航系统同时使用地球静止轨道与非静止轨道卫星，对于亚太范围内的区域导航来说，无须借助中圆地球轨道卫星，只依靠北斗的地球静止轨道卫星和倾斜地球同步轨道卫星即可保证服务性能。而数量庞大的中圆地球轨道卫星，主要服务于全球导航卫星系统。此外，如果倾斜地球同步轨道卫星发生故障，则中圆地球轨道卫星可以调整轨道予以接替，即作为备份星使用。

在北斗卫星导航系统中，使用无源时间测距技术为全球提供无线电卫星导航服务，同时也保留了试验系统中的有源时间测距技术，即提供无线电卫星测定服务，但目前仅在亚太地区实现了。

北斗卫星导航系统使用码分多址技术，与GPS和Galieo系统一致，而不同于GLONASS系统的频分多址技术。两者相比，码分多址有更高的频谱利用率，在L波段的频谱资源非常有限的情况下，选择码分多址是更妥当的方式。此外，码分多址的抗干扰性能，以及与其他卫星导航系统的兼容性能更佳。北斗卫星导航系统在L波段和S波段发送导航信号，在L波段的B1、B2、B3频点上发送服务信号，包括开放的信号和需要授权的信号。

（二）地面段

北斗卫星导航系统的地面段由主控站、注入站、监测站组成。

（1）主控站用于系统运行管理与控制等。主控站从监测站接收数据并进行处理，生成卫星导航电文和差分完好性信息，而后交由注入站执行信息的发送。

（2）注入站用于向卫星发送信号，对卫星进行控制管理，在接收主控站的调度后，将卫星导航电文和差分完好性信息向卫星发送。

（3）监测站接收卫星信号，将接收的数据和当地气象资料经处理后发送到主控站。

用户段即用户的终端，既可以是专用于北斗卫星导航系统的信号接收机，也可以是同时兼容其他卫星导航系统的接收机，包括北斗卫星导航系统兼容其他卫星导航系统的芯片、模块、天线等基础产品，以及终端产品，应用系统与应用服务等。接收机需要捕获并跟踪卫星的信号，根据数据按一定的方式进行定位计算，最终得到用户的经纬度、高度、速度、时间等信息。

二、北斗授时技术

北斗卫星导航系统具有快速定位精密授时、短报文通信等关键功能和技术。

北斗卫星导航系统授时可分为单向授时模式和双向授时模式。在单向授时模式下，用户接收机不需要与地面中心站进行交互，但需已知接收机精密坐标，从而可计算出卫星信号传输时延，经修正得出本地精确的时间。中心控制站精确保持标准北斗时间，并定时播发授时信息，为定时用户提供时延修正值。标准时间信息经过中心站将卫星的上行传输延迟、卫星到用户接收机的下行延迟及其他各种延迟（对流层、电离层等）传送给用户，用户通过接收导航电文及相关信息自主计算出钟差并修正本地时间，使本地时间与北斗时间同步。系统设计授时指标为100ns。

双向定时的所有信息处理都在中心站进行，用户只需把接收的时标信号返回即可。其无须知道用户位置和卫星位置，通过来回双向传播时间除以2的方式即可获取，更精确地反映各种延迟信息，因此其估计精度较高。在北斗卫星导航系统中，单向定时精度的系统设计值为100ns，双向定时精度的系统设计值为20ns。

目前，北斗授时产品在通信系统、移动系统、金融等行业广泛使用。此外，为保证国家信息的安全，满足人们对高精度授时产品的需求，北斗卫星导航系统和GPS的双模授时技术理论应运而生，相关的学者进行了诸多探讨和研究。从影响授时精度的误差源出发，结合卫星自身相关误差、信号传播误差及接收机相关误差进行分析，并提出相应误差的修正算法，以及授时技术的卫星源切换实现原理和秒脉冲模型的改进方案。最后将提出的算法和改进方案应用于授时系统，结合主控单元完成相关接口通信等外围电路设计，进一步实现该双模联合授时系统的硬件和软件设计。用户可以通过使用该授时系统达到择优后的卫星授时结果，从而提高授时的精度。

三、导航定位技术

北斗导航定位关键技术包括组合定位技术、差分定位技术、组合系统的监测技术等。

（1）组合定位是采用其他类型的数据源与北斗卫星导航系统的定位信息结合，辅助提高北斗卫星导航系统的定位精度与完整性、连续性，目前包括多模卫星组合定位和多传感器信息融合组合定位。多模卫星组合定位就是用一台卫星定位接收机，同时接收和测量北斗卫星导航系统与其他卫星导航系统的卫星信号，从而综合利用多种卫星导航系统精确测出三维位置、三维速度、时间和姿态等相关参数。由于GPS建设完善，定位精度高，因此可以采用北斗卫星导航系统和GPS的双模冗余组合方案，实现多模组合定位。多传感器信息融合组合定位是通过不同传感器提供的冗余位置测量信息（如位置、速度、航向），采用数据融合的方法，高效地利用这些冗余信息完成定位结果的求解过程，最终实现目标位置量的最优或次优估计。

（2）差分定位技术可以消除或者削弱卫星导航定位中的接收机钟差、卫星钟差等多种误差，载波双差后整周模糊度为整数。差分定位包括伪距差分定位和实时载波相位差分定位。伪距差分定位比较每颗卫星每时刻到基准站的真实距离与伪距，得出伪距改正数i，修正定位，能得到米级的定位精度。载波相位差分技术又称RTK技术，通过实时处理两个观测站载波相位观测量的差分数据，解算坐标，可使定位精度达到厘米级，大量应用于动态需要高精度位置的领域。

（3）在组合系统中，由于传感器资源增多、系统结构趋于复杂，因此组合系统的监测技术应运而生。在监测过程中要对组合系统的性能状态进行实时的获取和判断，以衡量定位系统在故障发生（包括传感器、子系统的软故障和硬故障）导致定位误差超限时能有正确的响应。解决方案的重要内容为实时的故障检测和诊断，在基本的卫星定位接收机自主完好性监测算法基础上将完好性设计拓展到整个组合系统，实现定位系统自主完好性监测，使系统具备及时发现并确定故障来源，从而评估故障等级的能力。

四、短报文通信技术

北斗卫星导航系统的短报文通信功能是美国GPS和俄罗斯GLONASS都不具备的特殊功能，是全球首个在定位、授时之外具备短报文通信的卫星导航系统。北斗卫星短报文通信具有用户与用户，用户与地面控制中心间双向数字短报文通信功能。一般的用户接收机可一次传输36个汉字，申请核准的可以达到120个汉字或240个代码。短报文不仅可实现点对点双向通信，而且其提供的指挥端机可进行一点对多点的广播传输，为各种平台应用提供极大便利。其服务流程如下：

（1）短报文发送方首先将包含接收方ID号和通信内容的通信申请信号加密后通过卫星转发入站；

（2）地面中心站接收到通信申请信号后，经脱密和再加密后加入持续广播的出站广播电文，经卫星广播给用户；

（3）接收方用户接收机接收出站信号，解调解密出站电文，完成一次通信。

综上所述，未来的测绘地理信息会将北斗卫星导航定位技术作为时空数据的探测基础，瞄向新时空服务，集成光、电、声学、磁学等多种物理手段，与通信、室内定位、汽车电子、人工智能、移动互联网、物联网、地理信息、遥感、大数据等智能化先进技术融合，形成可互补、可交换、可替代、可共享的信息标准和资源，形成新兴的智能信息产业，形成连接贯通整合一切的新时空服务体系。其技术和产业应用最终包括空、陆、地下（水下）所有环境条件下的空间、室内与室外的时空信息，泛在智能实时动态，普惠的共享服务。

第五节　地理信息处理技术

　　经过多年的发展和积累，地理信息数据种类不断增多，数据内容、类型和形态都不断丰富，测绘地理信息部门拥有的地理信息数据飞速增长。对这些大数据进行快速处理，并为充分挖掘分析这些数据背后的价值奠定基础，已经成为目前地理信息系统发展的一个重要方向。一方面，地理空间大数据以动态异构，时空密集，非结构化数据为主体，首要任务是研究多源异构数据的空间化集成技术。另一方面，随着大数据技术研究的快速升温，利用分布式并行处理、交互式处理等新兴技术对地理空间大数据进行高效处理也成为研究热点。

一、多源异构数据空间化集成

　　多源异构数据空间化集成是以地理空间数据、行业专题数据、非地理空间数据为数据源，利用坐标投影变换，格式转换、语义集成、数据空间化等技术，实现地理空间数据间集成、地理空间数据与行业专题数据集成、空间数据与属性数据集成、结构化数据与非结构化数据集成等。多源异构数据空间化集成技术体系是按照数据集成方案要求对源数据进行加工，重新组织构成的过程，将多源数据统一至同一坐标参考体系，采用通用格式，形成新的空间数据集，为时空数据的挖掘与分析打下数据基础。

二、分布式并行处理技术

　　Hadoop架构的诞生加速了地理信息系统在分布式并行处理领域的研究。Hadoop以其高可靠性、高扩展性、高效性和高容错性的优势，特别是在海量的非结构化或半结构化数据上的分析处理优势，给地理信息系统行业提供了一种革命性的思路。作为一个大数据的分布式处理平台，Hadoop的特点是对非结构化数据的存储、聚集、提取和过滤；作为空间地理信息的管理工具，地理信息系统的优势在于其图形处理能力、地图表达能力及空间分析能力。将Hadoop的运算处理能力与地理信息系统的空间分析能力结合起来，可以充分利用两者各自的优势与特点。

　　国内外相关专家纷纷开展了基于Hadoop的地理信息系统运算架构并行处理、云计算平台下地理信息服务等关键技术的研究。各商业地理信息系统软件也基于Hadoop纷纷推出了各自的大数据产品。在ArcGIS10.2中，Esri推出了基于Hadoop的空间大数据处理解决方案GIS Toolsfor Hadoop。通过扩展Hadoop上空间运算类库，Esri提供了一套工具、一套应用程序接口及一系列框架。用户通过工具将数据传送至Hadoop中，充分利用Hadoop的"MapReduce"进行并行数据计算，使地理信息系统空间运算效率得到显著提高。

三、交互式数据处理技术

交互式数据处理指通过人机交互逐步实现对数据的处理，它能及时地处理和修改数据，并让用户立刻知悉和运用处理结果。当前交互式数据处理系统有Spark和Dremel等。作为高效分布式计算系统，在数据处理效率与性能上Spark比Hadoop有显著提升，并且Spark提供了比Hadoop更上层的应用程序接口。Dremel则通过组建规模上千的集群来实现PB级别海量数据的秒级处理。

以Dremel为例，它通过嵌套式的数据模型支持对半结构化和非结构化数据的并行处理，通过列式存储方法保存数据，进而在进行数据处理和分析时只需要针对指定数据进行处理，因而减少了CPU和磁盘的访问量。Dremel结合了Web搜索和并行数据库管理技术，借鉴Web搜索的"查询树"概念，将复杂巨大化的查询搜索分割成并发在大量节点上处理的较小简单数据查询。简单而言，交互式数据处理方式就是通过对数据的分片存储和对查询功能的优化来实现对海量数据的快速处理。

由此可见，地理信息系统传统的多比例尺数据库的数据完全可以通过Dremel嵌套式数据模型的列式存储方式进行存储，进而在响应实际数据处理需求时，通过类似Web搜索的处理方法调出符合查询要求的分片数据，从而实现空间数据处理的优化。数据搜索的系统开销的降低，大大提升了地理信息系统的数据处理响应速度。

第六节　地理信息挖掘分析技术

地理空间大数据已经改变了传统的结构模式，在新技术发展的推动下正积极朝着结构化、半结构化及非结构化的数据模式方向转换，改变了以往只是单一地作为简单工具的现象，逐渐发展成为具有基础性质的资源。针对地理空间大数据的挖掘分析，是提高地理信息数据利用水平，发掘更高地理价值不可或缺的技术环节。除了传统的地理信息系统空间分析技术方法，现代地理空间大数据分析更注重大数据宏观特征的描述、隐性信息的挖掘与智能决策等。

一、基于地理大数据的城市动态研究

移动定位、无线通信和移动互联网技术的快速发展，以及具有位置感知能力的移动计算设备的普及，带来了具有个体标记和时空语义信息的地理大数据，如社交媒体数据、移动手机数据、公共交通数据、出租车数据等。这些数据在采集方式、空间分辨率、用户属性的表达能力、活动语义表达能力、轨迹完整性等方面存在差异，在感知城市动态时也具备各自的特点，为定量地理解城市动态提供了新的手段，也得到了来自计算机科学、地理学、交通和城市规划等领域学者的广泛研究。

在集成多源地理大数据来研究城市问题时，可以划分为"人"和"地"两个层面，并在研究静态特征的基础上，加入时间维度的演变特征，以此理解城市动态。因此，城市动态特征的感知可以从3个方面着手：①人类动态行为模式感知，即在短时间尺度对人的移动、活动及社交关系的感知，时间和空间上均是微观层面的感知；②区域动态活动与联系感知，通过对个体行为模式进行空间聚合和长时间尺度的观测，实现对城市扩展、结构演化等区域层面的动态感知；③场所情感及语义感知，在人的情感认知与地理场所之间形成映射，从大数据中发现地理空间更加丰富的人文属性。

二、空间数据挖掘技术

随着数据挖掘分析研究的逐步深入，人们越来越清楚地认识到，地理空间大数据挖掘分析的重要性。空间数据挖掘分析的研究主要有3个技术点，即数据库、人工智能和数理统计，其理论与方法涉及概率论、空间统计学、规则归纳，聚类分析、空间分析、模糊集、云理论、粗糙集、人工智能、机器学习、探索性分析等知识。

与传统的地学数据分析相比，空间数据挖掘分析更强调在隐含未知的情形下对空间数据本身进行规律挖掘，使空间知识分析工具获取的信息更加概括、精练。挖掘分析能发现的知识有普遍的几何知识、空间分布规律、空间关联规则、空间聚类规则、空间特征规则、空间区分规则、空间演化规则、面向对象的知识等。在大数据时代，将挖掘分析技术和传统地理信息系统方法集成，充分发挥地理信息系统在时空数据的输入、存储、管理、查询和显示等方面的优势，突出空间数据挖掘技术在分析和处理海量时空数据时的强大功能，对于发现大量时空数据中的潜在有价值信息、提高数据的使用效率有着十分重要的意义。

三、空间决策技术

空间决策是一个涉及多目标和多约束条件的复杂过程，通常不能简单地通过描述性知识解决，往往需要综合地使用各种信息、领域专家知识和有效的交流手段，如土地利用规划、项目选址、城市交通调度、灾害应急反应调度等。近年来，几乎所有有关空间决策支持系统的研究都是围绕人工智能、空间数据挖掘、空间分析等技术的应用展开的。专家系统与决策支持系统的结合直接体现在决策支持系统的智能化上，这种结合还包括与机器算法求解方法的结合、与数据库和模型库及方法库的结合、与专业应用领域的结合等。专家系统与决策支持系统的结合提高了决策分析的能力。

随着研究的不断深入，专家系统知识库技术已经渗透到空间决策支持系统的体系结构、问题求解等各个方面，对决策分析方法和过程产生了重要影响。目前，空间信息技术已广泛应用于空间决策领域，提高了决策水平。但是，空间信息技术的应用还主要停留在空间数据管理、信息提取、空间分析、可视化等较低技术层面，还未达到针对大数据的智能化空间决策分析的水平，复杂的空间决策问题仍然是人类面临的最困难问题之一。

第七节 地理信息可视化技术

地理信息的呈现与可视化是地理信息应用的关键步骤，其理论与技术的拓展将为地理信息的传输和应用效果的提升提供更有效的途径。当前，地理信息呈现与可视化所面临的挑战之一就是如何在现有可视化技术发展的前提下实现跨学科融合，将其他领域的先进技术与地理信息可视化相结合。目前比较热门的技术研究包括以下4个方面。

一、无限制三维空间展示技术

三维建模技术已趋成熟，各类城市三维模型层出不穷。然而，三维模型的展示存在数据量过大并受限于硬件机能、展示技术等因素的问题，大多数三维场景展示都限制在一个不大的空间范围内，无法展示与真实场景相接近的三维空间，一个真实的、无延迟的、无限制的三维空间展示才是当前最需要的。未来，三维建模范围将逐渐变大，模型也将越来越接近真实，无限制三维空间展示技术是一个必然的发展趋势。

二、虚拟现实技术

虚拟现实（virtual reality，VR）是由美国VPL公司创建人拉尼尔在20世纪80年代初提出的，它是指综合利用计算机图形系统和各种显示及控制等接口设备，在计算机上生成可交互的三维环境，并提供沉浸感觉的技术。其中，计算机生成的可交互三维环境称为虚拟环境。

虚拟现实的基本特征是沉浸、交互和构想。与其他计算机系统相比，虚拟现实系统可提供实时交互性操作、三维视觉空间和多通道的人机界面，目前主要限于视觉和听觉，但触觉和嗅觉方面的研究也正在不断取得进展。作为一种新型的人机接口，虚拟现实不仅使参与者沉浸于计算机所产生的虚拟世界，而且还提供用户与虚拟世界之间的直接通信手段。利用虚拟现实系统，可以对真实世界进行动态模拟，产生的动态环境能对用户的姿势命令、语言命令等作出实时响应。也就是说，计算机能够跟踪用户的输入，并及时按照输入修改模拟获得的虚拟环境，使用户和模拟环境之间建立一种实时交互性关系，进而使用户产生一种身临其境的感觉。

三、增强现实技术

20世纪90年代初期，波音公司在其设计的一个辅助布线系统中提出了增强现实（augment reality，AR）技术。增强现实就是将计算机生成的虚拟对象与真实世界结合起来，构造虚实结合的虚拟空间。虽然目前增强现实的研究主要集中在视觉上，但其并不仅限于视觉，还涉及听觉、触觉和味觉的所有感官。

由于增强现实应用系统在实现的时候涉及多种因素，因此其研究对象的范围十分广阔，包括信号处理、计算机图形和图像处理、人机界面和心理学、移动计算、计算机网络、分布式计算、信息获取、信息可视化、新型显示器传感器的设计等。增强现实系统虽然不需要显示完整的场景，但需要通过分析大量的定立数据和场景信息，才能够保证由计算机生成的虚拟物体可以精确地定位在真实场景中。

四、地理信息全息显示技术

全息显示技术是当前最重要的显示技术之一，尤其在立体显示方面，逼真的显示效果和丰富的信息量是其他显示技术无法比拟的。当前，全息显示技术已经向计算机全息与电子显示全息技术相结合的方向迈进，全息动态实时三维显示的前景已日趋明朗。

地理信息全息显示目前已在国外多个研究机构与地理信息软件厂商中得到了开发与应用。美国Zebra Imaging公司已经开发出了基于绿光照射全息记录的地理信息全息显示产品，其主要技术途径是先将地理信息生成三维场景，然后通过模拟光照环境在计算机中完成全息信息的记录，最终通过全息记录设备实现信息的保存与显示。另外，Esri公司的产品ArcGIS10中提供了支持Zebra Imaging公司全息显示输出插件的功能，该功能可在ArcGIS中实现地理信息全息显示的前期场景模型构建和光照条件设置，然后通过Zebra国内公司的插件完成全息场景的编码输出，最终完成在光照反转条件下的地理信息全息显示。

地理信息技术正处在一个不断发展的阶段，相信在不远的将来，会有越来越多的新技术被应用到地理信息行业，而现在已经出现的技术，将会在地理信息行业得到越来越好的应用。这里要特别提到大数据技术的应用和人工智能技术的应用，随着这些相关学科的技术发展、理论建模、技术创新软硬件升级等整体推进，必将引发链式反应，推动整个地理信息产业的应用与发展。

结束语

　　在这个全球城市化迅猛发展、乡村振兴持续推进的时代，对城乡规划和国土空间布局的深入理解迫在眉睫。本书从国土空间规划的内涵、体系建设，到地理信息系统在规划中的应用；从城市发展战略与空间布局，到乡村振兴与生态建设，再到景区规划的类型与流程，以及城乡融合发展与智慧景区规划的策略构建，囊括了国土空间规划领域的多个重要方面。在写作过程中，不仅总结了已有的理论和实践经验，还不断思考和展望着未来。国土空间规划不仅仅是一个专业领域的研究，更是对城乡发展、人居环境和生态平衡的责任担当。通过本书的呈现，希望为读者提供了一个系统的认知框架，使他们能够更好地理解、应对和引领城乡规划的未来。

参考文献

[1]包小慧.国土空间规划功能定位与实施分析[J].城市建设理论研究（电子版），2024（3）：17.

[2]常克.景区商业服务配套设施规划管理分析[J].科技资讯，2014（2）：203-204.

[3]丁松江.试析测绘地理信息技术在国土空间规划中的应用[J].低碳世界，2023，13（6）：55-57.

[4]姜乃源.生态审美的旅游景区景观设计[J].建筑结构，2020，50（24）：163-164.

[5]姜清文.国土空间规划体系下的城市规划传承与融合[J].居业，2024（1）：88.

[6]李彩.基于国土空间规划的实用性村庄规划研究[J].住宅与房地产，2023（36）：62.

[7]李宁.以体验式旅游为导向的苏州景区规划设计研究[J].西部旅游，2022（18）：106-108.

[8]李强.国土空间规划功能定位与实施对策探讨[J].住宅与房地产，2023（36）：28-31.

[9]李潇璇.互联网思维下的智慧旅游创新发展研究[J].佳木斯职业学院学报，2018（9）：437.

[10]刘确威，陈林娟.国土空间规划背景下对村庄规划编制的思考与创新[J].未来城市设计与运营，2023（12）：15-17.

[11]刘胜男.新时代城乡融合发展理论与实践研究[D].长沙：长沙理工大学，2022：21-28.

[12]马骏，沈坤荣.中国式现代化背景下城市发展质量提升：目标、挑战与路径[J].宏观质量研究，2023，11（5）：59-72.

[13]马旭东，刘慧，尹永新.国土空间规划与利用研究[M].长春：吉林科学技术出版社，2022.

[14]曲辰光.地理信息系统（GIS）在国土空间规划中的应用[J].中国高新科技，2023（18）：150-152.

[15]宋宁.面向国土空间规划的乡村空间治理机制与路径[J].城市建设理论研究（电子版），2024（3）：29.

[16]唐尧.基于比较视角的国土空间村庄规划编制探讨[J].山西建筑，2024，50（3）：44-46.

[17]万剑敏，雄模辉，纪文静.旅游景区规划与设计[M].北京：旅游教育出版社，2012.

[18]王姝.新时代乡村生态美的建构研究[D].南宁：广西民族大学，2023：9-17.

[19]王文.测绘地理信息技术在国土空间规划中的应用[J].冶金管理，2023（17）：88-90.

[20]王秀梅.生态之维：新时代乡村生态振兴实践推进路径的建构向度[J].山西农经，2022（14）：25-27.

[21]温庆敏.地理信息系统（GIS）在国土空间规划中的应用研究[J].农业灾害研究，2021，11（4）：103.

[22]向梅.乡村审美语境下的旅游景区规划与设计[J].建筑经济，2023，44（1）：110.

[23]徐林青.基于GIS技术的国土空间规划分区方法[J].住宅与房地产，2023（36）：65-67.

[24]杨森."互联网+旅游"背景下智慧景区空间规划策略研究[D].天津：河北工业大学，2019：11-25.

[25]杨智舟.研究地理信息系统在国土空间规划中的应用[J].低碳世界，2023，13（8）：130-132.

[26]叶晓敏.基于国土空间总体规划的城市发展战略研究[J].城市建设理论研究（电子版），2023（31）：25.

[27]余世斌.景区规划建设方面的探讨[J].工程与建设，2021，35（2）：224-225.

[28]袁媛.乡村视觉审美化语境蕴意下的旅游景区规划与设计[J].建筑结构，2021，51（23）：161-162.

[29]张爱梅.国土空间规划体系中生态产品价值实现的施秉探索[J].中国资源综合利用，2024，42（1）：66-69.

[30]张宝鹏.面向国土空间规划的测绘地理信息技术及数据成果服务的应用展望[J].工程技术研究，2022，7（3）：223-225.

[31]张京祥，黄贤金.国土空间规划教材系列国土空间规划原理[M].南京：东南大学出版社，2021.

[32]钟泓，韦家瑜.景区规划原理与实务[M].北京：中国旅游出版社，2012.

[33]周德成.国土空间规划在可持续城市发展中的作用与挑战[J].中华建设，2024（1）：99-101.